Albert Slosman

LA TRILOGIE DES ORIGINES
III
… ET DIEU RESSUSCITA À DENDÉRAH

ou la théologie primordiale restituée

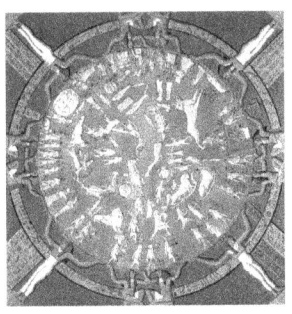

OMNIA VERITAS

Albert Slosman
(1925-1981)

… Et Dieu ressuscita à Dendérah

1980

Publié par
Omnia Veritas Ltd

www.omnia-veritas.com

Tous droits réservés. Aucune partie de cette publication ne peut être reproduite par quelque moyen que ce soit sans la permission préalable de l'éditeur.

… EN GUISE DE PROLÉGOMÈNES 7

INTRODUCTION 9

CHAPITRE I 27

LE CYCLE DU « TAUREAU CELESTE » 27

CHAPITRE II 49

TA NOUT-RA-PTAH (Le lieu céleste) 49

CHAPITRE III 64

LA RENAISSANCE 64

CHAPITRE IV 82

LE CERCLE D'OR 82

CHAPITRE V 96

LES COMBINAISONS-MATHÉMATIQUES DIVINES 96

CHAPITRE VI 113

LA CRAINTE 113

CHAPITRE VII 128

L'ÉQUILIBRE DE LA TERRE (Constellation de la Balance) 128

CHAPITRE VIII 144

LA DÉESSE DU CIEL (La Constellation de la Vierge) 144

CHAPITRE IX 159

LE GRAND CATACLYSME (LA CONSTELLATION DU LION) 159

CHAPITRE X **175**

LE TEMPS DES CADETS (LA CONSTELLATION DU CANCER) 175

CHAPITRE XI **190**

L'ANTAGONISME PERPÉTUEL (LA CONSTELLATION DES GÉMEAUX) 190

CHAPITRE XII **206**

L'AVÈNEMENT D'ATON (LA CONSTELLATION DU BÉLIER) 206

CHAPITRE XIII **222**

LA CHRONOLOGIE DYNASTIQUE D'ATH-KA-PTAH 222

INDEX ALPHABÉTIQUE DES MOTS HIÉROGLYPHIQUES 228

NOTE À PROPOS DE L'ANNEE 1500 AVANT CHRIST 237

AUTRES OUVRAGES D'ALBERT SLOSMAN 241

... EN GUISE DE PROLÉGOMÈNES

« Qui ne se demanderait, en contemplant l'ampleur de ce travail, combien il a fallu de myriades d'hommes et combien d'années, pour accomplir ces travaux ? On ne racontera jamais dignement l'utilité de cet édifice, le bien-être qu'en a retiré, grâce à la sagesse de ce roi, le peuple égyptien. »

DIODORE DE SICILE
(Histoire, Livre I, 50 à 52.)

« Dendérah ! Ce nom évoque chez tous ceux qui ont fait le pèlerinage classique de l'Égypte en felouque sur le Nil la première vision réelle de la beauté la plus pure et la plus antique qu'ils aient eue d'un temple égyptien ! »

G. MASPERO
(Extrait d'une lettre du 27 juin 1900.)

« Il est temps de ne plus étudier seulement pour eux-mêmes ces renseignements enlevés au hasard à un tombeau ou à un temple, mais de rechercher la raison de leurs présences, la place relative qu'ils occupent, le lien qui les réunit entre eux ; en un mot, d'analyser la pensée qui a composé les monuments qui les renferment. »

L. DE ROCHEMONTEIX
(Rapport au ministère de l'Instruction publique, mai 1878.)

« Qui ne te craindrait, ô roi des nations, toi splendeur ? Parmi les sages de toutes les nations et de tous les royaumes, nul n'est semblable à toi !
Ils se sont montrés aussi déraisonnables que stupides : toute leur vaine science n'est que du bois ! »

ANCIEN TESTAMENT
(Jérémie, X, 7-8.)

L'humanité n'est qu'une chimère semblable au mobilier incapable de reconnaître sa forêt originelle.

A.S.

ALBERT SLOSMAN

Passionné par l'Égypte ancienne et l'Atlantide.

Professeur de mathématiques et expert en analyse informatique a participé aux programmes de la NASA pour le lancement de Pioneer sur Jupiter et Saturne.

Son intention était de retrouver la source du monothéisme et d'en écrire l'histoire.

Sa recherche des origines de tous et de tout, l'a conduit, par des chemins curieux et inattendus, à fixer son attention sur l'antique civilisation égyptienne, dont la formation et le développement furent abordés avec un esprit ouvert et indépendant, tout au long de sa courte vie.

Albert fut résistant pendant la 2ème guerre mondiale, torturé par la Gestapo, et plus tard victime d'un accident qui le laissa 3 ans dans le coma.

Slosman a été une personne d'aspect et de santé extrêmement fragiles, mais animé par une intense force intérieure qui l'a maintenu en vie, motivée par le désir de mener à terme une œuvre en 10 volumes qui se voulait comme une immense trame de la permanence du monothéisme à travers le temps, et que sa mort prématurée ne lui a pas permis de conclure.

Un accident banal, une fracture du col du fémur, suite à une chute dans les locaux de la Maison de la Radio à Paris, lui a enlevé la vie, peut-être parce que son corps, (sa carcasse humaine comme il aimait à le dire) déjà bien ébranlé, n'a pas supporté une agression supplémentaire pour aussi insignifiante qu'elle fut.

INTRODUCTION

« *Solon avait dessein de mettre en vers l'histoire de l'Atlantide. Il s'informa de la signification des noms, et apprenant que les Égyptiens avaient, en écrivant cette histoire, traduit les noms, il s'instruisit afin de les traduire en grec.* »

PLATON
(Critias.)

« *Je savais qu'Athènes était une colonie d'Égypte et que c'était là que les philosophes de Grèce avaient puisé leurs connaissances en astronomie. J'en conclus donc que c'était en Égypte que je devais chercher le vrai nom des constellations et leur origine avec les signes zodiacaux.* »

CH. DUPUIS
(Origine de tous les Cultes.)

Dans toute l'histoire de la Terre et de tous les peuples, chacune des grandes époques civilisatrices a vu surgir brusquement un être humain porteur de nouvelles idées allant à l'encontre de celles professées officiellement. Et il s'est révélé par la suite, ou quelques années plus tard, ou un siècle, ou un millénaire après, que ces idées étaient bien réelles et n'étaient en fait que des réminiscences du Passé.

L'exemple de Galilée est flagrant, qui voulait remettre d'actualité la rotondité de la Terre et son mouvement autour du Soleil, bien connu des Égyptiens antiques, et qui a dû se mettre un bâillon sur la bouche, cette actualisation dérangeant la Sainte Église de ce temps.

Ce fut certainement pour éviter ce genre d'aléas - tout au moins le pensaient-ils - que les Grands-Prêtres rescapés de leur Mère Patrie engloutie, entreprirent de conter leur odyssée en la gravant sur de la pierre impérissable. Avant de parvenir sur cette terre devenue l'Égypte, et durant un long et terrible Exode[1], ces religieux avaient guidé les Survivants vers la terre promise, sans aucune hésitation possible, vers celle qui deviendrait leur « Deuxième-Cœur ». Or, l'endroit où ils étaient parvenus était contenu dans un très large méandre de cette onde tant bénie. Ces milliers d'hommes, de femmes et d'enfants, avaient passé des centaines et des centaines d'an- nées à travers les gigantesques étendues sableuses, pour aboutir après le désert de Libye, sur ce plateau qui dominait, au loin, cette immense boucle du fleuve, à l'intérieur de laquelle croissait une si verdoyante oasis qui ne pouvait leur apparaître que comme un miracle !

Pour les Grands-Prêtres, la signification de cet événement ne faisait aucun doute : c'était là que devrait en tout premier lieu s'implanter cette nouvelle « Maison-de-Vie » qui serait détentrice de tous les Textes Sacrés, devenus si difficiles à conserver oralement dans leur intégrité et dans leur intégralité, du fait des morts subites de ceux qui en avaient appris dès l'enfance un ou deux chapitres, mais qui n'avaient pu résister jusqu'au bout à l'énorme effort d'endurance qui consistait à arriver vivant sur la Terre Promise.

Aussi, bien avant de pouvoir jouir de la terre fertile et de l'environnement paisible, il fut demandé un autre effort prodigieux afin d'ériger à nouveau, sur ce site, ce qui deviendrait le complexe des « Combinaisons-Mathématiques-Divines » et des Annales originelles du « Cœur-Aîné » : Ahâ-Men-Ptah, l'Amenta, surnom phonétisé de ce qui était depuis si longtemps le Royaume des Ancêtres du Continent Perdu. Le « Cercle d'Or » y serait rebâti scrupuleusement, pour faire le pendant à celui qui existait près de l'observatoire d'Ath-Mer, la capitale de la première partie engloutie.

---

[1] Lire à ce propos, si le lecteur désire de plus amples renseignements, les deux premiers tomes de cette série : *Le Grand Cataclysme*, et *Les Survivants de l'Atlantide*, du même auteur, aux Ed. Omnia Veritas.

L'interminable Exode s'était déroulé sur plus de huit mille kilomètres partant de la côte occidentale africaine, là où ils avaient été rejetés pour devenir « Les Survivants ». Ce fut le « Lieu du Couchant » : Ta Mana, dénommé ainsi en hiéroglyphique, en l'honneur des dizaines de millions de morts de l'Amenta, couchés sous la nappe liquide de l'Océan par un Soleil bouleversé qui s'était couché là précisément pour la première fois, alors qu'auparavant il s'y levait^2.

Ce pays, qui est le Maroc, porte toujours en arabe son antique nom de « Moghreb-el-Aqsa » : le Pays du Couchant. Il fut le point de départ des descendants d'Ousir comme de Set, suivant deux voies truffées de gravures rupestres, écartées l'une de l'autre de quelque trois cents kilomètres, et suivant à peu de chose près la ligne imaginaire dite « Tropique du Cancer ».

Le lieu tant attendu et enfin trouvé, fut appelé Ta Mérit en un premier temps : « Lieu Aimé », appellation qui lui fut conservée jusqu'à ce que le premier roi de la première dynastie unifie le territoire entier en un « Deuxième-Cœur-de-Dieu » : Ath-Kâ-Ptah, nom qui fut décidé de lui donner des millénaires avant leur arrivée par les Survivants d'Ahâ-Men-Ptah, les rescapés de l'Atlantide, lorsqu'ils promirent de sceller ainsi la Seconde Alliance avec Ptah. Ce fut d'ailleurs ce nom d'Ath-Kâ-Ptah que les Grecs phonétisèrent en Ae-Guy-Ptos, dénomination reprise en français par Égypte.

Cette cérémonie d'unification eut lieu à un moment longuement calculé et préconçu depuis des siècles pour ses aspects favorables donc instamment conseillé par le Tout-Puissant Maître de l'Univers. Elle se fit au moment où se produisait dans le ciel certains influx bénéfiques déclenchés par une « Combinaison-Mathématique-Divine » très rare,

---

^{2} Dans *Le Grand Cataclysme*, l'explication du bouleversement terrestre dû à la terrible catastrophe est fourni. Mais il se retrouve dans le chapitre du présent ouvrage consacré au zodiaque de Dendérah.

amenant également le début d'un nouveau cycle de Dieu. Il s'agissait de la conjonction de notre Soleil avec la « Fixe » Sep'ti, qui est la Sothis des Grecs, et plus prosaïquement pour nous l'étoile Sirius.

Fait très important à retenir, et qui est astronomiquement démontré, cette occultation exacte de Sirius par le Soleil n'a lieu qu'une fois tous les 1 461 années solaires, jour pour jour ! Or, cette préméditation de la date précise ne peut être l'effet d'un hasard. Elle fut longuement calculée, méditée, préparée, et attendue ; aucune coïncidence ne peut être avancée en un pareil cas, malgré la durée du temps que cela représente !

En effet, le jour même prévu pour cette conjonction, se produisit la fameuse unification des terres occupées par les deux clans fratricides ; le triple calendrier fut réinstitué : le solaire pour la marche populaire des journées de travail ; le sothiaque, pour le décompte divin des Annales ; et celui de la Grande Année pour la marche du temps au sein de l'Éternité.

La vie quotidienne du peuple « Élu » recommença une seconde fois en un premier jour, celui du mois de Thot - diminutif d'Athothis -, le fils du premier Roi, celui qui ordonna la réécriture des Textes sacrés dans la Langue conservée uniquement à cet effet dans toutes les écoles formant les Scribes.

Le calendrier redevint une réalité écrite en ce 1er Thot de la 12e année de Sirius des Annales d'Ahâ-Men-Ptah, qui devint l'Atlantide platonicienne. Ce jour-là fut le 19 juillet 4241 avant notre ère chrétienne, pour écrire en une mathématique plus facilement compréhensible de tous les lecteurs. Ce temps si éloigné montre amplement l'intelligence de ceux qui firent les calculs : les « Maîtres-de-la-Mesure-et-du-Nombre », ces descendants des Prêtres antiques qui furent spécialement chargés de la conservation de la Loi et de ses Commandements, c'est-à-dire les « Gardiens de la Foi Originelle », ainsi que de toutes ses Paroles Sacrées.

Je sais pertinemment qu'il est difficile d'admettre une telle intelligence, alliée à une parfaite connaissance des rouages de la mécanique céleste en une époque aussi reculée ! Je sais aussi parfaitement qu'il serait bien difficile à un chrétien contemporain de reconnaître que le monothéisme tel que nous le connaissons par-delà Jésus, au travers du peuple hébreu, est une réalité bien plus antique en provenance de l'Égypte.

Ce troisième tome expliquera en détail comment la Loi immuable de la Création et ses Commandements ont pu renaître sur les bords du Nil en un seul moment puisqu'ils étaient issus d'un « Cœur-Aîné » au sein duquel vivait en paix un « Peuple Élu », qui perdit hélas son Éden[3]. Ce fut donc à Ta-Nout-Râ-Ptah, ce « Lieu où la reine Nout unifia le Soleil à Dieu », dont les Grecs firent une phonétique très approximative avec « Tentyris », et les égyptologues la transformèrent en « Dendérah », que s'érigea « Le Cercle d'Or ». Quatre millénaires plus tard, il ne restait que des ruines grandioses, et les Arabes, à leur tour, préférèrent lui donner un nom plus imagé, à la hauteur de ce qu'avait été ce grandiose site. Il devint « Eerba el Ahanas » ou « Mère des Ruines », ce qui exprime la réalité, puisque Dendérah est bien la première construction originale faite à l'intérieur de ce pays.

Le « Cercle d'Or », qu'il fallut près de douze générations d'architectes pour mener à bien, fut également inauguré lors de l'avènement d'Ath-Kâ-Ptah. Son nom officiel fut, dès le premier jour : « *Double-Maison-de-Vie* » des « *Combinaisons-Mathématiques-Divines* », attenante au Temple de la « *Dame du Ciel* ». Elle était placée de ce fait sous la protection de celle qui fut la Grande Dame, ou la « Reine-Vierge » : Nout, qui donna d'abord naissance à son fils

---

[3] Les deux premiers tomes fournissent de bien plus amples détails.

divin Ousir, avant d'accoucher de Ousit dont le père fut son époux, Geb, le dernier roi d'Ahâ-Men-Ptah.[4]

Pour cette raison, tous les curieux qui, plus tard, s'aventurèrent dans les immenses souterrains, ne revirent jamais le jour. De légendes en mythes, ce fut ainsi qu'encore vingt siècles après, cela devint une histoire chez les Grecs, qui dénommèrent les lieux comme étant le Grand Labyrinthe !

Mais pourquoi, à l'origine, le Pontife du Collège des Grands-Prêtres du lieu l'appela-t-il « Double-Maison-de-Vie », alors que les quelque soixante-quatre écoles attenantes aux principaux temples se nommaient simplement « Maison-de-Vie » ?... Les égyptologues restent muets à ce sujet, n'y ayant prêté aucune importance particulière. Cependant l'explication est très importante et monte d'elle-même aux lèvres lorsque l'on comprend le but que s'étaient fixé les constructeurs.

Les professeurs de cette école formaient uniquement les Prêtres de ta première classe destinés à devenir les Maîtres-Calculateurs des bonnes « Combinaisons-Célestes ». Nous verrons au cours de cet ouvrage l'ensemble des travaux gigantesques réalisés à cet effet. Mais ils devaient permettre, sur le vif, d'étudier les bons aspects du Ciel, afin de les promouvoir pour que reste la parfaite Harmonie entre le Ciel et la Terre. Des Maîtres se formaient là, et non *un Maître*, ce qui aurait été un danger s'il n'y avait qu'une école enseignant tous les aspects astronomiques ! Pour éviter qu'un homme finisse par se prendre lui-même pour Dieu en influant à sa guise sur ses contemporains et sur leurs agissements. Il devient alors aisé de comprendre pourquoi il existait deux écoles au même endroit, car il était impossible de les séparer. L'une enseignait les « Combinaisons » formées par les aspects du ciel nocturne, représentés très exactement à

---

[4] Ousir et Ousit sont devenus respectivement, en phonétisation hellène, Osiris et Seth.

une échelle donnée dans un profond sous-sol ; tandis que l'autre, moins enfouie sous la terre, dessinait tous les aspects diurnes. Les Initiés de la seconde classe étaient les « Maîtres du Jour », et leurs *alter ego,* ceux de la Nuit.

Hérodote, dans son *Histoire de l Égypte,* parle d'un grand labyrinthe de 3 300 chambres qu'il situe ailleurs. Mais il ne fait aucun doute que ce fut le seul de cette importance jamais construit dans ce pays. Une bonne centaine d'auteurs gréco-latins emboîtèrent le pas à cet écrivain-historien, si j'ose utiliser cette métaphore, pour parler de multiples souterrains égyptiens aux dédales innombrables, bâtis en forme de tombeau notamment, mais dont l'origine n'est en aucun cas antérieure à deux millénaires avant Christ. Ce qui n'empêcha pas ces écrivains de se référer sans le savoir au premier d'entre eux : le « Cercle d'Or » de la « Double-Maison-de-Vie » des « Combinaisons-Mathématiques-Divines » du « Temple de la Dame du Ciel » de « T•a Nout Râ-Ptah ».

Comme tout ce qui touche à l'écriture des noms propres est sujet à caution du fait des phonétisations plus ou moins fantaisistes, il existe de très nombreuses appellations concernant le roi qui ordonna la construction de ce site de Dendérah et qui ne fut plus connu ultérieurement que comme le « Grand Labyrinthe » ou la « Mère des Ruines ». Les plus usités parmi les patronymes de ce Pharaon furent : Osymendias, Mendès, Ménès. Il s'agit évidemment d'une seule personnalité, celle connue en hiéroglyphique comme étant Mena.

Ce nom fut pris par le premier Unificateur des Deux-Terres en souvenir de « Ta Mana », le lieu où abordèrent les Survivants. Il fit ainsi un pont avec les « Couchés » ou les « Endormis » d'Ahâ-Men-Ptah. Son nom devint vite le symbole de la Renaissance des nouvelles générations de Cadets, ceux-là mêmes chargés de créer le « Deuxième-Cœur » cher à l'Alliance nouvelle entre le Créateur et ses Créatures. Puis de siècle en millénaire, de contes en narrations fantastiques, Mena devint Ménès, puis Mendès en une transformation dont seuls les Grecs gardèrent le secret phonétique, pour devenir deux mille ans plus tard : « Osymendias » !

Ce n'est pas par de simples déductions, ou des inventions farfelues, que je suis parvenu à récrire la véritable Histoire de Dendérah. Non seulement je me suis rendu à maintes reprises en Égypte, sur place, afin de vérifier certains points importants, mais j'ai eu la chance de retrouver au cours de mes recherches patientes dans plusieurs archives de bibliothèques françaises et égyptiennes, des documents authentiques, oubliés dans des armoires poussiéreuses. Ceux-ci précisaient des données d'une portée incalculable, mais dont nul n'avait semblé tenir compte à ce jour. Entre autres, un manuscrit inédit de près de deux cents pages d'un père jésuite français, Claude Sicard, mort de la peste au Caire en 1718. Ce livre jamais publié est un répertoire alphabétique des anciennes et nouvelles dénominations de lieux antiques. Il comporte en outre un certain nombre de relations de voyages effectués par lui, assurant notamment, avec l'encre de Chine de ce temps, qu'il a lui-même visité les trois labyrinthes du pays, mais que c'était uniquement le dernier, sis non loin d'Abydos, qui pouvait être qualifié de « Grand Labyrinthe ». Ainsi se portait-il en faux contre Strabon le géographe, Pline, « et tant d'autres qui ne mirent jamais le pied en Égypte ! » comme il l'écrivit lui-même.

Lorsque l'on sait que le général Bonaparte, pour préparer sa campagne militaire sur les bords du Nil, se servit de la carte d'Égypte dressée par ce même père Sicard avant sa mort, on comprend mieux l'intérêt que j'ai porté à ce document, dont la thèse sera plus amplement détaillée au cours de ces pages.

En ce qui concerne le fameux planisphère de Dendérah, qualifié plus tard de Zodiaque, transporté à Paris en l'année 1822 après un voyage épique, ponctué d'épisodes où la réalité est mille fois plus ahurissante que n'importe quelle fiction, son histoire sera également scrupuleusement contée. Dès son arrivée à Marseille il fit l'objet d'une curiosité rarement atteinte tant avant qu'après. Un autre ouvrage paraîtra sur ce sujet historique, qui narrera toutes les péripéties de ce précieux monument. D'autant que dans l'interprétation de la « Carte du Ciel » qui y était gravée, les sommités les plus savantes émirent des hypothèses et des thèses qui déclenchèrent un tonnerre de protestations véhémentes, de dissertations partisanes parmi les plus célèbres orientalistes et archéologues de l'époque ! Les membres les plus éminents des Sociétés savantes et académiques du monde entier publièrent des « Lettres », des « Critiques », et autres « Mémoires », composés de plusieurs centaines de pages afin de défendre leur point de vue personnel, le seul dans le vrai bien évidemment, et utilisant de ce fait tous les artifices pour démolir les confrères et néanmoins bons collègues !

Grâce à des notes annexées, des explications, avec le recul d'un siècle sur les découvertes opérées depuis, montreront ce qu'il reste de tous les points de friction concernant ce qui devint « Le Zodiaque ». Sans oublier Mgr Affre, vicaire général d'Amiens, qui devint archevêque de Paris à cette même époque, et qui se crut obligé d'entrer dans cette bataille d'érudits, en jetant l'anathème contre le groupe qui prétendait que le monument présentait la configuration stellaire exacte d'un ciel remontant à environ douze mille ans !... Nous sommes en 1825, et douze millénaires était une antiquité non seulement inconcevable, mais parfaitement impossible ; car n'oublions pas qu'en ce temps-là, et bien qu'il ne soit pas trop éloigné de nous, il était de notoriété biblique - et c'était la seule valable - que notre père à tous, Adam, était né seulement durant le cinquième millénaire avant Christ, sans oublier que la Terre n'existait pas encore dix siècles auparavant !...

Dans de telles conditions, comment des êtres apparemment sensés pouvaient-ils émettre des hypothèses aussi insensées, ne méritant en vérité qu'une bonne excommunication !...

Même Champollion, qui osa écrire que la première dynastie pharaonique remontait à l'année 5285 avant notre ère, dut retirer ce livre de la vente « afin de ne pas froisser les convictions des âmes pieuses ». !

Pour clore cette introduction « à bâtons rompus », il nous faut parler un peu plus longuement de notre premier égyptologue français, ce qui nous servira, aussi étrange que cela puisse paraître, à mieux comprendre les violents soubresauts physiologiques qui secouent présentement la chrétienté tout entière. Sa virulente remise en question n'est que la suite logique des difficultés subies par le monothéisme à travers les ères les plus antiques. Si nos prêtres s'interrogent sur le bien-fondé de tel ou tel Dogme mis en pièces par le Concile « Vatican II » ; si les croyants doutent de leur foi en un avenir meilleur ; si les chefs des religieux ne savent plus commander pour assurer la pérennité des Commandements de la Loi qu'ils jugent peut-être trop archaïques, il est vital de pénétrer plus avant dans la compréhension des Textes Sacrés, donc de la « Hiéroglyphique ».

Or, c'est à Champollion qu'est due la grande vogue de cette écriture. Mais ayant eu à ma disposition, en même temps, presque tous les ouvrages des égyptologues mondiaux, y compris leurs « dictionnaires », je pus aisément me rendre compte que la solution présentée juste avant sa mort par Champollion était non seulement irréaliste, mais en désaccord complet avec les fondements des Textes Sacrés antiques.

Il n'entre pas dans mes intentions d'ouvrir un dossier sur ce sujet, car mille pages y suffiraient à peine ! Contentons-nous ici d'un rappel chronologique de l'histoire des découvertes champollionesques. Et l'on peut affirmer sans crainte de se tromper que c'est l'imagination d'un père Kircher, alliée à l'érudition de saint Clément d'Alexandrie, qui permirent la naissance des fantaisies de notre égyptologue français !

Né au lendemain de la Révolution, le 23 décembre 1790, Champollion, après une jeunesse fort peu studieuse, eut un engouement pour l'égyptologie à la vue de l'empreinte de la fameuse

Pierre de Rosette qui parvint chez son frère aîné, archéologue réputé à Grenoble. Il se lança dès lors dans de véritables études avant de devenir l'élève de l'illustre baron Silvestre de Sacy, le Secrétaire perpétuel de l'Académie royale des Inscriptions et Belles-Lettres qui dirigea, sans nul doute de main de maître, le jeune novice dans ses premiers pas de sa carrière d'égyptologue.

Aussi, lorsque quelques années après sa mort, son frère édita sous le nom de *Grammaire égyptienne, ou les principes généraux de l Écriture sacrée égyptienne appliquée à la représentation de la langue parlée,* l'ouvrage fut-il lu avec un énorme intérêt et un préjugé favorable pour beaucoup, et avec un œil plus critique par d'autres, surtout que la dédicace du livre en fut faite à M. Guizot, ministre de l'Instruction publique.

La préface de l'éditeur, déjà, avait fait froncer les sourcils à certains érudits :

Il ne faut pas oublier qu il s agit de la théorie d une écriture et non pas de la grammaire d une langue.

Ce qui est un comble étant donné le titre de l'ouvrage !

Ensuite, toujours dans la même préface, l'éditeur rappelle « qu'une première minute avait été effectuée en in-4 », mais qu'elle fut ensuite retranscrite *en grande partie,* sur un papier petit in-folio faisant l'objet de la présentation ». Ce ne fut pas la moindre des ambiguïtés relevées qui firent sursauter les orientalistes de toutes nationalités à cette lecture ! Mais il n'empêche que Champollion, dès 1831, obtint, en résultat de ses travaux, une chaire au Collège royal. Et le malheur voulut qu'il mourut quatre mois après.

La polémique larvée s'instaura dès lors, de plus en plus vive et partisane. Les preuves flagrantes d'un manque d'études des textes, d'observations des monuments égyptiens, et d'un manque de logique pur et simple dans les raisonnements, furent étalées au grand jour.

Parmi les nombreux textes publiés à ce propos, le livre de M. Klaproth, orientaliste réputé, fit littéralement sauter le vernis d'érudition qui recouvrait le travail publié sur la « grammaire hiéroglyphique » due à Champollion.

Klaproth écrivait notamment :

Depuis dix ans, on parle avec enthousiasme de la découverte de l'alphabet phonétique faite par feu M. Champollion ; mais peu de personnes paraissent avoir une idée bien nette, soit de ce qu'elle est réellement, ou des résultats qu'elle a pu produire. Et le Dr Young est sans contredit, dans son pays d'Angleterre, le premier auteur de cette découverte puisque ce fut en 1818 qu'il reconnut la valeur alphabétique de la plupart des signes de la hiéroglyphique composant les noms de Ptolémée et de Bérénice, qui correspondent avec les résultats obtenus dix ans plus tard par Champollion !

Et tout au long des 175 pages de son ouvrage, l'auteur démontre toute la fausseté de l'argumentation du système prôné, sous un titre simple et pudique à la fois : *Observations sur l'alphabet phonétique de monsieur Champollion*. Méthodiquement, M. Klaproth assène observation après observation, y ajoutant toutes les différences de retranscription relevées entre le premier manuscrit et la seconde édition, prouvant les changements flagrants survenus jusque dans les significations primitives qui avaient été accordées à de multiples hiéroglyphes. Et il est fort probable que si le tout nouveau professeur du Collège royal n'avait pas été prématurément enlevé à sa jeune gloire, il aurait totalement révisé sa position pour parvenir à une solution bien plus en rapport avec le mal qu'il s'était indéniablement donné.

Car la hiéroglyphique, après Champollion, continue d'être une totale énigme pour les vrais chercheurs ! Gérard de Nerval résuma fort bien la situation et sa propre perplexité pour cette période :

J'ai fait le vœu de ne pas comprendre les hiéroglyphes ! J'en ai trop lu d'explications ; j'ai commencé par Sanchoniaton ; j'ai continué par l'Œdipus Aegyptiaca du père Kircher, pour finir par la grammaire de Champollion après avoir lu les observations de Warbuton et du baron de Pauw. Ce qui m'a bien désenchanté de ces opinions, c'est une brochure de l'abbé Affre, lequel n'était pas encore archevêque de Paris. Il a prétendu, après avoir discuté le sens de l'inscription de Rosette, que les savants de l'Europe s'étaient bien entendus pour une explication fictive des hiéroglyphes afin de pouvoir se faire obtenir dans tous les pays des chaires de langue hiéroglyphique, qui sont ordinairement rétribuées par un traitement de 6 000 francs[5] !»

Ayant également lu moi-même les auteurs cités par Gérard de Nerval, j'avais depuis longtemps compris que si je désirais... comprendre le sens des fameux hiéroglyphes, il me faudrait essayer de trouver une autre « grammaire » que celle de notre éminent égyptologue !

Mgr Affre qui apparaît si virulent, a écrit effectivement en 1834 un livre qui fit beaucoup de bruit, et qui était intitulé : *Nouvel essai sur les hiéroglyphes égyptiens*. Archéologue et orientaliste distingué, l'archevêque de Paris écrivit cet ouvrage alors qu'il était encore vicaire général à Amiens, et que les devoirs qui lui incombaient n'étaient point en surcharge à sa « marotte ». C'est le passage suivant qui fit courir la plume de Gérard de Nerval :

Quelle découverte pour la science, si les nombreuses inscriptions qui recouvrent les monuments bordant les vallées du Nil avaient pu enfin être expliquées par un autre Œdipe capable de pénétrer leurs mystérieux symboles ! Ces belles espérances, M. Champollion a cru pouvoir en réaliser une partie. Hélas ! M. Klaproth nous semble avoir détruit cette illusion ! Si quelque chose peut démontrer l'impossibilité de traduire, avec quelque succès, les inscriptions hiéroglyphiques de l'Égypte, c'est bien l'inutilité du

---

[5] *Les Nuits de Ramazan*, de G. de Nerval.

travail tenté pour l'inscription de l'obélisque de Pamphile, et pour la pierre de Rosette en suivant ce qui est écrit dans la « Grammaire » ! Pour la première, on n'a jamais pu, en suivant la méthode de M. Champollion, faire correspondre la valeur phonétique des mots coptes avec le sens des mots grecs, et dans la seconde, le sens des grecs avec les hiéroglyphes !... Si avec le secours d'une traduction grecque on ne peut retrouver le sens égyptien de la langue parlée sous les Ptolémée, époque de la fameuse pierre de Rosette, que sera-ce quand, sans traduction, il faudra interpréter l'idiome que parlait Sésostris ?... Et M. Champollion n'a pu répondre à la demande que lui a faite l'illustre M. de Sacy, de publier un travail spécial sur le texte tant démotique que hiéroglyphique du monument de Rosette, ne fut-ce qu'à l'état d'étude, ou même d'une simple ébauche imparfaite ! On peut donc assurer sans crainte de se tromper, qu'il ne lisait pas, et qu'il ne comprenait pas la deuxième partie des quatorze lignes hiéroglyphiques restant sur la pierre de Rosette !

En toute connaissance de cause, je sais à quelles critiques plus ou moins acerbes et furieuses je ne manquerai pas de me heurter chez les « défenseurs de la théorie champollionnesque » qui sont toujours les « Maîtres à penser » de l'égyptologie contemporaine. Je mets cette partie de la phrase entre guillemets, car il est bien évident que d'éminentes personnalités ayant appris dix années durant cette théorie, puis ayant préparé durant une autre décennie une thèse de doctorat brillamment passée, pour finalement enseigner depuis vingt ans... une somme d'âneries d'autant plus énormes qu'elles restent incompréhensibles, il est bien évident, dis-je, que ces éminentes personnalités ne peuvent pas abonder dans le sens de l'Histoire ! Les erreurs sont si flagrantes et si monumentales qu'elles montrent par elles-mêmes le mauvais vouloir des neurones de leurs cerveaux, ce dont je ne leur tiens nulle rigueur ! Peut-être aurais-je agi comme eux si j'avais été à leur place !... Le barrage est si net que l'on peut finir par se demander, en tout état de cause, s'il est voulu.

Le site de Dendérah, dont il sera question tout au long de cet ouvrage, en est l'exemple patent. Dès 1820, début de ce qu'il est convenu d'appeler l'égyptologie moderne, il devenait de plus en plus certain que le grand Temple d'Isis, à Dendérah, était non seulement un édifice religieux de première importance malgré son érection gréco-romaine, mais également que celle-ci n'était qu'une simple reconstruction. Ceci fut nié en bloc par presque tous les érudits qui y firent des recherches. Ils affirmèrent même que toutes les hypothèses émises à propos de sa valeur et de son antériorité, n'étaient que pures affabulations ! Or, non seulement deux égyptologues égyptiens viennent de mettre au jour le 22 août 1979, le dessus du temple de Khéops, juste sous le dallage ouest du présent temple, mais certains savants éminents du début du XIXe siècle, tels le vicomte Emmanuel de Rougé, en France, et M. Dümichen en Allemagne, lancèrent un véritable appel pour une bonne compréhension de Dendérah. Le premier égyptologue, dans un ouvrage remarquable sur les monuments des six premières dynasties, fait souvent référence à ceux du site curieux de cette seule boucle du Nil.

M. de Rougé y fait notamment état d'une inscription relevée dans un des nombreux souterrains qui circulent sous le grand temple, et qui mentionne un papyrus très ancien trouvé dans une muraille de l'ancien édifice élevé sur l'ordre de Pépi-RaMéri, qui relatait la construction du premier temple de la Dame du Ciel (Isis) suivant les plans des Suivants d'Horus, dessinés sur peaux de gazelles et soigneusement conservés. Sachant que les « Suivants d'Horus » furent les rois prédynastiques des tout premiers temps, c'est une manière historique de reconnaître l'origine de Dendérah et de son site astronomique, comme de beaucoup antérieure à Ménès lui-même. Et cela sera prouvé par les chapitres qui vont suivre.

De nombreux autres documents confirment cette antériorité. Notamment un papyrus conservé au musée du Caire, signé du Scribe Royal de Sa Majesté Khoufou (le fameux Pharaon Khéops qui en est la phonétisation grecque). Il relate que c'est sur l'ordre de son roi qu'a été reconstruit pour la troisième fois le temple de la déesse Isis suivant les plans antérieurs soigneusement conservés.

Quant à la notoriété du site lui-même, il fait l'objet de nombreux documents, et il semble que là encore, un invraisemblable imbroglio en ait fait plus tard ce qui est devenu le « Grand Labyrinthe » ! La plupart du temps situé dans le delta du Nil, et introuvable pour cette raison, c'est un document inédit du père Sicard, mort en Égypte en 1718, qui permet de le situer à Dendérah, et de le substituer en réalité au « Cercle d'Or », gigantesque construction de 3 240 pièces, dont seuls les initiés à part entière pouvaient retrouver le chemin de la sortie !

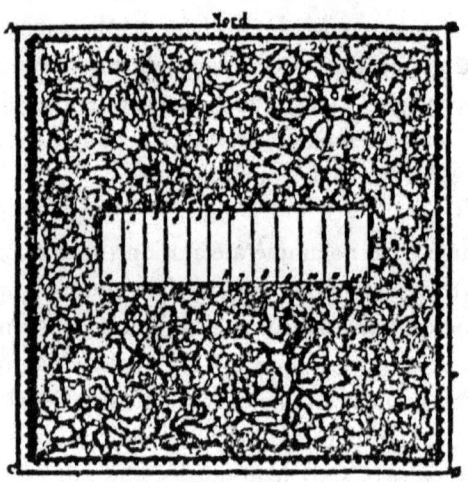

Labyrinthe imaginé par Hérodote et le géographe Strabon, qui, tout en n'ayant rien de commun avec celui de Dendérah, témoigne de sa complexité.

Des textes antiques attestent de la sainteté des lieux. L'un d'eux a été retrouvé à Tanis, ancienne capitale située à l'autre bout de l'Égypte, et qui provient du premier roi ayant habité cet endroit : Mêri-Râ. Voici ce texte, écrit en hauteur, ainsi que sa traduction, effectuée par le vicomte Emmanuel de Rougé, à laquelle je ne changerai rien, car ce n'est pas un endroit pour polémiquer :

« Le roi de la haute et de la basse Égypte, Mêri-Râ, le seigneur de la demeure du double diadème, celui qui aime (sa race ?), le triple

Horus vainqueur, Pépi, fils d'Hator, maîtresse de Dendérah, doué de toute vie. »

Ce qui est certain dans ce texte de la cinquième dynastie, c'est que le nom de Dendérah est là comme nom de temple, et que celui d'Hator, « la mère d'Horus », donc d'Isis, lui est attenant.

Cela était d'ailleurs formellement reconnu par M. de Rougé, bien que sous forme légendaire, telle qu'il nous l'explique dans une note concernant ce texte hiéroglyphique.

Ce titre se retrouve d ailleurs plusieurs fois dans les légendes de Mêrira-Pépi. L explication nous en a été donnée par la publication récente de M. Dümichen sur les souterrains de Dendérah. On sait maintenant que Pépi avait travaillé au temple a Hator qui existait déjà à Dendérah, suivant la légende, depuis les temps les plus reculés.

Il est certain que tous ces égyptologues du XIXe siècle se sont heurtés à l'incompréhension de l'Église quant à la très grande antiquité des édifices de l'ancienne Égypte. Depuis, les temps ont heureusement changé et tous les chercheurs tentent de rétablir la véritable chronologie des premiers chapitres de l'Ancien Testament. Mais nous pouvons toujours nous retrouver dans une période de blocage intellectuel comme en connurent les Aînés. Leur conception de la divinité et de sa Création, qui leur fut révélée, aurait dû leur assurer une pérennité populaire sur les bords du Nil qui, en tant que Fleuve Céleste sur terre leur assurait l'Harmonie avec le Ciel. Pourtant, ils ont complètement disparu en tant qu'êtres faits de chair ! Et cela provient uniquement du plus grave défaut de raisonnement qui ne puisse être pardonné !... Et nous en sommes présentement à ce même point critique qui fait basculer le Bien dans le Mal sans que personne n'arrive à comprendre ni pourquoi ni comment. *Car il existe comme une impossibilité absolue à la raison humaine de raisonner autrement que dans la voie étroite d'un raisonnement automatisé, où le concept même de Dieu est devenu déraisonnable. L'humanité n'est plus qu'une chimère semblable au mobilier qui est bien incapable de reconnaître sa forêt originelle !*

Chapitre I

LE CYCLE DU « TAUREAU CELESTE »

« Sa *mère Nout tend les mains vers lui pour le saluer, en disant :*
- Les Impérissables t adorent et t invoquent :
« Salut à toi, ô Taureau Céleste !
Tu surgis de l océan du ciel pour venir au secours de tes cadets. »

A. SCHARFF
(Aegyptische Sonnenlieder)

« O *vous, les Dames Célestes, réjouissez-vous ! Il est retourné au ciel, parmi vous, ses sœurs. Il parle tel le tonnerre en secouant la Terre de frayeur, car c est lui, Osiris !*
Et il élève la voix contre les impies. »

TEXTES DES PYRAMIDES
(Ligne 349 et suivantes.)

L'épisode historique le plus douloureux physiquement, dans les annales des survivants d'Ahâ-Men-Ptah, fut incontestablement la fuite interminable dans le désert, à la poursuite d'une terre qui paraissait inaccessible. D'ailleurs, elle ne leur apparut qu'environ quatre cents ans avant que le Soleil n'entrât dans cette constellation qui avait pris le nom de Taureau, à la gloire d'Osiris.

Ceux qui étaient partis de la Terre du Couchant, trois millénaires auparavant, ne l'avaient sans doute fait que pour obéir à leurs Prêtres qui n'avaient cessé de leur prédire, en échange d'un nouveau mode de vie, un autre endroit qui serait, celui-là, béni de Dieu. Car l'expiation ne pourrait pas prendre fin au couchant, là où gisaient des millions de leurs ancêtres, endormis dans leur Mère Patrie, sur ce continent qui fut leur « Premier-Cœur », et que la colère de Ptah, ce Dieu unique créateur de toutes choses, avait effacé de la surface de sa création : la Terre.

De ces Aînés, il ne restait absolument aucune trace tangible parmi les rescapés du cataclysme, hormis le fait indiscutable qu'ils en étaient les Cadets : les arrière-petits-enfants ! Tout avait été perdu dans cette tourmente, hormis l'espérance.

Pour eux, qui avaient erré tant et plus, où étaient la réalité, la fiction, l'utopie, la légende et surtout l'affabulation cauchemardesque ? Ils ne connaissaient le Passé que par les relations orales que les prêtres leur distillaient chaque matin que Dieu faisait après la prière au lever du Soleil Et les paroles des orateurs restaient gravées au plus profond d'eux-mêmes. Comme, de plus, des cours destinés à perpétuer le Savoir et la Connaissance étaient obligatoires, les générations futures étaient assurées de ne perdre aucune de ces précieuses archives mémorisées.

Le plus profond de leur fatigue avait été dépassé depuis fort longtemps, que le Soleil implacable et torride brûlait toujours les peaux de toutes les créatures humaines ! Et leur soutien suprême durant cette longue et épuisante marche, avait été celui de l'Aîné : le Pêr-Ahâ, dont le nom hiéroglyphique avait été phonétisé bien plus tard par les Grecs, en Pharaon. Connaissant parfaitement le passé et l'avenir, il leur avait prodigué, jour après jour, ses encouragements divins. Il avait été fortement soutenu dans cette tâche par les Prêtres, les Serviteurs de Dieu, qui, en guides infaillibles, avaient toujours trouvé le bon chemin malgré le sable brûlant qui semblait toujours pareil à lui-même à chaque pas franchi, et qui paraissait ne jamais vouloir en finir !

D'autres difficultés avaient sans cesse retardé la progression de la cohorte. Périodiquement, elle avait été attaquée par les hordes des

« Rebelles de Set ». Tous les retardataires étaient massacrés et les femmes enlevées !

Car une seconde multitude avançait à marche forcée sur une autre ligne parallèle supérieure, vers le même point géographique. Ils étaient persuadés qu'il y avait une magnifique terre par-delà cette mer de sable, et ils devaient absolument s'en rendre maîtres avant que les Suivants d'Horus ne s'en emparent à leurs profits exclusifs. Ceci était évidemment une vue de l'esprit borné et vindicatif de ceux qui étaient la cause et d'une catastrophe originelle, et d'une scission familiale.

Telle était du moins l'opinion des Serviteurs de Dieu, qui méprisaient les adorateurs du Soleil. Cela n'empêchait toutefois pas certains membres plus âgés d'être attristés par cette guerre fratricide qui ne signifiait plus rien après tant de siècles de misères et de souffrances. Car Set et Osiris, le père d'Horus, étaient tous les deux nés d'une seule et même mère : Nout.

Pour les Prêtres qui menaient les deux clans sous des bannières si différentes puisqu'elles personnifiaient le Bien et le Mal, le mode de pensée poussait vers une domination de l'un par l'autre. Si ceux de l'Aîné de Dieu ne s'inquiétaient pas outre mesure de leur succès, les temps prédestinés arrivant, et alors plus rien ne pourrait être changé de ce qui était écrit dans les « Combinaisons-Mathématiques-Divines », il n'en allait pas de même avec ceux de Set qui, tout en interprétant différemment les signes du ciel, tentaient par la force de supplanter leurs frères avant la date fatidique prévue, où toute modification des événements leur serait interdite !

Cet ultime jour prévu était le même dans les deux camps adverses : le 24 mai 4608 avant son ère[6]. Au moment même où le

---

[6] Tout au long de cet ouvrage, nous adopterons la datation actuelle qui ne nécessitera aucune note explicative, puisque les mois et les années des bords du Nil sont différents.

Soleil, suivant sa navigation rétrograde, pénétrerait dans l'influence de la constellation du Taureau, cela serait fini de toute velléité de prédominance des adorateurs du Soleil, car Osiris était devenu le Taureau Céleste maître dans la Mesure et du Nombre celui qui serait en mesure de diriger ses influx bénéfique vers les seuls Cadets issus d'Horus, son aîné, et non ceux de Set l'exécré à cause de son forfait d'assassin !

Et le 23 mai, donc la veille du jour mémorable, avait marqué la fin de toutes les luttes interminables qui ensanglantèrent les deux progénitures durant tant de temps. L'issue de cette dernière bataille était restée incertaine jusqu'à l'approche de la nuit, tant les combats avaient été féroces. Le succès n'avait pas été simplement acquis par les armes, les Suivants d'Horus n'étant pas plus forts que les descendants de Set, mais par une espèce de fluide mental qui avait fait passer une onde psychique dans le camp adverse. Tous étaient au courant de l'avènement du Taureau Céleste pour le lendemain, et les cris des soldats d'Osiris dépassaient largement la puissance de ceux qui se réclamaient du Soleil.

La foi en une victoire finale et complète inéluctable du Taureau avait eu raison de la fourberie et de la sauvagerie des fratricides. Et la reddition avait eu lieu au petit matin du 24 mai : celle d'une troupe encore bien vaillante qui avait cependant plié les genoux en soumission au seul Maître de tous : le Pêr-Ahâ *Men-Nar-Mer,* ou « l'Aimé qui vient du Couchant ».

Les prédictions des antiques prophéties, reprises par les Guides successifs qui avaient amené là les Survivants n'avaient point menti ! Les Combinaisons-Mathématiques-Divines, ces circonvolutions géométriques voulues par Dieu dans sa Création, qui décrivaient les configurations célestes fastes et néfastes, pouvaient bien prédéterminer l'avenir. Elles servaient en tous les cas à prédire l'avenir tout en prévoyant les ripostes possibles.

C'est ce qui avait été fait pour cette journée primordiale du 2 mai 4608 avant notre ère.

Pour expliquer astronomiquement cette datation de nos jours, il n'y a pas de grandes formulations algébriques à écrire, mais de simples applications numériques à chiffrer selon les méticuleuses observations célestes. De nos jours, cette description serait appelée la « Précession des Équinoxes ». Ce phénomène repose sur la différence dans le champ de vision de l'œil humain, de la position du Soleil en un point fixe 0. Si chaque année elle est imperceptible, cette différence prend au fil des ans une importance considérable.

En une année, le recul du point 0 sera de 50 secondes et $2/10^e$ d'arc dans l'espace. En général, 0 est le point équinoxial de printemps, c'est-à-dire le point où le Soleil entre dans la constellation du Bélier, soit le 20 mars.

En 72 ans, le Soleil aura rétrogradé de un degré seulement. Ce qui revient à dire qu'en 2 160 révolutions solaires, une constellation aura été traversée, et que si rien ne vient bouleverser la navigation de notre astre du jour, en 25 920 ans, il aura parcouru un tour complet sur lui-même, soit 360 degrés.

Il est donc relativement facile de calculer la position du Soleil d'un jour donné, qu'il soit dans le futur, ou dans un très lointain passé, car l'on connaît toujours sa position dans sa marche à reculons en suivant aisément son entrée par la constellation qui précède, et non qui suit. C'est pour cette raison que l'on date avec exactitude la carte du ciel du Planisphère de Dendérah à 9792 avant Christ, année du Grand Cataclysme qui engloutit l'Atlantide platonicienne. Vint ensuite la constellation du Scarabée, qui prit ensuite le nom de Crabe, puis de Cancer ; celle des Deux Frères suivit, qui devint les Jumeaux, puis les Gémeaux, avant de parvenir au Taureau, qui eut toujours cette dénomination depuis la mort d'Osiris.

Et l'entrée rétrograde du Soleil en cette partie du ciel était fixée de longue date au 24 mai.

Suivant les Prophètes et les Prêtres qui parlèrent ensuite en leurs noms, le Soleil quittait son lieu générateur de maléfices au sein d'une configuration menée par deux « Fixes » d'une brillance éclatante, mais dont les couleurs non complémentaires ne cessèrent de s'affronter. Cette période de 1 872 ans avait été, de même, ponctuée durant la traversée du Sahara, par d'épuisantes et sanglantes luttes, justement entre deux frères presque jumeaux : Ousir et Ousit, devenus en grec Osiris et Set.

Les Prophètes avaient assuré - mais étaient-ce eux, ou les jeunes Prêtres ? -, que faute d'une entente globale le jour de l'entrée de Râ, le Soleil, dans la Demeure de celui qui était devenu le Taureau Céleste, Ptah le Dieu éternel créateur de toutes choses se fâcherait d'une colère bien plus terrible encore que celle qui avait déclenché la fin de leur Premier-Cœur. Le premier jour de cette glorification du Fils devait nécessairement commencer par la Paix sur la Terre comme elle le serait au Ciel grâce à Osiris.

Pris d'une peur viscérale devant l'obstination des Suivants d'Horus à se défendre, et devant l'acharnement qu'ils avaient mis à traverser le désert immense, les descendants de Set comprirent, le 23 mai, qu'ils n'obtiendraient rien de bon, et qu'il valait mieux céder *pour le moment tout au moins !* Car c'était le seul moyen de conserver intacts les survivants des deux populations sur une même terre appelée à devenir Ath-Kâ-Ptah, phonétisé en Aegyptos en grec, et en Égypte en français. Ce nom hiéroglyphique signifiant : Deuxième-Cœur de Dieu. Ce qui se comprend, puisque celui de la Mère-Patrie était Cœur-Aîné de Dieu : Ahâ-Men-Ptah.

C'est pourquoi cette lutte fratricide s'était terminée en cette aube du 24 mai, alors que se levait le Soleil en Taureau pour une durée de

2 304 ans[7]. Et pour concrétiser cet événement, un Pêr-Ahâ devenait maître des deux clans, avec mission d'organiser le « Cœur » au mieux des intérêts de tous. Ce qui, du haut du pays des Endormis Bienheureux, avait dû calmer les immenses tourments de la grande reine Nout, la dernière mère divine ayant enfanté dans le « Premier-Cœur », et un Fils de Dieu, et un Fils de la Terre, faisant d'eux les pires ennemis qui poursuivront leur haine, génération après génération, jusqu'à ce jour du 24 mai.

Ce fut d'ailleurs à partir de cette mémorable date que la bonne Dame Nout, indépendamment des idées théologiques de chacun des groupes, devint la « Bonne Dame du Ciel », la Déesse, la Protectrice des Cadets », et de mille autres patronymes bénéfiques qui rappelèrent à tous qu'elle était la Mère originelle des deux multitudes.

De plus, la langue sacrée, qui prit le nom hellène de Hiéroglyphique, perpétua sa silhouette et son esprit, en faisant d'elle le pont reliant les « Deux-Terres », l'occidentale engloutie au couchant, et l'orientale qui avait permis la renaissance des rescapés. Stylisée, cette figuration devint le nouveau ciel inversé depuis le cataclysme. Il apparaît de cette façon sur la gravure ci-dessous qui est une imagerie ptolémaïque, certes, mais significative.

---

[7] La longueur des constellations n'est pas de 30° comme dans les signes zodiacaux. Il en découle que la durée équinoxiale n'est point la même pour toutes. Elles sont chiffrées comme suit à Dendérah : Lion et Vierge, 2 592 ans chaque ; Cancer et Gémeaux 1 872 ans chaque ; Taureau et Bélier : 2 304 ans chaque ; Poissons et Verseau : 2 016 ans chaque ; Capricorne et Sagittaire : 2 448 ans chaque ; et Scorpion et Balance : 1 728 ans chaque. Ce qui donne 25 920 ans pour 360°.

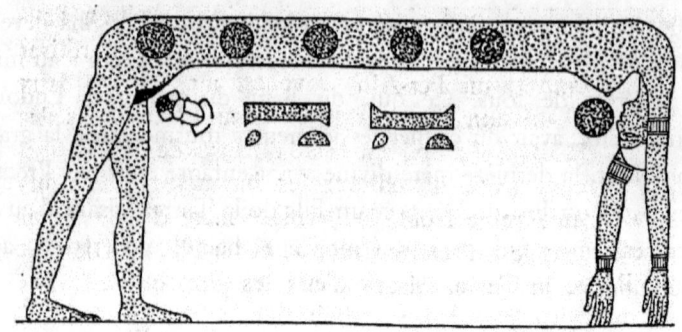

Sous le corps de la déesse du ciel, se trouve, stylisée en hiéroglyphique, la même présentation. En 1, c'est le ciel actuel ; en 2, c'est celui de son état antérieur au Grand Cataclysme.

La Bonne Dame Nout devait sans nul doute user de toute l'influence qui était sienne, pour consolider l'entente très précaire établie en ce premier jour du cycle du Taureau Céleste. La seconde patrie, ce « Deuxième-Cœur », n'était encore qu'un lieu promis : Ta Mérit, tant que la nouvelle alliance avec Dieu n'aurait pas été promulguée dans les temps prévus à cet effet. Et si ce lieu aimé était agrémenté de tous les bienfaits accordés par Hapy, le Grand Fleuve, il n'en restait pas moins sous la dépendance exclusive de Ptah.

Aussi, l'acte d'allégeance au Pêr-Ahâ *Men-Nar-Mer*, descendant en ligne directe de l'Aîné de Dieu : Osiris, fut-il lu solennellement puis scellé par les prêtres, devant les chefs des deux clans réunis, dont *Râ-Séti, le Double invincible de Set,* chef des Rebelles.

Cette unification des descendants des Deux-Frères vivant sur un seul territoire eut lieu selon le rituel institué des millénaires auparavant pour cette soumission prévue. C'est pourquoi il est connu intégralement. Les Annales l'ont précieusement conservé parmi les textes traditionnels du Livre des Quatre-Temps de Dendérah. Bien connu désormais, il est souvent cité sous le titre : *Les deux Maîtres ont dit.*

Il ne fait aucun doute que c'était avant tout un serment d'allégeance au Dieu tout-puissant qui pouvait seul imposer à tous une loi contre laquelle le plus fort des hommes ne pouvait rien ! Cette profession de foi eut lieu au bord du grand fleuve, à l'emplacement même où parvinrent les premiers pionniers de la longue cohorte des rescapés, tout au fond de la boucle de la rive occidentale du Nil, là où était une oasis édénique !

Ce lieu avait trouvé immédiatement son appellation, afin de remercier Dieu (Ptah), le Soleil (Râ) et Nout leur mère : Ta-Nout-Ra-Ptah. Il continua durant quatre millénaires de porter ce nom béni, trois fois béni et protégé. Puis il devint phonétiquement en grec : Tentyris, avant de devenir en arabe : Tentira et Dendra, pour finir en français par être Dendérah.

Mais en ces temps si éloignés que le vertige saisit celui qui veut réfléchir à l'endroit où se trouvaient ses ancêtres à la même époque, rien n'existait encore qu'une volonté d'union et d'unification. Durant près de trois heures, les deux chefs religieux, les « An-Nou », avaient crié bien fort pour être entendus de tous chacune des phrases de la prestation du serment, les yeux levés vers Dieu et le Soleil, cependant que la foule des fidèles des deux clans reprenait en chœur, mains levées en signe d'imploration de la bénédiction céleste.

Voici la conclusion de ce long texte gravé sur bien des monuments datant de l'ancien empire, et repris ensuite sous d'autres formes :

« Les Deux Maîtres ont juré au Grand Pleuve : - *Tes sources célestes seront celles de notre vie, car elles assureront chaque résurrection de nos vies.* »

« Ils ont juré au peuple réuni : -*Vous vivrez désormais en accord avec les Commandements de la Loi de l'Éternel, car ce sont eux qui permettront votre vie sur la Terre comme ensuite au Ciel. Vous nourrirez le sol par votre travail. Et à son tour, le sol vous nourrira de ses grains et de ses fruits.* »

« Ils ont juré aux chefs des Uhu[8] des Deux-Terres assemblés :
- *Votre autorité restera à l'image de vos emblèmes, car tel vous gouvernerez dans vos provinces, tel vivra votre peuple.* »

« *Enfin ils ont juré en élevant les bras au ciel, à la face de Ptah :- O toi, seigneur de l'Éternité, Ptah le tout-puissant que ta Loi et ses Commandements soient, à partir de ce jour, notre Guide unique et notre seule préoccupation, afin que nos actes quotidiens ne subissent aucune souillure durant la navigation terrestre qui est la nôtre. Nos descendants pourront ainsi se conformer à ton harmonie céleste, sans la crainte du renouvellement d'un Grand Cataclysme ! Que la Sagesse, écrite à notre intention par le déroulement des Combinaisons Divines, pénètre en chacun de nous, nous inspire et nous aide pour conserver à terre notre Foi en Toi, et pour nous éviter de commettre le Mal. Nous pourrons ainsi revivre éternellement dans le Royaume Bienheureux des Rachetés. Car il n'est qu'un seul Dieu dans le Ciel comme sur la Terre : Ptah !* »

Toute cette ·assemblée, groupée .dans le cirque naturel s'étalant jusqu'à la berge du fleuve, répéta par trois fois le nom de Ptah, en une clameur joyeuse qui se répercuta en un écho sonore contre les falaises. La cérémonie était achevée, et un grand poids paraissait s'être échappé de toutes les poitrines hier ennemies. Mais combien croyaient réellement à la fin de toutes les luttes intestines ? Pourtant, dans les faits, l'entente et l'unification étaient devenues une réalité en ce 24 mai, premier jour du cycle du Taureau Céleste !

Le prestige des prêtres de Ptah sortait renforcé grâce aux prophéties de leurs prédécesseurs qui se réalisaient pleinement. Il convenait désormais d'organiser l'administration territoriale suivant les instances divines, afin que la paix si chèrement acquise dure éternellement. Et le Pontife, l'An-Nu, songeait que pour y parvenir, ses ans étaient hélas comptés. Il fallait que la construction du monument à la gloire de Ptah soit accélérée, afin que chacun puisse

---

[8] L'Uhu est le nom grec, ou la province française.

remercier le Créateur de ses bienfaits. Il fallait également reconstruire le plus rapidement possible, en cet endroit idéalement situé, le complexe du « Cercle d'Or » d'Ath-Mer, l'ancienne capitale. L'importance des plans architecturaux, qui s'accumulaient à présent de façon impressionnante, effrayait par son ampleur les responsables de l'enseignement auprès des nouvelles générations. Mais en un haussement d'épaules, l'Archiprêtre rejeta cette contestation minime puisque la Double École consacrée à l'étude des Combinaisons Mathématiques Divines ne dépendrait que des Maîtres de la Mesure et du Nombre. Car de cette Connaissance des configurations astrales fastes et néfastes dépendrait une bonne obéissance du peuple à la Loi de Dieu.

Le Grand Prêtre, chef de tous les religieux des deux camps à dater de ce jour, *Bâ-En-Pou*, 211e descendant direct d'Anepou, ne pouvait qu'être satisfait du déroulement des heures écoulées. Mais il fallait être prêt pour l'avenir qui commençait.

Et au moment où nous reprenons le cours de l'histoire des rescapés des Survivants de l'Atlantide, le Pontife faisait les quelques pas le séparant de Pêr-Ahâ devant lequel il s'inclinait profondément. L'Aîné ne cachait pas sa joie devant cette union qui plaçait les deux clans sous un seul sceptre : le sien.

Mais l'An-Nu, ne désirant nullement montrer publiquement une trop grande soumission au roi, s'éloigna du trône improvisé, tout autant que de la berge, où l'onde bienfaisante dispensait quelque fraîcheur. Il fut suivi du Gardien des Traditions, qui était un prêtre de la première classe, ainsi que du seul Horoscope vivant, qui était, comme son nom l'indiquait : le Gardien des Heures. Revêtu de la pourpre sacerdotale, suprême élévation décernée à ce prêtre initié, il supervisait d'un visage impassible les préparatifs des travaux du Cercle d'Or, tout en veillant avec diligence sur *Bâ-En-Pou*, son seul chef après Ptah. À eux trois, ils formaient un tel bloc traditionnel inébranlable, qu'ils avaient eu raison de tous les coups de boutoir des dirigeants de la secte des adorateurs du Soleil.

Le Pontife, tout en marchant à pas mesurés et en accueillant les hommages de la foule unie en une même acclamation, songeait au chemin parcouru et à sa victoire complète. Il se sentait trop vieux pour varier d'opinion, et il était resté plutôt sec à l'égard des prêtres de Râ. Mais comment pouvait-il brusquement oublier les millénaires passés durant lesquels guerres, massacres d'innocents, et sacrilèges blasphématoires avaient été leur lot quotidien ? Et le gros point qui lui serrait encore la poitrine était de savoir s'ils vivraient en frères bien longtemps ! Il ne restait qu'à espérer qu'en ce cycle dédié à son fils, Ptah ferait un ample usage de bonté pour suppléer aux divergences qui ne manqueraient pas de surgir, et aplanir les difficultés.

Combien pouvait-il y avoir de meurtriers dans la longue file des robes jaunes de ceux du Soleil qu'il croisait en ce moment et qui le saluaient respectueusement ?... Le Pontife préféra ne pas s'appesantir sur cette angoissante question. Pourtant, les étudiants des deux Collèges religieux étaient mélangés et lui faisaient le même signe de vénération sur son passage.

Tout de même rempli d'un sentiment de fierté devant la réussite du plan prémédité pour cette journée, l'An-Nu s'arrêta quelques instants de marcher afin que ses deux suivants parviennent à sa hauteur. Les trois religieux reprirent leur progression du même pas lent, semblant le mesurer en le disputant à la longueur du temps, seconde après seconde.

Le Pontife désirait s'entretenir en particulier avec ses « hommes de confiance », des modalités secrètes concernant le forage des soubassements des gigantesques souterrains prévus pour cheminer dans la Double-Maison-de-Vie. Les cris joyeux qui fusaient autour d'eux créaient une barrière propice à cette conversation privée. Le chemin qu'ils suivaient, et duquel chacun s'écartait respectueusement, constitué d'une belle terre rouge déjà bien tassée, conduisait vers le bâtiment provisoire, encore édifié en briques crues suivant la méthode primitive. Il servait à l'enseignement des néophytes, les futurs prêtres de quatrième classe, celle des débutants. Il restait encore plus de trois siècles avant que ne soit rétabli l'écoulement du temps, et il y avait toutes les possibilités désormais d'achever le Grand-Œuvre qu'était le Cercle d'Or avec sa Double étude de jour et de nuit.

L'Année de Dieu, celle qui décidait du calendrier, ne débuterait qu'en 4 244[9]. Et ce ne serait qu'à partir de cette époque que seraient initiés les « Maîtres de la Mesure et du Nombre ». Jusque-là, hormis le Pontife, nul n'aurait accès à la Connaissance intégrale. C'est pour cette raison que la puissance suprême n'appartiendrait pas à une seule classe de prêtres, mais à deux, afin qu'aucun n'eût la prétention de se prendre un jour pour un dieu !

D'où cette immense construction prévue dans ses moindres détails et départagée en deux parties bien distinctes au sein de la même école.

Sur cette chaussée montante, le Pontife allongea légèrement le pas en redressant sa taille, pour ne pas ralentir encore plus la marche de ses accompagnateurs. Sa vieille enveloppe charnelle craquait de toutes parts sous l'effort qui lui était demandé ces dernières années. Elle arrivait incontestablement au bout de son usage terrestre ! Comme il était absolument nécessaire non seulement qu'elle durât, mais qu'il ne laisse pas voir ses souffrances physiques, il s'obligea de sourire pour satisfaire les yeux de ses deux compagnons qui ne cessaient de l'observer furtivement avec inquiétude.

Bâ-En-Pou s'adressa sur un ton bonhomme et plus particulièrement au plus vieux des deux, tout imbu de son rôle de Gardien des Heures :

---

[9] Cette année est celle déterminée par Sirius et dont la révolution est égale à 1 461 années solaires. C'est la conjonction Soleil-Sirius qui débute l'an 1. La dernière conjonction ayant eu lieu en l'an 1 322, celle à laquelle pense le Pontife est : 4 244 avant notre ère, donc bien de plus de trois siècles postérieure à celle qui nous occupe ici.

- Tout semble prêt pour débuter les grands travaux, mon bon Tan-Pet ; en est-il de même pour tes calculs solaires ?

- Râ est non seulement resplendissant sur son éblouissante barque dorée, mais sa navigation est tellement précise, grâce à Ptah, que les calculs en sont simplifiés. Mon mérite est faible dans la datation de cette mathématique, ô Pontife vénéré !

Le pontife esquissa un bref sourire de connivence satisfaite, devant cet assaut de modestie :

- Ne mésestime pas ton savoir, Tan-Pet, surtout lorsque les résultats ont une telle importance. Pour ne rien te cacher, je suis assez inquiet pour le début de ces travaux !

- Tu as tort de l'être, ô Pontife.

- Je sais, mais l'âge brouille un peu ma vision ! Ptah, dans toute sa puissante bonté, fait que la lumière de Râ ne tombe pas plus rapidement, ni moins brillamment sur un quelconque habitant de cette seconde terre. Quelle que soit la colère du Créateur, il éclairera de la même façon pendant toute la durée de la bénédiction d'Ousir sur nous. La présence du Fils, le Taureau Céleste, au zénith de l'azur durant plus de deux millénaires, ne doit pas nous endormir avec cette prophétie.

L'Horoscope fit une grimace vite rentrée, devant le ton pessimiste du Pontife, et préféra se taire. Ce fut l'autre prêtre, plus jeune, qui répliqua :

- Aurais-tu peur, ô vénérable, que le travail sacré qui nous incombe soit au-dessus de nos possibilités ?

- Peur ?... Ce mot dans tes paroles me choque, Rabou-Nit !

- Pourtant devant l'immensité de la tâche qui nous attend, ô vénérable, j'éprouve une très grande appréhension.

Le Patriarche réprima une grimace de douleur devant un fort élancement qui lui avait aiguillonné le côté droit, et il hocha la tête :

- Tu sais mieux que personne, toi qui es le Gardien de nos traditions orales depuis que nos annales ont tracé le mot « Fin » avec le sang de nos Ancêtres, que le mot peur ne peut plus avoir aucune signification depuis l'horrible cataclysme qui a anéanti notre Premier-Cœur.

L'Horoscope en profita pour relever :

- Il n'empêche, justement, que la réintroduction de la Connaissance parmi les hommes peut faire peur ! Nous venons de haute lutte d'obtenir la paix, et nous semons la gangrène qui risque de tout pourrir en une reproduction cataclysmique dans quelques siècles ou millénaires !

Le Pontife eut une moue amère et crispée :

- Semblable entretien s'est certainement déroulé il y a bien longtemps. Cette Connaissance était en voie de perdition, comme aujourd'hui. Mais ce n'était pas au serviteur suprême de Dieu de décider si oui ou non les générations futures devaient recevoir cet héritage d'Osiris. C'est un problème brûlant, qui a de quoi réduire en cendres non seulement les humains, mais toute la Terre !

- Ta pensée, ô Pontife, est que la Connaissance est le Feu Sacré ?

- Le feu réchauffe, Rabou-Nit ; il est fécond et vivifiant comme la Connaissance... lorsqu'il est attisé par un Sage ! Or, avant la fin de notre Cœur, ceux qui, pour des raisons personnelles allumèrent un incendie en se servant de la Connaissance, sans même se douter qu'ils n'étaient pas des magiciens, ni des prophètes, mais de malheureux apprentis sorciers ne purent pas éteindre ce Feu ! Ce fut alors la destruction de toutes les vies, l'engloutissement dévorant dans les flammes du Passé pour empêcher de produire l'Avenir. Malgré cette catastrophe inoubliable, le Pontife de l'époque décida de sauvegarder la Connaissance puisqu'il y avait des Survivants. Et telle est ma pensée présentement, même si un plus horrible cataclysme doit se produire à l'encontre de notre peuple dans quatre ou cinq millénaires !

Tous les trois se perdirent un moment dans leurs pensées, insensibles à l'allégresse qui régnait autour d'eux à la perspective bénéfique de ce cycle du Taureau Céleste qui s'ouvrait ce jour sous de si bons auspices.

Le Pontife, qui les contemplait, admit pour lui-même que cette multitude bien vulnérable n'hésiterait pas à se lancer vers de nouvelles hérésies si elle n'était maintenue solidement enchaînée par des rites dogmatiques intangibles de chaque instant !... Et le très vieil homme se secoua en soupirant. L'homme était ainsi fait que l'oubli du Passé et de ses drames surviendrait bien un jour. Mais pour l'instant, il avait mieux à faire. Aussi reprit-il la parole :

— Je n'ai d'autre avantage sur toi, Habout-Nit, que la totalité de la Connaissance et d'en être le seul détenteur. Or, elle risque d'être périssable par la faute de ma chair, ce qui ne doit pas se produire. Cet enseignement que j'ai juré, il y a plusieurs dizaines d'années, de conserver dans son intégrité pour le retransmettre, doit désormais être appris en totalité par un autre. C'est pourquoi l'édification du Cercle d'Or ne peut pas être retardée d'un jour, les miens étant comptés !

— Nos architectes attendent tes ordres pour faire creuser par les ouvriers la terre friable pour arriver au rocher. Les sondages indiquent que le sable accumulé par les vents atteint une hauteur de dix-huit coudées[10], ce qui est une bonne quantité pour notre entreprise.

- Je donnerai l'ordre demain, au lever du Soleil, et après la bénédiction matinale. Je ne suis pas éternel, et il n'est que temps pour moi d'achever la transcription des formules diverses enfouies au fond de ma mémoire afin qu'elles ne soient pas perdues non plus.

- Le temps ne presse pas, ô vénéré Pontife !

- Mais si, je ne me fais guère d'illusion sur ce qui me reste à vivre. Mais j'ai dû recommencer les dessins des configurations astrales. Je les avais reproduits sur des tablettes trop grossières, faites de la macération de décoction de feuillages de palmiers et de tilleuls. Ils s'étaient étalés en bavant largement et devenaient illisibles !

- Mais, vénéré Pontife, nos chercheurs n'ont-ils pas réussi à faire une pâte lisse en partant du touf[11] qui pousse dans les marais ?

- C'est exact, Rabou-Nit ; c'est sur ces feuillets de touf surgis du fleuve que je suis en train de recopier mes dessins cette fois.

- Et la formule est bonne ?

- Elle l'est ; nous pourrons réintroduire l'écriture des Textes Sacrés en temps prévu.

- Peut-être alors pourrons-nous nous dispenser de graver ces écrits sur la pierre des monuments ?

---

[10] La coudée équivaut à 0,524 m, soit × 18 = 9,432 m.

[11] Le touf est évidemment le papyrus, végétal qui poussait dans les marais bordant le Nil, végétal miraculeux qui servit à de multiples usages du temps des premiers Égyptiens.

– Ne crois pas cela ; car la gravure sur des pierres enduites de chaux est un besoin impératif. Notre Cercle d'Or doit être indestructible et encore lisible et utilisable dans dix ou cent millénaires ! Le touf est, quant à lui, sujet à l'usure de n'importe lequel des quatre éléments, et il disparaîtra. Mais pour l'instant, il est un don de Ptah aussi bienfaisant que le Grand Fleuve lui-même qui lui permet de croître. Il servira non seulement à écrire les textes, mais il convient pour se nourrir avec ses racines, et pour tresser les fibres de sa tige pour en tisser des vêtements.

– Nous redeviendrons une grande nation dès que la vie aura repris son cours normal, ô vénéré Pontife. Mais, ne pourrais-tu pas te faire aider par les architectes qui travaillent déjà sur tes données ?

– Cela est malheureusement impossible ! Je dois rester l'unique détenteur des formulations et ne remettre à chacun des huit responsables que les documents concernant leur partie de travaux. Chaque jour avant que le soleil n'apparaisse, je leur donnerai les feuillets nécessaires à la bonne poursuite du plus gigantesque travail de tous les temps depuis le Cercle d'Or édifié dans notre capitale engloutie.

– Comment ferez-vous pour résister seul, ô Pontife ?

– Je résoudrai ce problème, et chaque chef des travaux ne connaîtra que les éléments concernant l'équipe dont il aura la charge. Comme il y aura en tout plus de trois mille chambres de grandeur et de forme différentes, là sera la vraie difficulté pour tout coordonner sans aucune erreur ! Et chacun des huit responsables devra éduquer son fils aîné afin qu'il poursuive la même tâche, et ainsi de suite jusqu'à l'achèvement de ce Grand-Œuvre !

– Pourquoi ne pas faire aussi confiance à l'un d'entre nous ?

– Ce n'est nullement par manque de confiance, mes amis ; c'est parce qu'il est écrit que nul être vivant, hormis le Pontife en exercice, ne doit connaître l'intérieur complet du Cercle d'Or, car l'ensemble des bâtiments doubles équivaudra à la Connaissance parfaite de la Loi de l'Univers et de son maniement sans entrave. Je serai seul de mon vivant à être possesseur de ce Secret, et cette construction de Ta-Nout-Ra-Ptah restera unique au monde parce que aucun autre mortel ne pourra y avoir accès en totalité, sous peine de mourir dans les couloirs dont il ne pourra jamais sortir !

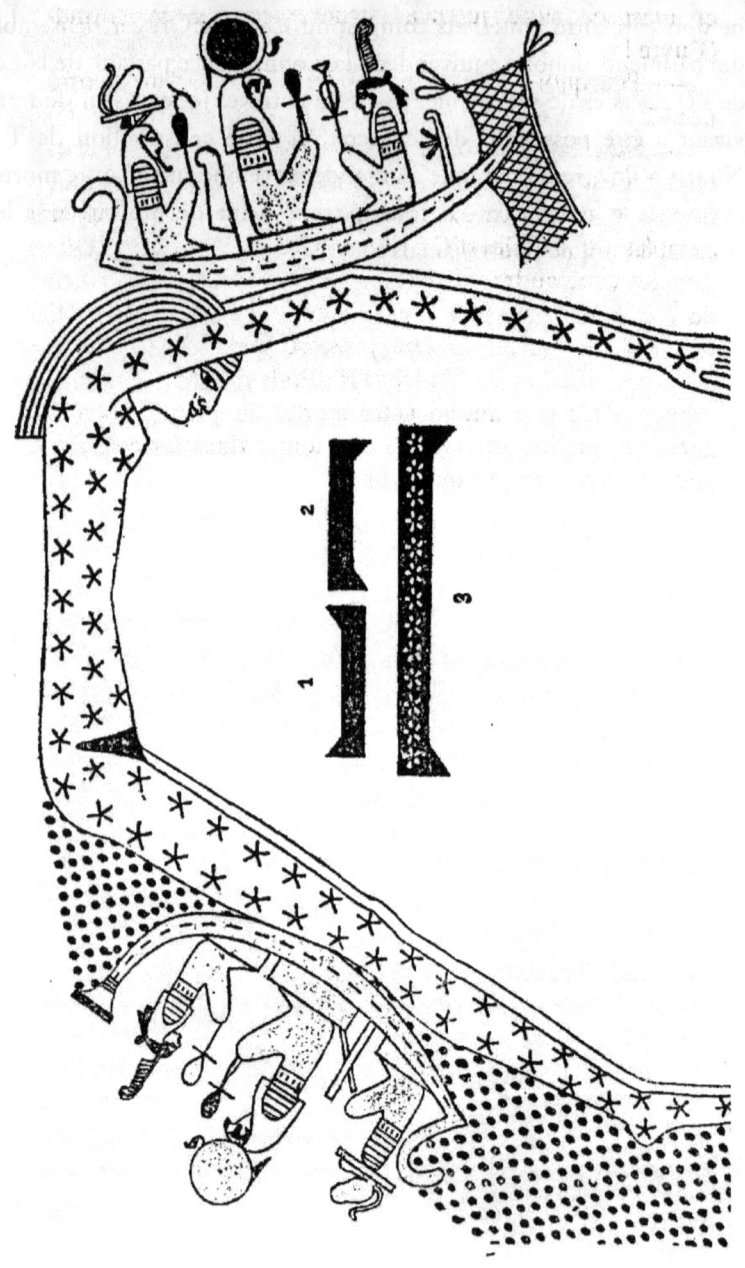

Le message la page précédente, par son symbole, est l une des nombreuses figurations fondamentales gravées sur les murs des principaux Temples égyptiens. L importance de ce graphisme est extrêmement dépouillée, car elle permet de relire, sans l apport d aucun texte écrit, l intégralité de la scène primordiale du « Grand Cataclysme » origine de l engloutissement a Ahâ-Men-Ptah, l Éden ainsi disparu.

La « Triade Divine » *était à la tête de tous les Rescapés, qui sont devenus sous un nouveau Soleil rétrograde les* « Survivants de l'Atlantide », *enfantant grâce à Hor (Horus) une dynastie de Pêr-Ahâ en hiéroglyphique, ou Pharaons en grec, soit de* « Fils- de-Dieu ».

C est tout a abord NOUT, la Reine-Vierge, la mère a Ousir (Osiris) ; pour avoir mis au monde l Aîné de Dieu, elle monta au Ciel où elle protège depuis la multitude des Cadets. De ce fait, la reine NOUT est identifiée à la Voie Lactée. On la voit ici le corps constellé d étoiles, qui forme le pont entre l Occident et l Orient, tel le « Grand Fleuve Céleste ».

Partons donc de l Ouest, où a eu lieu la terrible catastrophe. La mer déchaînée a enseveli toute la terre de l immense continent, ne laissant apparaître à la surface des eaux, que les « Mandjit » *qui sont les barques insubmersibles conçues à cet effet pour assurer la survie.*

Sur la barque de gauche, dont, se trouve tout a abord Ousir, dont la tête est invisible sous son bandage qui symbolise, par sa rougeur, la peau de taureau dans laquelle en réalité il a été emprisonné. Symboliquement également, l arrière-train d un Lion est posé sur les bandages, personnifiant pour l éternité le bouleversement qui s est produit durant le passage du Soleil dans la constellation Lion en position rétrograde.

À côté a Ousir, est assis Hor, le fils a Ousir, personnifié par l épervier, et porteur du Soleil, car de sa survie dépend la Renaissance des rescapés. Comme il a été gravement blessé et que sa vie ne tient qu à un fil, sa croix-de-vie, la Croix Antée, est ensanglantée, ce qui n est pas le cas de celle tenue par Iset (Isis) la mère a Hor et épouse a Ousir, qui est jaune et le signe a une longue vie.

À eux trois, ils forment la symbolique « triade », *Iset porte a ailleurs sur sa tête en équilibre l âme des rescapés, symbolisée par une plume a autruche verte.*

(Le hiéroglyphe de la « Parcelle Divine pour l'Homme » est le dessin d'une plume d'autruche.)

Et la Triade Divine se trouve sur une « Mandjit » dont même la rame a disparu, et qui surnage à la limite du naufrage, les eaux atteignant le plus haut bord !

Venons-en à la « Mandjit » de droite, qui a passé le cap difficile, probablement avec l'aide d'une voilure de fortune, fixée archaïquement ! Ils sont parvenus à l'Orient bien que la terre s'appelle, du fait du pivotement de l'axe terrestre : TA MANA, « Le Lieu du Couchant ». L'âme du monde s'implante dans la coque solidement et en grand, tandis que Ousir a retrouvé son aspect humain mais pour peu de temps, car son âme rouge s'enfonce dans l'arrière-train du lion, puisque le Soleil est toujours dans la même constellation. D'ailleurs sa Croix Antée est rouge également et Set, son assassin, figuré sous la tête d'un chien, va reprendre ce qu'il a déjà tué.

Hor quant à lui, toujours blessé, il débarquera avec le nouveau Soleil au-dessus de lui et Iset sera en pleine possession de ses moyens, grâce à son âme jaune et à sa Croix de même couleur d'où est sortie une fleur de Lotus, signe certain de la Renaissance de l'Aîné Hor qui assurera aux Survivants, à jamais, la race des Aînés, les Fils-de-Dieu ; les Per-Ahâ, ou Pharaons.

Chapitre II

TA NOUT-RA-PTAH
(Le lieu céleste)

« Du nombre des ruines, la plus merveilleuse est Tentyris. Elle a 180 fenêtres, et le Soleil y pénètre chaque matin par une fenêtre différente jusqu' à ce qu il arrive à la dernière ; après, il retourne en sens contraire le même voyage. "

El-Makrisi
(Description de l Égypte - 1468.)

« L univers n est si resplendissant de Divine poésie, que parce qu une Divine mathématique, une Divine combinaison de nombres anime ses mouvements. »

S.S. Pie XI
(Dernière homélie pascale.)

En parvenant en haut de la colline, *Bâ-En-Pou* poussa malgré lui un soupir de soulagement. Cette montée, sous *le* soleil qui commençait à darder ses rayons sur sa tunique, n'était plus de son âge. Mais que ne devrait-il pas encore supporter avant d'être accueilli parmi les Bienheureux endormis d'Ahâ-Men-Ptah, qui restait à jamais son premier cœur, et que déjà la légende transformait en langage courant en une abréviation : Amenta !

Le Pontife ne s'appesantit pas plus sur cette question, car un vaste panorama mouvant s'étalait largement sous ses pieds. Des centaines d'ouvriers avaient déjà entrepris le nivellement du terrain délimité dans la boucle du fleuve pour servir à l'édification de la plus étrange construction, et de la plus gigantesque, jamais conçue et entreprise par des esprits humains en s'appuyant sur des coordonnées célestes. Ce spectacle qui le fascinait et l'enorgueillissait était celui d'une immense ruche bourdonnante, mais à ciel ouvert. Des milliers d'ouvriers s'activaient en contrebas, accomplissant toute la journée les seuls gestes qu'ils avaient appris pour participer à ce travail, sans se préoccuper de ceux de leurs voisins.

Bientôt, d'épaisses cordes tendues délimiteraient avec précision le mur d'enceinte extérieur, autour de l'aire aplanie. Sur le pourtour de cette vaste esplanade, s'entassaient déjà des amoncellements de matériaux les plus divers, ceux qui ne tarderaient pas d'être employés pour commencer les fondations souterraines.

Mais auparavant, *Bâ-En-Pou* allait officialiser le début réel des travaux en consacrant le site de Ta Nout-Râ-Ptah, pour le mettre sous la triple protection divine à laquelle il était dédié. Ainsi, le Cercle d'Or porterait fièrement son Nom jusqu'à la fin des temps. Sa triple appellation par Ptah, Nout, et Râ en ferait idéalement la Demeure Céleste, et astronomiquement la Double De- meure puisqu'il faudrait séparer le jour de la nuit afin d'éviter toutes les tentations éventuelles de la part d'un quelconque simulateur de bonnes intentions.

Le plus gros travail du Pontife avait été d'inclure, dans l'enchaînement du gros œuvre, d'innombrables maillons imprévus qui serviraient de verrous infranchissables à qui tenterait de désobéir au cheminement prévu pour l'enseignement des futurs initiés. Tout était déjà compartimenté et structuré sur les plans ; il ne restait plus qu'à assembler chacune des parties apparemment désordonnées à la suivante, pour que le Cercle d'Or renaisse.

Les énormes blocs de granit devaient déjà être en train de se tailler, à quelques journées de navigation en amont sur le fleuve. Ce ne serait plus lui qui serait à la tête du Collège des Grands-Prêtres lorsque ces masses de pierres parviendraient à Ta Nout-Râ-Ptah, mais le Pontife savait que désormais la marche des travaux suivrait son cours quoi qu'il arrive. En fermant les yeux, il voyait déjà les traîneaux robustes, à gros patins, tirés par des équipes *sans* cesse renouvelées, faire la navette entre la berge et ce lieu béni, grâce à une chaussée bien lisse à construire, et qui serait rendue glissante avec du limon gras du fleuve répandu sur le sol, qui collerait au sable en séchant.

Rouvrant les yeux, le Patriarche revint à la minute présente, car la file des prêtres qui l'avait suivi à distance respectueuse achevait de le dépasser, et redescendait pour se préparer à la consécration de 'Ta Nout-Râ-Ptah. Dominant les têtes rasées il les suivit à son tour, surveillé du coin de l'œil par Tan-Pet, toujours présent afin d'éviter une défaillance trop visible du Maître. Mais dans la descente, la haute taille de l'An-Nu, toute de blanc ceinte, en apparence solide comme le roc, survolait les aspérités du sol ! Ses yeux, mi-fermés, cachés par les épais sourcils, semblaient inexpressifs et sans passion, alors qu'une volonté inflexible le portait irrésistiblement vers son but ultime : achever la tâche dont il était investi !

La nouvelle génération progressant à pas de géant présentement, le Futur s'ancrait déjà profondément dans des racines qu'il deviendrait bientôt impossible de trancher ! Il devait absolument terminer l'éducation religieuse de ses proches avant de disparaître ! Et comment leur faire toucher une réalité impalpable ? Le Passé était irréversible, et les notions de Bien et de Mal étaient quelquefois si semblables, que l'une pouvait essaimer sans difficulté l'autre.

Après quarante siècles d'angoisse et de privations, le Pontife savait que l'histoire d'Ahâ-Men-Ptah, pour authentique qu'elle fût, prenait déjà des allures légendaires et affabulatoires. Après tout, le mensonge ne serait-il pas, en l'occurrence, un bienfait préservateur de la Vérité essentielle ?

Mais *Bâ-En-Pou* interrompit de nouveau le cours de ses pensées car il parvenait sur l'immense esplanade. Le silence se fit peu à peu, les ouvriers s'arrêtant de travailler pour suivre la cérémonie et écouter l'homélie du chef religieux !

Le Patriarche passait, impassible, n'ayant cure des marques de respect dont il était l'objet, se fortifiant de l'inébranlable vérité des dogmes de la Loi, qu'il se chargeait de faire respecter par tous, afin que renaissent les Fils de Lumière avant sa disparition.

Mais il était temps de débuter. Aidé par l'Horoscope qui s'était approché de lui, le Pontife se hissa sur un bloc de grès pour dominer non seulement les Prêtres, mais pour que sa voix porte jusqu'aux ouvriers éparpillés sur l'aire. *Bâ-En-Pou* eut un rapide regard satisfait. De cet espace encore vide, des mains d'hommes feraient surgir un ensemble parfait : la *Double Maison-de-Vie des « Combinaisons-Mathématiques-Divines »* le Cercle d'Or, le lieu céleste : Ta-Nout-Râ-Ptah.

Se redressant fièrement, le Pontife commença d'une voix forte[12] :

- Invoquons Ptah, le tout-puissant Dieu du Commencement, en cette journée particulièrement importante. Invoquons aussi Ousir, qui est ressuscité pour nous permettre de construire cet édifice trois fois saint. Invoquons de plus Nout, la bonne Reine-Vierge et sa fille Iset, confondues en une seule appellation de Déesse du Ciel, afin de veiller tout particulièrement sur ceux qui se pencheront leur vie durant, sur la signification des configurations célestes, les signes de Dieu. Enfin, invoquons Hor, l'Aîné de la Triade Divine qui guida nos Ancêtres vers cette terre, afin qu'il conseille de même les serviteurs de Ptah dans leurs actions terrestres en faveur des humains.

Des centaines de poitrines répétèrent les invocations avec une seule voix fervente. Lentement, le Pontife éleva ses deux longs bras

---

[12] La prière ci-dessous est entièrement extraite de *L'Hymne au Dieu créateur,* nom qui fut donné par l'égyptologue russe W. Golénitscheff au papyrus hiératique qu'il découvrit en haute Égypte. Ce manuscrit indique au début qu'il fut *recopié* par le scribe du roi Thoutmosis III (de la 18ᵉ dynastie) d'un document très ancien. Il est conservé au musée de Leningrad sous le nom : « Papyrus Hiératique N° 1116 ».

vers le Ciel, en une imploration muette mais inspirée. Les manches de sa tunique, s'étant abaissées jusqu'aux aisselles, laissèrent voir la maigreur squelettique de ce très vieux serviteur de l'Éternel. Sa voix, pourtant, en s'élevant à nouveau, semble extra- ordinairement forte et jeune, chaque mot étant porté avec force jusqu'aux oreilles de l'ouvrier le plus éloigné :

- Que le Dieu très sage et infiniment bon qui réglera notre nouvelle condition d'être vivant sur cette terre bénie, daigne se pencher dès aujourd'hui sur les travaux que nous entreprenons ici pour sa plus grande Gloire et pour faire respecter sa Loi.

« Car c'est Lui seul qui a fait le Ciel et la Terre pour notre bonheur !

« Car c'est Lui seul qui a repoussé les ténèbres pour que nous devenions les Fils de la Lumière.

« Car c'est Lui seul qui a fait le Souffle animant notre Âme.

« Ainsi l'Âme insufflée par les Douze Célestes du Créateur a pris la place de l'esprit charnel dans un corps.

« Ainsi la Vie Humaine s'est introduite dans nos enveloppes charnelles avec cette Parcelle Divine qu'est l'Âme.

« Voilà pourquoi l'Homme est une Créature de Dieu.

« Voilà pourquoi le Créateur fit aussi les plantes, les animaux, les oiseaux, les poissons et toutes les choses qui sont dans l'eau, l'air ou sur la terre, afin d'assurer l'existence à ses Créatures.

« Que l'Homme ne déshonore donc jamais le modèle dont *il* ost l'image sous peine des pires punitions !

« Que l'Homme mange et boive comme le font les autres êtres vivants. Mais que l'Homme prie et remercie Dieu de l'avoir fait humain. Mais que l'Homme travaille afin d'être véritablement un humain.

« Et l'Aîné, Ousir, a été l'achèvement de la Création du Créateur.

« Et les Cadets que nous sommes auront grâce à cela la Paix et la Prospérité sur la Terre, en attendant d'être acceptés dans l'Au-Delà de notre vie terrestre, où nous pourrons enfin nous joindre aux Bienheureux endormis, nos vénérés aïeux de l'Amenta.

« Que la gloire éternelle de Ptah nous baigne tous dans sa Lumière. »

Cette partie traditionnelle de la sanctification terminée, le Pontife ramena les manches de sa tunique jusqu'à ses poignets, avant de reprendre, en regardant plus spécialement les jeunes classes des futurs prêtres :

— Trois cent soixante générations de Pontifes, Gardiens des Textes de notre Langue Sacrée, ont aidé à la conservation intacte de cette Connaissance. À chaque moment primordial de la vie, sans discontinuer. Durant les cinq millénaires écoulés ils ont indiqué les desseins favorables de l'Éternel qui, seul, présente les signes à suivre ou bien à rejeter formellement...

Le Pontife laissa la fin de sa phrase planer sur les têtes frustres mais attentives à ses paroles. Puis il reprit d'une voix encore plus forte, après s'être frappé trois fois la poitrine :

— C'est moi seul qui reste aujourd'hui le dépositaire de ce Passé extraordinaire de nos Aînés. Je le transmettrai, pour les Cadets du futur, à ceux qui perpétueront notre race, avec l'espoir qu'ils éviteront le renouvellement d'une calamité aussi effroyable que celle qui toucha notre Premier-Cœur et le raya définitivement de la surface de la

Terre. C'est pourquoi l'humanité, qui vivra bientôt sous votre tutelle spirituelle, devra suivre impérativement les commandements divins selon les préceptes que vous enseignerez, et qui seront le reflet véridique de la Loi du Créateur. Et si, parfois, certains Dogmes vous semblent lourds à enseigner, ne cédez jamais à la tentation de les passer sous silence ou de les modifier selon vos seules conceptions théologiques, chacune des Paroles constitutives de la Loi Sacrée provenant de Dieu lui-même, et chaque Parole du Verbe a sa stricte raison d'être à l'endroit où elle est située !

Pendant le court silence qu'il garda et qui lui permit de reprendre sa respiration, le Pontife pointa un index au-dessus des crânes tondus des prêtres en exercice :

- La Loi intangible et indivisible sera léguée à vos élèves telle que vous l'avez reçue, sans rien lui ôter, car elle constituera toujours, partout, le rempart indestructible et nécessaire à la survie de nos fils et de leurs arrière- petits enfants ! Il en a été ainsi depuis notre origine en Ahâ-Men-Ptah. L'horrible expérience vécue par ceux qui ont tenté de contrefaire et de contrevenir à la Loi Divine doit nous servir de leçon à tous ! Nul ne tentera donc de vouloir faire prévaloir sa propre loi contre celle de Dieu, car il est impossible à un être humain de créer ce que le Créateur a mis dans le monde pour assurer votre vie terrestre.

Une nouvelle courte pause permit au Pontife de calmer sa respiration devenue haletante d'une oppression soudaine. Cela laissa le temps aux paroles prophétiques de mise en garde, de pénétrer jusqu'au plus profond des replis des âmes. Rasséréné, le vieil homme saint reprit ensuite d'une voix non pas fêlée, mais vibrante :

C'est pourquoi vous jurerez, comme je l'ai fait il y a bien longtemps, d'obéir inconditionnellement aux commandements de la Loi Divine. C'est pourquoi vous n'oublierez jamais que votre tâche principale de serviteur de Dieu sera d'apprendre au peuple des Cadets, toujours et toujours, la plus stricte observance de cette Foi que nos Aînés ont tout fait pour nous retransmettre dans son intégralité ! Voici en des termes simples, ce que m'inspire ce moment d'une gravité exceptionnelle : le début des travaux du Cercle d'Or...

Le Pontife eut un geste large de la main droite, qui balaya tout l'horizon, cependant que chacun se répétai inconsciemment les deux mots quelque peu magiques « Cercle d'Or ». Et *Bâ-En-Pou* reprit :

— La gigantesque école des « Combinaisons-Mathématiques-Divines » surgira grâce à votre travail acharné à tous. Les aspects célestes de ce jour sont les plus bénéfiques, preuve que nos Aînés avaient une maîtrise absolue dans la connaissance des combinaisons astrales. Nous entrons dans une ère de prospérité sans aucun précédent, et qui ne se reproduira pas avant de longues années de Dieu. Cette clémence divine nous vient de la résurrection d'Ousir, puis de son accession au trône céleste, à la droite de Ptah, lieu qui lui a été assigné en son temps sous le patronyme de Taureau Céleste. Aujourd'hui, Râ darde ses rayons les plus bienfaisants sur notre Deuxième·Cœur, influencé par celui des Douze qui est dans sa meilleure position : le Cœur du Taureau ! C'est pourquoi, en ce jour trois fois béni, ici même, notre Cercle d'Or antique d'Ath-Mer l'engloutie va renaître de son passé prestigieux grâce à Dieu, et au travail de toutes ses créatures. Le plus grand complexe qui sera jamais réalisé à la compréhension de la Création et des combinaisons mathématiques qui l'animent se trouve d'ores et déjà placé sous la protection d'Ousir, générateur de la nouvelle multitude, personnifié pour nos écritures par le Divin Taureau. Le Soleil entrant aujourd'hui pour plus de deux mille ans dans la constellation qui lui est dédiée en symbole éternel de reconnaissance, nous pourrons bientôt renaître de nos propres cendres avec la reproduction de tout notre passé révolu, mais bien présent dans nos cœurs. Que Ousir, le glorieux Fils du Père, intercède auprès de son Créateur, qui est aussi le nôtre, afin que le Cercle d'Or, qui ne verra son inauguration que longtemps après notre retour dans l'Au-Delà de la vie terrestre, résiste non seulement à l'assaut du temps, mais surtout à celui des enveloppes charnelles envieuses et jalouses de notre civilisation. Que le Souffle de Ptah et des Douze vous protège tous durant cette vie de labeur à la plus grande gloire de Dieu ! Ainsi vous accéderez à la Vie Éternelle auprès des Bienheureux Endormis d'Ahâ-Men-Ptah. Ainsi s'achèvent mes paroles.

Cette cérémonie de consécration en plein air prit fin de cette façon. Rapidement, les ouvriers reprirent leurs tâches, retrouvant un rythme régulier et efficace, faisant ressembler de nouveau l'esplanade à une vaste fourmilière dont les milliers d'ouvriers besognaient en un seul mouvement parfaitement coordonné.

L'An-Nu, satisfait de ce qu'il voyait, s'agrippa solidement au bras que lui tendait l'Horoscope pour redescendre de son piédestal de grès. Sans plus attendre, le Pontife fit signe à ses deux compagnons de le suivre :

- Il est encore temps, avant la prière au soleil, de nous rendre compte de l'état d'avancement de la voûte céleste du grand temple. Allons !

Pour plus de compréhension, nous laisserons ici cette visite astronomique au temple de Ta Nout-Râ-Ptah, pour décrire en détail cette voûte, véritable carte du ciel, qui a fait l'objet de tant de polémiques entre les distingués Membres de toutes les institutions savantes du monde entier à partir de 1820, date à laquelle la sixième copie de ce monument a été ramenée à Paris[13].

Bien avant que ne débute cette ère du Taureau, ainsi que nous l'avons déjà vu, cette conception de la reproduction d'un événement terrible ayant eu lieu dans un passé éloigné, mais devant rester éternellement dans la mémoire des hommes, faisait l'objet de réflexions et de méditations profondes sur la manière de le représenter

---

[13] Dans un ouvrage historique sur cette question : *Le Zodiaque de Dendérah,* l'auteur narre toutes les péripéties subies par ce monument, à paraître aux Ed. Omnia Veritas.

de façon qu'il reste éternellement gravé dans les esprits. Chez les descendants d'un peuple Aîné qui s'attribuait, avec justesse, un tel degré de Sagesse et de Connaissance, la conception même d'un tel monument devait être à la hauteur de leur Savoir.

Aussi, pour que la compréhension usuelle soit aisée, la base même du système d'interprétation figuratif fut le Lion. Cette borne apparaîtrait comme infranchissable pour ceux que la colère de Dieu, éventuellement, risquait de rayer une seconde fois de la surface de la Terre. Cette crainte perpétuelle d'un recommencement cataclysmique pouvant détruire cette fois irrémédiablement Ath-Kâ-Ptah, la seconde Mère Patrie, fut l'idée fondamentale de ce qui devint arbitrairement au XIXe siècle : le Zodiaque.

Ainsi donc, ce planisphère, ou plus exactement une carte du ciel d'un jour précis, celui du 27 juillet 9792 avant notre ère, est la projection exacte d'une section de la sphère céleste. Considérés sous ce seul point de vue, les quelques défauts, apparaissant sur la sixième copie qui est en notre possession, sont mineurs. N'oublions pas qu'il y a eu plus de quatre mille ans entre la construction du premier édifice et celui existant encore aujourd'hui, datant des Ptolémées des siècles préchrétiens.

Pour représenter cet événement aussi extraordinaire qu'exceptionnel, le cercle comporte trois séries principales de figurations, dont la plus importante est évidemment celle des douze constellations zodiacales. Elles sont remarquablement disposées le long d'une spirale. Ceci es tout d'abord une double indication. La première, que le signe hiéroglyphique de la Création est une spirale. La seconde, qui en découle, est que la Création est un éternel recommencement mais non pas en un cercle fermé. La Création évolue dans un espace-temps en perpétuel renouvellement après un semblant de fin.

La première gravure est celle d'un Lion sur une Mandjit (la barque salvatrice), la douzième étant donc le Cancer, situé légèrement au-dessus de la tête du Lion. Et leur position relative par rapport au ciel est parfaitement assignée puisque le Cancer est au sud, et la tête du Lion au nord. ·

C'est donc le Lion, avec le Soleil se levant à l'est et non plus à l'ouest, qui ouvre la marche du cortège des Douze. Placé comme il l'est sous le Cancer, il rouvre donc une avance dans le temps, mais à reculons dans l'espace après la station opérée par ce solstice improvisé par Dieu. Il est indiscutable que cette représentation de la constellation du Cancer indique bien l'avance rétrograde du Soleil.

Dans son symbolisme figuratif primaire, le renouvellement solaire à partir de l'autre hémisphère et sa déclinaison inversée montrent parfaitement l'événement catastrophique qui s'est produit. En outre, cette navigation céleste achevée vers le nord par l'astre du jour se trouve renforcée par le dessin du Cancer à la suite de celui des Jumeaux Ousir et Set (devenus ensuite les Gémeaux) sous sa forme de Crabe avançant à reculons.

La première figuration est donc le Lion, qui se tient fermement sur une Mandjit symbolisée par le serpent de l'ancienne multitude impie, et portant sur sa queue recourbée, agrippée à ses poils l'image d'une petite femme figurant les Cadets issus des survivants du cataclysme. Il s'agit bien entendu d'Iset, mère de Horus, l'Aîné générateur de tous les futurs rescapés du Deuxième-Cœur. Vient ensuite Nout, la Reine Vierge qui donna naissance à Ousir et justifia de ce fait son intronisation sous le patronyme de la constellation de la Vierge. Elle tient l'épi de blé dans ses mains, symbolisant ainsi le germe divin qu'elle porte en elle, et qui la suit déjà comme son ombre, sous une forme humaine à tête de taureau. Le croissant da couchant, celui des Bienheureux endormis, est sur sa tête, et il tient dans sa main gauche le bâton à face de chacal, symbole de Set l'assassin soumis en dernier ressort à son Aîné.

Le troisième dessin représente la Balance de la Justice Divine. Elle seule peut peser les actes de chacun en toute équité. Ce fut grâce à elle que durant plus de deux millénaires, à la suite de cette première gravure, il n'y eut pratiquement aucune guerre, chaque conflit se réglant durant le mois consacré à la Balance, devant une pierre consacrée à cet effet, et portant une balance d'or, autour de laquelle étaient assis vingt-deux juges.

Le Scorpion, qui .lui fait suite dans le déroulement des douze, doit son nom au dernier roi Nar-Mer qui permit l'unification des deux clans fratricides. Son temps étant un des plus courts de la Grande Année, il n'y a pas grand-chose à dire de plus sur cette constellation. Il n'en va pas de même pour la suivante.

Le Sagittaire, un monstre moitié animal, moitié homme, prêt à décocher une flèche de son arc, symbolise pour l'éternité l'avertissement divin contre les agissements des adorateurs du soleil, les descendants de Set l'assassin, sans aucune foi, et leur désobéissance envers la Loi du Seigneur Tout-Puissant de l'Éternité.

Le Capricorne lui fait suite, couché, mais sur le point de se remettre debout comme il est aisé de le voir au port de sa tête et à la tension d'une des pattes prenant appui. Sur son dos se tient Horus figuré avec sa tête d'épervier présentant en vainqueur le bâton qu'il tient, insigne de sa victoire sur son oncle Set.

L'homme en marche qui arrive juste derrière, incline dans chacune de ses deux mains un vase d'où l'on voit l'eau s'écouler en dents de scie. C'est le verse-eau, ou la constellation du Verseau. Les Maîtres de la Mesure et du Nombre symbolisent cette présentation avec l'image du Créateur ouvrant les écluses du ciel soit pour noyer sa Création sous un second cataclysme, soit inonder les péchés du monde pour amener un âge d'or accessible à tous les survivants.

Quels seront ceux-ci ? Les descendants d'Ousir ou ceux de Set ? Les deux poissons parfaitement identiques qui viennent sur le planisphère, reliés ensemble par un cordon, mais séparés de corps par un idéogramme hiéroglyphique représentant trois lignes brisées, c'est-à-dire l'emblème du déluge, donnent une importante révélation : à savoir que ce seront ceux qui auront finalement respecté la Connaissance de la Loi qui auront la vie sauve, qu'ils soient descendants d'Ousir, ou simplement des survivants de Set.

Le Bélier, qui est justement le signe des usurpateurs adorateurs du Soleil, symbole d'Amon l'exécré dont Thèbes fut la capitale durant près de deux millénaires, est représenté regardant en arrière, couché dans le sens opposé de sa marche historique, c'est-à-dire regardant l'Orient et non du côté d'Ahâ-Men-Ptah et des Aînés, et les deux personnages qui sont immédiatement sous son corps n'arriveront pas à lui faire surmonter les innombrables difficultés restantes.

Le Taureau, qui caracole à sa suite, tourne nettement sa tête vers l'Orient présentant de cette façon la concavité de ses cornes vers le couchant où reposent les Aînés d'Ahâ-Men-Ptah. Ce taureau céleste est des plus animés, semblant s'élancer vers le nord et hors du cercle spiralé des Douze comme s'il était de tous les mondes vivants et au-delà.

Pour les Gémeaux, les Maîtres chargés du symbolisme ont présenté ici un tableau de quatre personnages dont les deux principaux se tiennent par la main et sont Ousir et son épouse Iset. Les jumeaux, eux, sont relégués au bas de la gravure du Bélier comme il l'a été précisé à la page précédente. Il faut voir dans cette substitution ; une volonté inébranlable de rappeler la honte des fratricides qui a duré près de cinq millénaires avant de parvenir sur la terre de la seconde patrie.

Enfin, pour achever, apparaît le Cancer juste au-dessus du Lion comme il l'a été dit au début. Ce qu'il convient de savoir également, c'est que la première figuration de cette dernière constellation était un scarabée ; par la suite, il est devenu un crabe. Ce n'est qu'à l'époque gréco-romaine qu'il a pris le nom de Cancer.

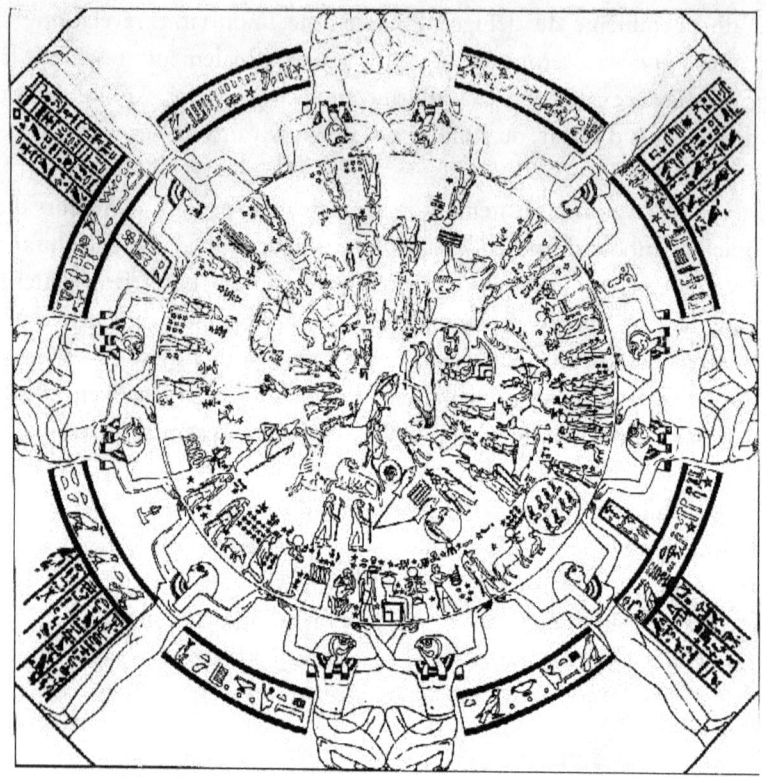

Voici le planisphère de Dendérah tel qu'il a été rapporté en France par M. Lelorrain en 1822.

Dans l'espace inscrit par les Douze, se trouvent un grand nombre de figures. La plus importante en est le personnage central, un très gros animal en partie crocodile, en partie hippopotame, animal que les égyptologues ont qualifié de « typhonien » car il symbolise le plus paisible mais aussi le plus dangereux des dieux : Dieu lui-même. Ptah l'Unique. Il est dessiné tenant un grand coutelas, celui-là même qui servit à Set, mais ce n'est qu'une figuration vengeresse des graveurs, humains eux, par excellence ! Car dans sa bienfaisante harmonie, Ptah n'avait en vue qu'un équilibre terrestre total pour ses créatures. Et c'est ce qui précise la figuration centrale.

Deux autres séries circulaires de figures hiéroglyphisées complètent la description des Douze pour lui assurer une date précise, avec Sep'ti notre Sirius, l'équivalent d'Orion, de la Grande Ourse, et leur position respective calculée avec l'aide de l'un des trente-six décans décomposés au bas de la troisième série.

Quant au grand cercle extérieur, il est supporté par quatre groupes d'hommes à têtes d'éperviers, symbolisant les descendants des quatre fils d'Horus. Au milieu de chacun des intervalles d'un groupe à l'autre, Isis, debout, soutient le médaillon. L'explication en Langue Sacrée se lit le long de ses jambes sur plusieurs lignes verticales. L'intéressant à noter est que, pour éviter dans son transport en France un poids supplémentaire important, M. Lelorrain avait juste découpé le planisphère, laissant sur place la figuration géante de Nout, donnant la direction astronomique du monument par ses mains tendues. M. Lelorrain a également scié dans les zigzags du dessin ci-dessous, ceux-ci n'ayant, comme il l'expliqua à son retour à Paris, aucune importance ! Or, si l'on sait qu'une ligne « en zigzags », ou brisée, signifie hiéroglyphiquement un mouvement d'eau, que trois indiquent une crue pareille à celle du Nil ; que cinq annoncent un déluge d'eau, il est patent que huit ou neuf de ces lignes en « zigzags » décrivent une grande catastrophe par l'eau : le Grand Cataclysme qui ensevelit le Cœur-Aîné, Ahâ-Men-Ptah, tel que cela est décrit dans la carte du ciel de Dendérah.

Revenons à présent au déroulement de la période historique qui précéda l'arrivée du premier Aîné officiellement décrit dans les Annales « modernes » : Mena, ou Ménès en phonétisation grecque. Elle peut être qualifiée par l'appellation romantique de la Renaissance.

Chapitre III

LA RENAISSANCE

« *Le labyrinthe est composé de douze cours environnées de murs, et une enceinte de murailles les renferme. Leurs appartements en sont doubles ; il y en a quinze cents sous terre et quinze cents au-dessus. J ai visité les pièces d en haut et j en parle comme témoin, avec certitude.* »

Hérodote
(Histoire de l Égypte.)

« *Je citerai un souterrain découvert par hasard dans la partie méridionale du temple de Dendérah. Son entrée était bien dissimulée par une pierre mobile décorant la salle. Elle donnait accès à une suite de couloirs et de chambres où devaient s accomplir des épreuves initiatiques.* »

Vicomte Emmanuel De Rouge
(Rapport au ministre de l Instruction publique.) - Mai 1864 -

Les siècles passaient sans faillir d'une seule seconde à leur propre rythme, et la dernière année de Sep'Ti[14], sans son décompte public, s'achèverait bientôt. Le Temps régulier reprendrait alors sa course au sein du Deuxième-Cœur, pour les cœurs humains.

---

[14] Sep'ti est l'étoile Sirius, devenue Sothis en grec. L'année sothiaque, ou « Année de Dieu » dure 1461 années solaires. Plus de trois cents ans ont passé depuis Bâ-En-Pou, et le calendrier sera rétabli dès le premier jour de l'an 1, soit en 4 244 avant J.-C., comme cela sera vu plus loin, par le fils de Ménès.

Le Pontife Méri-Hotep[15] hocha la tête pour se donner une contenance, plus ému qu'il ne l'aurait voulu. Que n'était-il plus assez vaillant pour supporter l'ensemble des travaux préparatoires sur le terrain. Mais à quoi bon rebeller contre la simple banalité de la durée de la vie terrestre ? Il devait concentrer ses dernières forces à traduire, dans le concret des aspects journaliers, certaine configurations célestes plus délicates, qui occuperaient de ce fait la partie centrale du « Cercle d'Or », celle qui délimite justement les Sages des initiés, et qui pourraient avoir la clé de la compréhension donnant accès au centre vital de la Connaissance.

Depuis quelques mois déjà, le Pontife se faisait assiste dans ses diverses tâches par Nou-Kaï et Hady-Pet, deux prêtres de première classe, probablement les plus érudit de tous ceux de leur génération. N'ayant pas de fils, ce qui était sa tristesse perpétuelle, ce serait certainement l'un des deux que le Collège des Grands-Prêtres désignerait pour lui succéder dans peu de temps.

La salle des prières privées achevait de se vider, et il fit signe aux deux religieux de l'attendre. Ceux-ci acquiescèrent avec un bel ensemble, en souriant modestement car ils n'avaient nulle intention de s'éclipser en l'absence de l'An-Nu.

Ils quittèrent à leur tour le Lieu Saint, à la suite du Pontife. Le Soleil se profilait à l'horizon, resplendissant et serein, comme à son habitude. L'édifice religieux n'était pas achevé, car les autres travaux plus pressants accaparaient la totalité des ouvriers. Ici, les échafaudages dressés restaient inoccupés, les gravures et les peintures des plafonds à peine ébauchées. Ce n'était pas le cas à l'extérieur où le mur d'enceinte qui entourait l'immense esplanade était plein d'activité ! Sur trois niveaux superposés, bien accrochés à des centaines de cordages, des ponceurs, des graveurs, et tout au-dessous, des tailleurs de pierre s'occupaient activement à leur tâche précise.

---

[15] Littéralement : « l'Aimé-Pacifique ».

Cela faisait toujours l'admiration des trois prêtres à la sortie de la messe matinale des religieux. Et chaque jour, le Pontife s'arrêtait devant une des quatre portes monumentales pour voir s'il n'y avait aucune faute d'écriture dans la hiéroglyphique des textes, mais il n'en avait encore trouvé aucune !

Puis ils s'arrêtaient d'un même accord en franchissant le seuil de cette porte pour juger de l'ensemble des travaux qu'ils avaient sous les yeux.

L'axe ouest-est de l'horizon sacré, celui qui reliait le Passé de l'Occident à l'Éternité de l'Orient, étirant ses quarante-huit mille coudées[16] de Voie Divine au milieu des superstructures qui se profilaient déjà, donnant un avant-goût de ce que serait le complexe géant du « Cercle d'Or », cette Maison de l'Univers, encore bien hétéroclite par la diversité surprenante des centaines de murets qui apparaissaient çà et là, de hauteur différente, paraissant élevés au hasard, mais dont le moindre détail mathématique et géométrique avait été mûrement étudié, les trois prêtres pouvaient en certifier !

La moitié inférieure de cette structure prenait forme et place avant d'être achevée et recouverte de la dalle du plafond, qui ferait le sol de la moitié supérieure. Ainsi disparaîtraient dans la nuit les chambres des « Combinaisons-Mathématiques-Nocturnes », que la Lune superviserait. Chacun des aspects astraux occupant une pièce différente sous le sol, reliée à sa suivante par un couloir changeant et mouvant suivant les heures et les jours. De souterrains multiples, ayant déjà reçu leur couverture: de blocs de granit noir, étaient

---

[16] La coudée égyptienne, dont plusieurs mesures étalons ont été retrouvées intactes, est très exactement chiffrée à : 0,524 m. Ce qui, pour l'axe ouest-est de la Voie Divine, fait $48\,000 \times 0{,}524 = 8{,}384$ km. Il est à noter qu'à une soixantaine de kilomètres de ce site de Dendérah se trouve la voie triomphale des Béliers-Amon, le dieu solaire, qui relie Karnak à Louxor, et qui mesure très exactement le double !

autant de trappes e d'attrapes pour ceux qui n'en observeraient pas les stricte: lois mathématiques !

Le Pontife sourit à cette pensée, car ce qui se disait à ce sujet éviterait certainement que des « curieux » ne s'approchent trop près ! Son regard passa au périmètre que formerait le Lac Sacré. Il formait, quant à lui, la perspective qui bouchait l'horizon occidental n'était encore plus important que le complexe en cours d'aménagement, formant une immense cuvette, dont le niveau inférieur avait été atteint. Son assise définitive se consolidait aux endroits prévus pour les deux fondations des « Aimés-vers-qui-descend-la-Lumière[17] » aux bases carrées. Là aussi, des myriades d'ouvriers semblables à des fourmis consciencieuses s'affairaient avec l'unique préoccupation de bien accomplir les tâches pour lesquelles ils avaient été formés. Cette mer intérieure parachèverait le véritable panorama de ce lieu saint, en lui redonnant un aspect antique de la civilisation antérieure. Elle permettrait de domestiquer les eaux du grand fleuve et d'irriguer les terres en temps de sécheresse.

Mais le court moment d'extase et de détente prenait fin avec l'arrivée des architectes chefs des travaux, qui s'approchaient à pas lents du trio des prêtres, comme s'ils mesuraient leurs efforts pour prouver qu'ils étaient aussi des spécialistes du Nombre. Les bras de la plupart des huit hommes étaient chargés de rouleaux et de feuillets plats en papyrus, nouvellement traité de façon à être tout à fait lisse. L'Écriture recréée d'après la Tradition, mais sous une forme encore plus imagée, entourait les traits dessinés des plans de séries incalculables de chiffres et de lettres ! Il serait possible de réintroduire officiellement l'usage courant de la hiéroglyphique au moment prévu, après un oubli délibéré depuis l'engloutissement d'Ahâ-Men-Ptah.

---

[17] C'est le nom hiéroglyphique. Pyramide est un mot d'autant plus abstrait qu'il ne signifie rien ni en grec ni en hébreu !

Comme chaque matin, les huit architectes venaient aux ordres, ne se froissant plus du manque de prévision dans l'étalement des travaux. Ils avaient accepté cette manière de procéder, comme l'avaient fait leurs pères et leurs grands-pères avant eux ! Cela leur était d'autant plus aisé malgré leurs lourdes responsabilités, qu'il n'y avait aucun retard, aucun heurt, dans la poursuite et l'enchaînement des ouvrages de chaque jour ! Les chefs des travaux attendaient les ordres du Pontife, attentifs aux modifications éventuelles pouvant être décidées en dernière minute : mais il n'en venait jamais ! Tout était minutieusement prêt !

Les robes rutilantes de ces hommes, très apparentes sous les fines tuniques de lin écru, lançaient des éclairs empourprés sous les rayons du soleil, montrant ainsi à tous la couleur rouge inhérente à la fonction élevée qu'ils occupaient au sein des professions de la mathématique ou de l'astronomie. Ils étaient eux-mêmes suivis par une nuée de scribes, plume de roseau plantée dans leur chevelure et sur les calames qu'ils portaient sur une épaule, tandis que leur autre bras croulait sous le poids de volumineuses masses de papyrus.

Parvenus à quelques pas du Pontife, ils s'inclinèrent respectueusement avec un ensemble parfait, avant que le Prêtre, chef de tous les travaux, ne prenne la parole :

- Salut à toi, ô vénéré Pontife ; que la paix de Ptah demeure éternellement sur ton auguste personne. Conti- nue de veiller sur ta santé et de surveiller avec autant de réussite la poursuite des travaux du Grand Ouvrage ! Car nous avons besoin de tes conseils éclairés pendant de nombreuses années encore... Es-tu satisfait, ô Méri-Hotep ?

- Ma satisfaction ne pourrait être qu'humaine, Pen-Afet, et cette œuvre est destinée à servir la Création de Dieu ! Mais il me semble que l'Éternel aurait tout lieu d'être satisfait de l'ardeur déployée par ses créatures à le servir aussi promptement et aussi fidèlement ! Il voit tout d'en haut, et il sait que la bonne volonté qui anime chaque ouvrier est l'essentiel pour la bonne marche du travail.

- Merci, ô vénéré Pontife, pour ces bonnes paroles. Nous arrivons en vérité à l'achèvement de la première partie de la future Maison-de-Vie du Cercle d'Or. Nous terminons les travaux sous terre.

- C'est une très bonne chose en effet ; mais il me semble que le plus dur restera à faire avec les bâtiments du dessus...

- Cela n'est pas si sûr, car le travail sera moins harassant. La gravure des textes des configurations célestes ne sera qu'affaire d'habitude. Cependant, il est vrai qu'il y aura plus d'ouvrage : ne pourrais-tu pas obtenir d'autres ouvriers, même non formés, pour aider partout où il y aura besoin de bras supplémentaires ? Ainsi je pourrais en dégager de ceux-ci pour apprendre à graver ou à dessiner...

- Les bâtisseurs des temples du nord, qui étaient repartis dans leurs lointaines provinces après les dernières fêtes commémoratives de notre unification, doivent nous envoyer, avant la prochaine montée des eaux du Grand Fleuve, plusieurs centaines de leurs ouvriers. Ceux-ci nous arriveront avec les grandes barques plates qu'ils nous prêtent.

- Pourquoi une telle bonté de leur part ?!

- Il s'agit d'un de ces échanges de politesse officielle, décidés lors du dernier Conseil commun qui s'est tenu durant les fêtes. Tu connais certainement la volonté tenace de notre Pêr-Ahâ : le Divin Nar-Mer, dont l'autorité stricte ne s'est jamais démentie.

Le Chef des architectes ne put s'empêcher de rire franchement :

- Qui ne connaît tous les actes de bravoure et les hauts faits d'armes contre ceux du Nord qui désiraient déjà briser l'union ! Mais je n'avais pas entendu parler de cette décision d'échange.

- Il y en a eu tellement de prises durant ces cinq journées de fêtes ! Notre Roi-Scorpion, comme il a décidé de s'appeler avec son emblème figurant cet animal, aime bien aller vite en besogne, ne pas être contrarié et surtout piquer au vif ces ex-rebelles qui sont si loin de son autorité ! Pour rapprocher de nous ces frères éloignés, il a réalisé plusieurs opérations de prestige, dont celle de nous faire prêter plusieurs de leurs lourdes embarcations pour transporter nos plus gros blocs de pierre, d'amont du fleuve jusqu'ici. En échange, nous avons accepté de former, parmi leurs bons ouvriers, des graveurs acquis à la technique du travail sur pierre très dure.

- Quand arriveront-ils, ô vénéré Pontife ?

- Ils ne devraient plus tarder à présent, puisque l'étoile d'Isis[18], bénie soit-elle, qui apparaît depuis quatre jours, annonce le début de la crue des eaux.

- Resteront-ils longtemps pour cet apprentissage ?

- Nous en disposerons durant au moins cinq lunaisons complètes. Tant que le fleuve conservera ses hautes eaux, les hommes resteront avec nous. Et leurs bateaux supporteront les poids de nos plus gros blocs, ceux destinés à faire le dallage du premier niveau du Cercle d'Or.

Le Chef des architectes s'inclina en signe d'approbation et de respect devant cet admirable vieillard qui faisait toutes choses selon

---

[18] Il s'agit bien évidemment de l'étoile Sirius, à qui a été donné le nom d'Isis devenue « Dame du Ciel ». Elle rythme ainsi la marche du temps. La hiéroglyphique se servira par la suite de son visage comme astérisme en astronomie pour indiquer Sirius.

plan minutieusement préconçu pour une poursuite des travaux sans faille, et continuant de s'enchaîner sans à-coups. Il manifesta franchement sa satisfaction, oubliant presque sa qualité :

- Tout ceci est parfait, O Pontife ! Je n'aurais pas pu faire un meilleur plan de travail ! Nous utiliserons ces gens du nord au mieux des besoins urgents que nous avons, tout en leur apprenant notre méthode de gravure.

- Tes équipes grandiront ainsi en valeur Pen-Afet ! Pour aujourd'hui, sont-elles prêtes à descende ? As-tu le supplément de ravitaillement prévu pour elles ?

- Là aussi, tu as minutieusement tout préparé, comme à ton habitude, ô Méri-Hotep. Les gardiens de tes silos ont déjà exécuté tes ordres pour nous faire parvenir la quantité d'oignons et d'ail supplémentaire demandée. Cette provision est largement suffisante pour que les repas en soient tonifiés jusqu'à l'achèvement de la tâche. Le premier jour de travail méticuleux commencera demain dans les soixante-douze salles principales du dessous. Avec le supplément d'épices livré, ce début se présente sous de bons aspects !

- De combien de spécialistes disposeras-tu ?

- Chacune des huit équipes sera composée de six cents graveurs.

- Est-ce suffisant ?

- Nous maintiendrons la cadence prévue, surtout si d'autres hommes du nord nous viennent en aide. Le ouvriers ne se chevaucheront pas, car ils seront répartis entre toutes les pièces qui concerneront les « Fixes » de salles des combinaisons nocturnes. Comme il ne faut pas oublier un certain temps d'adaptation aux conditions spéciales du travail sous la terre, ce nombre sera tout juste suffisant, même avec les nouveaux arrivants.

— N'as-tu pas cherché à améliorer la puissance d'entrée de la lumière solaire dans les sous-sols ?

— Le nombre des miroirs en bronze traité pour la réflexion des rayons du soleil ne peut être augmenté, ô Pontife. Partout où cela a été possible, des réflecteurs ont été mis, judicieusement répartis afin que la lumière n'aveugle pas les travailleurs.

— Tout est bien ainsi ! Il est une nouvelle fois inutile de changer quoi que ce soit à notre plan de travail. Les plans et les calculs prévisionnels continuent d'être valables. Nous resterons sur ces bases durant encore dix journées. Le temps nécessaire à nos Horoscopes pour achever leurs premières observations sur les gravures gui apparaîtront sur les murs inférieurs du Cercle d'Or.

— Dans ce cas, ô vénéré Pontife, accepte que nous te quittions pour nous rendre chacun à nos occupations respectives. Une surveillance de chaque instant devient de plus en plus nécessaire !

— C'est bien ; rendez-vous à vos travaux particuliers, hommes de grande valeur. Que Ptah vous protège et illumine la voie que suivra votre Sagesse. Que vos esprits soient pénétrés du complément de force qui pourrait manquer à vos bras. Allez !

Une nouvelle salutation, générale cette fois, inclina les torses des porteurs de robes rouges tandis que les scribes se prosternaient jusqu'à terre. Après quoi, tous s'éparpillèrent par petits groupes vers leurs divers quartiers généraux d'où ils veilleraient à la bonne poursuite des ouvrages en cours d'élévation, tout autant qu'au début de la gravure dans les salles du niveau inférieur.

Satisfait de cette inspection matinale prometteuse d'actions et de prouesses techniques bienfaisantes, le Pontife fit signe à ses deux collaborateurs de s'approcher :

- Sans plus attendre, retournons sur le chantier consacré à la « Bonne Dame[19] ». J'ai hâte de voir si l'enduit recouvrant les dalles du plafond est terminé. Les peintures célestes pourraient être ébauchées.

- Tu dois également donner dès aujourd'hui toutes les dispositions pour que les ornements du Saint des Saints soient rigoureusement exécutés, ô vénéré Pontife.

- Que d'ordres à faire exécuter ! Garderai-je longtemps encore assez de cette force vitale qui me soutient ?

- Assurément, ô Méri-Hotep : de longues années encore ! Mais ne désires-tu pas une litière pour te transporter jusqu'au temple ? La route est longue pour y retourner et il fait chaud !

- Mais cela descend, Hapy-Pet ! Je ne suis pas encore complètement sénile malgré mon âge avancé pour ne pas comprendre ton empressement ! Mes jambes sont encore très capables de me porter pour quelques efforts supplémentaires. La marche ne leur a jamais fait peur !

Nou-Kaï, dès les premiers mots vifs de l'An-Nu à l'encontre de son ami et collègue, était parti chercher une grosse branche pour en faire un appui au vieillard. Il revenait rapidement, porteur d'une canne improvisée. Tout en la tendant sans un mot au Patriarche, il entendit celui-ci dire d'un ton exaspéré, mais probablement contre lui-même :

- Comme j'ai plusieurs explications à vous fournir à tous les deux, j'en oublierai la longueur en vous parlant. Merci de ton attention

---

[19] C'est l'un des mille noms usuels d'Isis et de Nout confondues dans la même Grâce. Il en a été ainsi de tous les temps d'adoration. Ce fut aussi le cas de la Vierge Marie, dont les dix mille noms font penser à une foi polythéiste. (N.D. des Tempêtes, des Neiges, de la Source, etc.)

Nou-Kaï. Pressons-nous, si nous voulons arriver au temple avant que les chauds rayons de Râ ne nous aient réduits à l'état de grillades !

Les trois religieux se mirent aussitôt en route, redescendant par la même voie, cependant plus encombrée. À cette heure avancée de la matinée, elle était parcourue par d'incessants convois de traîneaux lourdement chargés de blocs de granit.

Tout en s'avançant d'un pas qu'il espérait alerte, l'An-Nu pensait que le moment de s'apitoyer sur son propre sort était dépassé. Il ne voulait plus songer aux forces vives qui s'échappaient par tous les pores de sa peau, trop vite à son gré pour lui permettre d'arriver au terme de sa lourde responsabilité. Aurait-il le loisir de décider lui-même lequel de ses deux accompagnateurs il présenterait devant le Collège des Grands-Prêtres comme son successeur ? Lorsque le Pontife, qui l'avait précédé au poste suprême, l'avait désigné, il s'était senti gonflé d'orgueil. Mais au fil des ans, ses épaules s'étaient courbées. En ce moment, il se sentait plus minuscule qu'un quelconque de ces milliards de grains de sable qu'il foulait. Soixante-huit fois depuis sa consécration, le soleil avait recommencé sa navigation, ce qui montrait son degré d'extrême vieillesse ! Qui le remplacerait ?...

Avec un soupir résigné, il laissa cette angoissante question en suspens, en espérant que Ptah, dans sa bienveillance, pourvoirait à la réponse. Méri-Hotep préféra soliloquer à mi-voix, de façon d'être entendu des oreilles de ses deux compagnons de route, comme s'ils avaient suivi, depuis le commencement, le cheminement de ses pensées :

- Les ans courbent mon enveloppe charnelle vers sa dernière demeure. Mais je parviendrai à la conserver jusqu'au bout de ma tâche. Lorsque je me rappelle mes heures de vraie jeunesse, mes seuls instants de joie enfantine, je me rends compte qu'elles furent très rares ! Très tôt, je devais apprendre, comme tous mes camarades, une partie des Textes Saints, les répétant encore et toujours, afin de ne pas les oublier, ni de rien en transformer. Cela rend sérieux avant l'âge. J'ai même vieilli plus vite que d'autres, et peut-être est-ce pour cela que je suis devenu Pontife assez jeune !

Le Patriarche hocha la tête, ému à ces souvenirs si lointains qui remontaient en masse, se bousculant dans son esprit. Il fit un gros effort pour ne pas céder à son émotion et garder une voix froide et ferme. Il éleva sa canne grossière, tour à tour vers l'un et l'autre de ses compagnons, avant de reprendre :

- Vous avez de la chance, vous qui êtes d'une génération postérieure à la mienne ! Notre Deuxième-Cœur ne va pas tarder à renaître, avec l'Écriture, la Loi, nos techniques avancées et notre Connaissance des arrêts de Dieu. Vous ne subirez plus cet esclavage écrasant qui a été mon lot quotidien. La Renaissance de notre Mère-Patrie sur cette deuxième terre balaiera toutes nos craintes passées !... Je me souviens cependant de moments moins désagréables, tel celui où ma mère, le soir, avant de m'endormir venait m'embrasser en me donnant une poignée de dattes fraîches, succulentes à souhait ! Et au lieu de fermer les yeux, j'allais m'asseoir sous un gros feuillu pour les déguster. J'en profitais pour regarder le soleil « glisser » derrière l'horizon lointain et la lune « monter » de l'autre côté. Que de choses ai-je appris ainsi, en observant la nature ! Je ne pensais nullement, à cette époque, devenir ce Pontife, chef des religieux de Ptah, que le peuple vénère presque autant que Nar-Mer, son Pêr-Ahâ. Cela m'apparaît si lointain aujourd'hui, et pourtant si présent dans ma mémoire !... L'un de vous deux me remplacera bientôt, et sa tâche sera beaucoup plus facile que la mienne ne l'a été. La Renaissance d'un pays tout autant que de son peuple est un événement extrêmement béni de Dieu. La Renaissance du Deuxième Cœur pourra durer éternellement...

Méri-Hotep s'arrêta une nouvelle fois de parler pour ne pas sombrer dans la mélancolie. Il se perdit dans de nouvelles pensées sur cette Renaissance tant attendue, tant souhaitée, et si ardemment recherchée et préparée par ses prédécesseurs et lui-même. Les marques de respecteront il était l'objet en marchant le laissaient indifférent. Ce bon peuple d'ouvriers durs à leurs tâches se rendait-il seulement compte qu'Ahâ-Men-Ptah, le pays des Ancêtres, leur « Cœur », allait renaître de ses cendres ?... Et le Pontife se reprit à songer à ce « Cœur-Aîné », énigmatique et englouti, qui renaissait pour palpiter partout alentour et en toutes choses, manifestant par là l'ordre indestructible et éternel du Créateur. Il reprit :

– Nos ancêtres ont tous été anéantis balayés sous la surface des eaux, par ce Dieu tout-puissant qui fut animé d'une juste colère farouche contre les cœurs de ses créatures terrestres qui ne battaient plus que pour faire le mal ! Ptah s'en est pris aux enveloppes charnelles, mais non aux Parcelles Divines. Les Âmes sont allées au Royaume des Bienheureux, car elles n'avaient point été conçues pour un tel malheur. Mais les cœurs ne sont que des organes de chair, comme les oreilles, les yeux, ou les pieds qui nous portent. Ils devraient être faits pour battre à l'unisson les uns avec les autres, et non pour s'entre-déchirer ! Car le cœur d'un homme est semblable à celui d'un bélier, d'une gazelle, ou d'un taureau. Tous n'ont qu'une seule fonction·identique, et dans le même sens irréversible : rythmer le déroulement de la marche de la Création suivant l'écoulement du temps pendant la durée de la vie sur la Terre. S'ils battent plus vite un jour ou l'autre, c'est sous l'effet d'une joie subite, ou sous l'impulsion d'une terreur. Alors : en quoi diffère l'homme de l'animal ? En la vitalisation des cœurs par les esprits. Et là aussi, il devra y avoir une renaissance des Âmes, pour les rappeler à leurs devoirs !

Le Pontife fit quelques pas silencieusement, regardant leur grandeur comme pour en mesurer la portée. Tout n'était que Nombre, certes, mais les vibrations qui en découlaient avaient presque autant de valeur à ses yeux Ceci était bien difficile à enseigner, et il y avait renoncé depuis un certain temps devant les ricanements de plusieurs Maîtres de la Mesure et du Nombre ! Que n'avait-il persévéré dans cette voie, car cette intuition qu'il aurait voulu développer chez certains élèves doués demeurait imperceptible chez ses deux compagnons.

Devant leur mutisme, il reprit :

- L'être humain possède la pensée, donc une âme, qui est seule capable de lui permettre la survie céleste. C'est la seule différence, mais combien énorme, entre les bipèdes humains que nous sommes, et leurs frères à quatre pattes. Lorsqu'une enveloppe charnelle parvient à son terme et que le cœur s'arrête alors de battre le rythme de la vie, seule celle qui possède une Parcelle Divine, une Âme peut permettre qu'elle se fraye un chemin vers le Royaume des Rachetés, et encore, suivant les rites bien précis, et les conditions de passage plus rigoureux ! Vivre selon les commandements de la Loi du Créateur permet sans contestation possible de franchir sans dommage la frontière de l'Au-Delà de la vie terrestre. Ce n'est pas pour rien que les Aînés nous ont légué la Connaissance ! Et au travers de ce Savoir Incommensurable, nous sommes en liaison avec leurs Ames. Il y a un véritable lien tangible qui s'est créé par-delà les deux terres : l'Engloutie et celle-ci, qui sera bientôt Ath-Kâ-Ptah : Je Deuxième-Cœur ! C'est pour cette raison que je sais qu'il faut suivre l'enseignement de nos Pères et de leurs ancêtres, les Aînés, car les sages Paroles qu'ils nous ont retransmises sont les fruits de la plus belle expérience vécue avant cette effroyable catastrophe, par les Parcelles Divines elles-mêmes ! C'est pour cela qu'il faudra appliquer avec la plus extrême rigueur tous les préceptes de notre enseignement, en n'y changeant absolument rien.

Tout en interrompant sa harangue pour reprendre souffle, le Pontife et ses compagnons firent halte en bordure du chantier du petit temple précédant celui de la « Dame du Ciel » et dédié à Horus, l'Aîné d'Osiris et d'Isis. Les trois religieux s'écartèrent pour céder la place à deux grands traîneaux à patins liés solidement ensemble, qui supportaient un énorme bloc de granit noir de près de huit mètres de largeur sur quatre mètres de haut. Cette masse imposante inspirait le respect pour le travail qu'elle avait nécessité. C'est elle qui, gravée, représenterait le splendide graphisme d'Horus-le-Pur, en le personnifiant sous une apparence d'épervier. C'était non seulement un oiseau vigilant par excellence, mais protecteur farouche de son nid !

Cinq groupes de seize hommes peinaient sur des cordages gros comme une main, passés par-dessus leurs épaules[20]. Un chef des travaux scandait la cadence en modulant deux notes, tout en frappant sur un bois creux formant caisse de résonance. Deux autres hommes couraient au-devant du convoi extraordinaire afin de déverser leurs cruches pleines d'eau. Celles-ci étaient sans cesse renouvelées par d'autres porteurs de ce liquide précieux, faisant la navette jusqu'au fleuve.

Cette pratique avait le double avantage d'assurer une meilleure adhérence avec le sol sous les patins et donc un glissement plus facile, tout en évitant que celui-ci ne produise des étincelles en provoquant la combustion des patins surchauffés par le poids de plusieurs centaines de tonnes du chargement !

À cette vision magnifique, le Pontife ne put cacher sa satisfaction. Le maigre effort et l'action commune coordonnée étaient si bien orchestrés de façon à éviter la moindre difficulté et les fatigues superflues, que tous les tireurs de cordages lui faisaient un salut respectueux de la tête, en souriant. Nul ne se plaignait, trop heureux d'œuvrer pour la plus grande gloire de Dieu et pour le salut éternel de son âme.

Peu après avoir repris leur marche, les trois prêtres franchirent la porte monumentale donnant accès au parvis du temple de la Dame du Ciel. L'aire de dégagement qui constituerait l'esplanade était

---

[20] Rappelons que ces cordages, dont plusieurs ont été retrouvés, sont effectivement plus gros que le poignet. Ils sont composés de fibres de papyrus étroitement tressées. Leur datation donne une antériorité de plus de 7 000 ans, datation effectuée par l'Institut d'Égypte au Caire, et confirmée par le Chicago Institute, à 240 ans près, soit 4 760 avant J.-C.

encombrée de matériaux de toutes sortes. Mais l'on pouvait déjà reconnaître le monument qui deviendrait bientôt le plus bel édifice religieux du Second-Cœur.

La reine Nout pouvait déjà être satisfaite de contempler les reflets de son visage au sommet des seize colonnades de l'entrée du temple. La physionomie souriante et paisible ne pouvait qu'apporter la plénitude et la sérénité d'une paix intérieure à quiconque la fixerait avant de prier. Et la vénération dont elle continuait d'être l'objet se lisait jusque dans la perfection des moindres détails des petits plis aux coins de la bouche, bien visibles dans la gravure des tailleurs de pierres[21].

Méri-Hotep comprit que personne ne mettrait plus jamais en doute la suprématie de la Divine Nout. Dans leurs folles tentatives de domination de la Terre par l'utilisation de la voûte céleste, les humains se briseraient corps et âmes sous l'emprise de Nout ! Ce sera elle qui supervisera l'enseignement. Et dans toutes les salles, si elle apportera sa protection en étendant les bras par-dessus des étudiants et des novices, ses pieds qui toucheront terre enfonceront les impies dans des oubliettes profondes. Le Pontife voyait toutes les étapes de la Connaissance en un saisissant raccourci d'un instant, avec tous les moyens de protection efficaces ! Nout l'avait inspiré, et il savait désormais quoi dire au prêtre en rouge, chef des travaux célestes de ce temple.

La dernière reine de l'Amenta donnait ainsi son consentement tacite à la sauvegarde de tout l'héritage de l'Aîné Ousir, son fils. Les mystères du Ciel lui avaient été dévoilés afin d'être retransmis dans

---

[21] Ce fut en effet à la reine Nout que fut dédié le premier temple de Dendérah (Ta NOUT-Râ-Ptah). Sa figuration fut ensuite attribuée à sa fille !set (Isis), à laquelle on superposa son nom hiéroglyphique HATHOR, ou « Cœur d'Horus », c'est-à-dire : mère d'Horus, donc : ISIS. Là encore, les égyptologues en ont fait plusieurs déesses pour justifier un polythéisme inexistant !

leur intégralité aux Cadets du Deuxième-Cœur. C'était cela la Renaissance, et elle aurait bien lieu.

Donnant un coup sec du bâton qu'il avait conservé, le Patriarche fit signe qu'il était temps de se mettre en route et de poursuivre leur inspection sur le port avant d'aller se reposer.

Il en profita pour reprendre à mi-voix le thème qui lui tenait tant à cœur :

- Je partirai satisfait de l'œuvre accomplie et celui de vous deux qui me succédera n'aura qu'à suivre le chemin tout tracé. Ce lieu déjà trois fois sanctifié deviendra le pôle d'attirance de toutes les populations futures en recherche de la Connaissance. Même ceux qui n'en retireront qu'une bribe, vraie ou fausse, s'estimeront satisfaits et retourneront semer la graine en leurs contrées lointaines ! Mais si cela doit apporter la confusion dans leurs esprits malsains, qu'il n'en advienne jamais ainsi dans ce Deuxième-Cœur, car la Connaissance est une et tout à la fois. Le Cercle d'Or en sera une sauve-garde éternelle. Avec toutes ses dépendances et ses avertissements tel celui de la carte du ciel de l'effroyable jour du Grand Cataclysme, ce site consacré justifiera les premières Paroles du Rituel de l'Au-Delà de la Vie, qui bientôt reparaîtra aussi par écrit :

Après que se seront accomplies toutes les Paroles de Dieu quant à l'anéantissement d'Ahâ-Men-Ptah rebâtissez à l'endroit prévu sur la terre promise le Cercle d'Or, afin que la Loi resplendisse éternellement auprès des nouvelles générations.

Après un court silence et un petit soupir, Méri-Hotep reprit :

- Mais en guise de conclusion, je me demande seulement si nous ne retournerons pas tôt ou tard vers une autre reproduction d'une catastrophe similaire, car l'âme est ainsi faite qu'elle oublie ses pires malheurs que pour ne se les remémorer que le jour où ils réapparaissent ! Et c'est alors trop tard pour changer quelque chose au mouvement général de l'Univers céleste de Dieu, le Créateur !

Chapitre IV

LE CERCLE D'OR

« *Hérodote, au livre 2, y contait 12 salles et 3 300 chambres moitié sous terre, moitié au-dessus. Et s'il est une bévue pardonnable aux anciens auteurs, comme Pline et Méla, qui n'ont jamais mis le pié en Égypte, que penser a Hérodote et Strabon, qui ont supposé qu'y ayant 4 labyrinthes, un seul fut dans ce Royaume ? Or ici, le plus grand est indépendant des deux autres. Et s'il est naturel a opposer l'authorité a un historien au torrent des autres, mon raisonnement est sans réplique car j'ai vu, moy-même les trois labyrinthes, dont j'ay visité le plus grand : c'était le 20 juillet.* »

Père Cl. Sicard s.j.
*(Manuscrit non encore publié
sur l'Histoire de l'Égypte.) - 1718.*

« *Ce monument était bien digne de piquer la curiosité de nos voyageurs modernes. Deux grands savants ont tenté a en retrouver l'endroit. Ce sont d'Anville et Gibert. Ainsi ils ont profité de la carte précieuse que nous devons au Père Claude Sicard. J'ai profité de même de leurs écrits ; peut-être a autres chercheurs profiteront-ils de mes recherches.* »

Citoyen David Le Roy
(Mémoire lu à l'Institut le 28 Floréal de l'an V.)

« Voici quarante-deux révolutions solaires que j'assume la lourde responsabilité de Serviteur Suprême de Dieu. Lorsque le vénéré Pontife Méri-Hotep fut rappelé auprès des Bienheureux qui l'attendaient pour l'accueillir avec tout le cérémonial dû au saint homme qu'il était, je savais déjà que le Cercle d'Or verrait son achèvement sous mon sacerdoce. Depuis hier, tout le gros-œuvre est terminé. Il n'y aura plus aucun bloc de rocher à transporter, plus de sable à ôter des profondeurs, plus de calculs à faire en ce qui concerne l'emplacement des diverses parois mobiles. Le mécanisme complet est en place ! »

L'An-Nu *Méri-Nout* marquant une pause, un murmure courut parmi les prêtres assemblés dans la grande salle de réunions du temple d'Hor, le fils bien-aimé d'Ousir. Cet édifice religieux, plus petit que celui dédié à la « Dame du Ciel », était complètement achevé, servant, grâce à ses annexes de « Maison-de-Vie » pour tous les enseignements.

Pour la plupart ces élèves étaient encore dans la force de l'âge puisqu'ils ne portaient que la robe de troisième classe du Collège, et leur instruction concernant la Langue Sacrée, la Hiéroglyphique, avait été plus poussée, spécialement axée pour eux sur les anaglyphes et les idéogrammes à doubles possibilités, car ils étaient chargés de servir Ptah d'une tout autre manière que de prêcher dans un saint édifice. Ces trente religieux étaient destinés à diriger les gravures des Combinaisons Mathématiques Divines sur les parois des douze principaux couloirs inférieurs. Ce travail très particulier avait nécessité un long apprentissage dont ils voyaient seulement la fin.

Le Pontife était très satisfait du déroulement des travaux, tout autant que de la compétence des travailleurs. Les prêtres maîtres d'œuvre dans le Cercle d'Or étaient de plus en plus conscients de la lourde responsabilité qui leur incombait. Ils prenaient, chacun dans leur sphère, leur tâche très à cœur.

La grandeur de cette salle inspirait d'ailleurs à une réflexion salutaire, et le Grand-Prêtre, tout en regardant cette assemblée de crânes rasés, voyait chaque détail des gravures des piliers et des murs, celles-ci rappelant à tous les Saintes Écritures et l'histoire des Aînés, leurs ancêtres, créatures de Dieu.

Une porte, à un seul battant de bois de sycomore épais, fermait l'accès de cette pièce, l'insonorisant totalement. Elle s'encadrait dans un linteau rectangulaire, sur lequel étaient .gravées les trois scènes primordiales de la renaissance des survivants du « Premier-Cœur de Dieu », dont les Mandjit, les barques sacrées, tenaient le premier plan. La Triade Divine était ainsi à l'honneur, pour toute l'abnégation dont elle avait fait preuve afin de permettre la renaissance de la multitude.

Poussant un soupir, Méri-Nout se demanda furtivement si tout ce qui était entrepris pour permettre plus tard un éventuel rachat d'une autre génération de fauteurs serait bien compris. Que ne déformerait-on pas la simple réalité *pour* la transformer au gré d'intérêts égoïstes et vénaux ! Mais il était temps d'achever cette homélie afin que chacun puisse reprendre son travail, afin que l'étincelle de vérité demeure. Sur une profonde inspiration, l'An-Nu reprit :

- Que Ptah le Dieu très sage, qui nous impose une fonction précise, et nos travaux sur cette terre, reçoive à présent notre prière fervente et unanime. Qu'il nous vienne en aide en cette mémorable journée afin de nous permettre de passer à la dernière phase des travaux de ce gigantesque ensemble astronomique que représentera le Cercle d'Or. Qu'il me donne la force de diriger jusqu'à son terme le gouvernail de cette entreprise et d'achever la réalisation des formulations de toutes les Combinaisons Mathématiques Divines pour que la Loi de l'Univers en perpétuel mouvement se grave dans ses moindres détails afin de rétablir l'Harmonie entre le Ciel et la Terre pour l'Éternité.

« Déjà, le Cercle d'Or entoure les corps des bâtiments, telle la Ceinture céleste qui concentre les influx des Douze en ses milliers de combinaisons astrales. Bientôt, notre ceinture d'or attirera en son sein, par son influence minérale, dans ses réceptacles les plus bénéfiques des rayonnements. Tout est prêt pour terminer cette œuvre sacrée dans les délais prévus avec les inscriptions qui formeront l'ultime enseignement de la Connaissance, seule garante de la Paix. Car celle-ci ne restera qu'illusoire tant que nos deux peuples frères ne se décideront pas à n'en former qu'un seul : celui des élus de Dieu !

« Seule une Alliance avec l'Éternel, scellée par notre unification, assurera une vie universellement bonne et paisible. Car le bonheur et la perfection des créatures que nous sommes ici-bas, sont nécessaires au Créateur pour assurer, lors de la fin de l'enveloppe charnelle sur son lieu de vie terrestre, le passage de sa parcelle divine au-delà de la frontière invisible mais réelle, vers le Royaume des Bienheureux Rachetés de l'Amenta. N'oubliez jamais que l'Homme des millions de générations futures continuera de douter de sa propre origine, si nous ne prenons pas d'ores et déjà toutes les précautions indispensables pour le maintenir fermement dans la réalité intangible des dogmes et des commandements exigés pour conserver l'Harmonie voulue par la Loi de la Création créée par l'Éternel. Le lien unique qui nous maintient si fragilement vivant sur cette Terre ne subsistera qu'à cette seule mais vitale condition céleste.

« Car Dieu nourrit le Ciel de son rayonnement ;
Car le Ciel nourrit à son tour les Douze ;
Car les Douze nourrissent les Parcelles Divines ;
Car les Parcelles sont les dons accordés à l'Humanité.

« Craignez donc, ô vous tous qui m'écoutez, toujours et toujours, le renouvellement de la colère du Tout-Puissant, car si l'humanité se nourrit des bienfaits de la nourriture dispensés par Dieu sur la Terre, Il peut les lui supprimer à chaque instant, en l'espace d'une seconde, si la colère se manifeste à l'encontre des impies !

« C'est pourquoi, dans la suite des cycles bénéfiques de la bienheureuse Sep'ta aimée du ciel, ceux qui nieront ou renieront leur appartenance à la race divine, vivront peut-être dans une abondance factice sur Terre, mais seront refusés au Ciel. Ils resteront les éternels réprouvés à l'heure du pourrissement de leurs corps. Jamais ils ne pourront parvenir auprès de nos Aînés qui, pourtant, tendent leurs influx spirituels pour les amener auprès d'eux. C'est pour éviter toutes les incompréhensions futures tout autant que les possibilités de mauvaises interprétations par un oubli quelconque, qu'il nous faut veiller à une parfaite compréhension de la théologie de nos Pères, transmise puis rapportée, au prix de millions et de millions de disparus.

« Quant à vous tous qui êtes des serviteurs zélés de Dieu, ne doutez jamais de la bonne volonté suprême de nous accorder ses multiples bénédictions. Mais il ne convient pas de chercher, ni dans son âme ni dans ciel, un témoignage ou un signe quelconque de cette certitude.

Vous êtes bien mieux éduqués que le peuple, pour savoir que le seul sentiment valable et palpable de cette action bénéfique est celui dont vous vous êtes faits les ardents défenseurs : l'observance des commandements issus de la Loi Divine. Par ses combinaisons mathématiques, elle a placé les Fixes loin dans le ciel afin que le rayonnement se multiplie par Douze avant de se mélanger aux Errantes pour former la base essentielle des 3 240 configurations célestes de base, édiles qui permettent, au cours des navigations diverses, de calculer et de définir le temps de l'Homme, sa vie terrestre et celle de son au-delà, suivant l'ordre systématique et préconçu divinement.

« Chacun des prêtres que vous êtes doit enseigner cette Vérité fondamentale sur laquelle il n'est nul besoin ici d'insister, la réalité des Combinaisons Mathématiques s'actualisant journellement devant nous. Des groupes de quatre novices vous accompagneront à partir d'aujourd'hui, afin de vous aider dans la surveillance des graveurs chargés de reproduire, sur les sections murales inférieures qui leur ont été assignées, les textes en caractères sacrés, ceux nouvellement redéfinis depuis la cessation de service de notre Langue Divine. Cela habituera les jeunes novices à fixer leur attention sur cette calligraphie en notre nouveau langage écrit.

« Vous veillerez scrupuleusement à ce que nul des ouvriers ne change la disposition prévue pour les membres des phrases, ni n'en intervertisse aucun des caractères. Aucun dessin ne devra être ni ôté ni ajouté. Aucune parole ne sera inscrite, de cette façon, à la place d'une autre afin que l'enseignement légué par l'Aîné reste aussi pur qu'il l'était au premier jour.

« Je vous le dis solennellement à tous en cette journée qui nous rapproche de plus en plus de la date de notre union au sein d'une nouvelle alliance. Pour que cette communauté nouvelle croisse et multiplie rapidement ses rameaux en une ramure indestructible, nul ne doit innover d'une manière ou d'une autre dans l'observance des commandements divins qui nous ont été transmis ! Aucun germe d'une contestation stérile ne devra même jamais effleurer vos esprits, afin que les préceptes qu'apprendront les enfants de vos enfants restent dans leur intégrité sans jamais subir aucune altération !

« Allez à présent à vos travaux en toute quiétude : que la paix du Fils d'Ousir, béni soit-il, vous accompagne à chaque pas. Amen !

Dans un brouhaha feutré, les religieux se levèrent de leurs bancs et saluèrent respectueusement le Pontife, leur chef, se courbant cérémonieusement. Sans un mot, à la suite les uns des autres, ils se dirigèrent vers le petit portail de la salle, qui sembla s'ouvrir seul, comme par enchantement. Ils sortirent ainsi, dans un déploiement de tuniques immaculées.

Mérit-Nout se souleva alors, faisant signe à ses deux assesseurs de faire de même. Leurs pas résonnèrent pendant qu'ils traversaient la pièce qui reprenait soudain ses dimensions imposantes. Parvenus dans la salle hypostyle, les trois religieux suivirent seuls l'ailée centrale pour se diriger vers la sortie du temple dont les deux battants étaient grands ouverts. Le Pontife s'estimait une fois encore satisfait de cette construction respectable due aux plans de son vénéré prédécesseur Méri-Hotep. Chaque détail rappelait le culte des Anciens qu'il leur faudrait respecter dans leur fidélité à la tradition divine. Le sanctuaire réservé ici à Hor symbolisait sa naissance, par Ousir, le fils de Ptah, et Iset fille de Nout et Geb. L'ensemble de l'édifice était un chant de gloire pour la Triade Divine et c'était bien ainsi que Dieu l'avait voulu.

Arrivé sur le seuil, l'An-Nu s'arrêta pour contempler l'état d'avancement des travaux du grand temple, celui dédié à Nout, la Dame du Ciel. Les deux prêtres qui l'accompagnaient firent de même.

L'édifice apparaissait désormais dans toute sa plénitude sacrée. Rien qu'à le regarder, n'importe quel humain se rendait compte qu'il était parvenu au Saint des Saints originels, à la primordialité de Ptah, seigneur Tout-Puissant de Ta-Nout-Râ-Ptah !

Plus les religieux en approchaient, en longeant une pente douce montante, plus le sourire serein et paisible de la Dame du Ciel Nout leur apparaissait dans toute sa plénitude vivante. Les six piliers de l'entrée principale, circulaires mais d'un diamètre triple de celui d'un être humain, étaient surmontés d'une figure de la Reine-Vierge, devenue la Protectrice de ce haut lieu de l'observation du ciel et des combinaisons qui y pullulaient. L'imposante masse laissait tout juste passer la clarté solaire et lorsque le Pontife accéda, suivi de ses deux compagnons, dans la salle hypostyle, les rayons de Râ se jouèrent des replis des tuniques immaculées, montrant à ceux qui circulaient là silencieusement trois taches blanches progressant sur fond très sombre. L'An-Nu connaissait son chemin par cœur. Il aurait pu se rendre les yeux fermés vers l'ouverture du couchant qui donnait accès à un escalier intra-muros, sans aucune fenêtre pour l'éclairer, et qui menait, après une montée de cent quarante-quatre marches, à la terrasse supérieure qui servait d'observatoire et près duquel était le lieu secret : celui de la carte du ciel de l'avertissement !

Cette escalade rapidement exécutée, le Pontife vit, depuis la petite pièce non couverte et brillamment illuminée d'or, les ouvriers répartis en plusieurs groupes et travaillant de concert sur des échafaudages, dans la salle suivante, à graver le plafond suivant les données précises du ciel du jour du Grand Cataclysme.

Le cercle intérieur, avec ses Douze et Ptah en grand Juge central, était pratiquement achevé. Celui du milieu, avec ses éléments de calcul et les sept Errantes, était en train de se polir à l'orient, alors que le côté opposé était lui aussi terminé. Deux ouvriers spécialisés polissaient avec art, et avec amour, la grande silhouette de Nout, les mains tendues et les doigts de pied touchant les deux murs latéraux de cette chambre. Celle-ci était ainsi le repère des Fixes du troisième cercle, mais aussi le lien unissant la Terre et le Ciel pour protéger tous les descendants issus de ses deux fils : Osiris et Set, unis dans le même et unique amour maternel.

La gravure du dernier cercle avait plusieurs équipes pour satisfaire à une juste représentation de scènes plus compliquées. Il s'agissait en effet de représenter les trente-six éléments diurnes ayant permis la calculation exacte de la catastrophe, avant qu'elle ne se produise, et ceci était vital pour preuve de la valeur des Combinaisons Mathématiques pour l'avenir du peuple élu.

Juste à l'emplacement où le nouveau couchant du soleil en Lion s'était produit le soir du premier jour de la navigation dans l'autre sens, un graveur ciselait la silhouette de Geb, le dernier roi d'Ahâ-Men-Ptah, portant sur sa tête tout le poids de la Terre qu'il fera revivre grâce à la compréhension de la divinité accordée à Nout, son épouse par la naissance d'Ousir.

Les Maîtres de la Mesure et du Nombre, qui avaient mis au point cette transmission de données historiques et spirituelles, avaient d'ailleurs facilité la compréhension en implantant, juste au-dessus du disque supporté par Geb, un Lion qui tournait la tête en ouvrant la gueule et en tirant méchamment sa langue. De plus, ses pattes de devant étaient solidement posées par le signe hiéroglyphique du cataclysme (huit lignes brisées verticales) semblant le dominer parfaitement. Enfin, Geb lui-même était ceint d'une peau de lion, dont la grande queue touchait terre pour symboliser ainsi l'union, le lien, et l'harmonie nouvelle qui régnerait désormais entre ciel et terre.

Méri-Nout se prit à sourire devant l'ingéniosité de la clé qui devait permettre de comprendre cette série de trente-six figurines très importante pour les calculs combinatoires. En effet, juste au-devant du visage de Geb était gravée la hiéroglyphique des deux étoiles appelées aujourd'hui alpha et bêta du Centaure, laquelle était surmontée du poussin surgissant de la capitale engloutie. C'était la seconde multitude prête à prendre son essor, à s'envoler vers sa deuxième patrie : Ath-Kâ-Ptah.

Le deuxième dessin, ainsi que le troisième, sur la gauche du cercle inférieur, étaient situés sous les pieds d'un fauteuil à profil de lion, sur lequel était assise Nout tenant dans ses mains un de ses deux fils. Mais intentionnellement, les Maîtres avaient laissé ce visage sans traits, de façon que le lecteur imagine qu'il soit à la fois Set ou Ousir suivant son désir propre. Mais les deux figurines au-dessous sont bien tracées aux effigies de l'un et de l'autre. Et si Set est surmonté des cornes du bélier, Ousir qui les porte également est en plus coiffé du globe de son père. Entre les deux frères, le hiéroglyphe de l'anéantissement. Devant le visage de Set, les deux hiéroglyphes ayant marqué le jour du grand cataclysme : l'arrière-train du Lion et la terre en équilibre sur un ciel retourné. De plus, là aussi, les mathématiciens antiques avaient bien supputé de l'endroit de la gravure, puisque les étoiles de la Croix du Sud étaient justes entre les deux frères, sous le signe de l'anéantissement.

Puis arrivent les personnages symbolisant le long exode au travers des astérismes des différents Fixes menant à la colure des solstices du Nord vrai. Ils sont quatre : Horus avec la seule couronne des Bienheureux Endormis, puis Isis, puis Horus mais avec le chef des deux terres, celle perdue, et celle qui est promise dans la nouvelle Alliance, parfaitement définie avec la spirale de la Création ajoutée sur la double couronne. Enfin, l'Aîné, le Descendant, celui qui servira d'unificateur aux deux clans fratricides. En plus de la peau du lion et de la queue traînant jusqu'à terre, il est porteur de la crinière. Au-dessus de lui, la Vache Céleste veille sur le bon déroulement des événements terrestres.

Le scribe à tête d'ibis, qui personnifiera celui qui remettra en usage la hiéroglyphique, arrive ensuite. Il est le rénovateur du ciel et des nouvelles générations. Celles-ci, toujours mises en valeur par Horus-Épervier, font une courte halte. L'oiseau est le neuvième personnage afin de réintroduire la Parole Divine dans les usages courants. L'étoile Canopus sert de repère.

Un ensemble idéographique, déjà parfaitement dessiné sur le plafond, fait l'objet de la dixième image. Une autre équipe travaille à sa réalisation. Un parallélogramme part du fond extérieur du cercle, sur lequel évolue, en quatre circonvolutions, un serpent à tête d'ibis. Bien entendu, il s'agit du scribe enseignant la multitude dans l'obéissance des commandements divins. Le Patriarche qui marche au-dessus, en agrippant son sceptre, porte sur son épaule le signe personnifiant l'étoile Orion, repère aussi important que Sirius pour les calculs.

Les descendants des deux clans qui leur font suite n'ont aucun attribut sur leurs crânes. Ils poursuivent inlassablement leur Exode vers l'est, et les quinze étoiles à cinq branches qui décomptent le temps en fournissent ainsi la durée. Et le cochon qui les précède, tête basse, indique que cette période trouble doit être sinon oubliée, tout au moins reléguée hors de l'atteinte du nouveau calendrier.

Et la descendance honnie, figurée par une jeune femme nue et agenouillée, mains sur les cuisses et trois couleuvres surgissant de sa coiffure, montre l'arrivée des usurpateurs de Dieu : les adorateurs du soleil, avec l'entrée de la constellation du Bélier. Elle est dessinée sur sa barque céleste, juste au-dessous de sa représentation dans la spirale des Douze.

Devant sa tête, quatre couleuvres à têtes humaines rampent sur un autre bloc quadrangulaire. Les couteaux renversés de Set l'assassin qui les domine démontrent que ce sont les enfants du fourbe et de l'envieux, qui tentent de profiter des combinaisons mathématiques qui semblent leur être favorables.

L'enfant accroupi sur une feuille de lotus épanoui, qui les précède, a un doigt sur sa bouche pour imposer silence à ceux de sa race qui voudraient s'insurger contre cette rébellion envers Ptah. Car ce qui est écrit ne peut être défait de la main de l'homme, et Dieu ne paraît pas vouloir venir en aide à ceux qui sont ses créatures, certes, mais qui doutent de plus en plus de sa réalité. L'enfant porte néanmoins sur son épaule le symbole araire pour la récolte des moissons, prouvant par-là que le travail peut renouveler la pensée.

Cette gravure étant située sur le point cardinal de l'est vrai, la symbolique du renouvellement du temps se comprend encore mieux.

Le Suivant d'Horus, à tête d'épervier, qui marche ensuite, porte trois symboles célestes au-dessus de sa chevelure, qui attirent grandement l'attention. Ce sont : une tête de bélier, un cœur sortant d'une urne, et un ciel retourné. L'ensemble indique très nettement un renouveau prévu par les configurations astrales juste à l'entrée du soleil dans la constellation des Poissons située juste au-dessus.

Un symbole important lui fait suite : c'est un siège royal sur lequel est posée une forme humaine dont on ne voit pas la tête, et dont le dessus est comme lié. C'est la représentation d'Ousir emprisonné dans sa peau de taureau, et prêt à ressusciter. L'œil de la Création, dans le cercle du dessus, démontre le renouveau provenant d'un Aîné pour la seconde fois à l'entrée solaire en Poissons. Tout un ensemble iconographique suit ensuite, semblant épars, mais lié par la même idée.

Six oisillons, en deux groupes de trois, suivent un visage humain sans expression, alors que deux têtes de Bélier, en dessous, sont encastrées dans des blocs de granit, immobilisées pour permettre un autre essor des enfants de Dieu. Un soleil darde neuf rayons sur cette scène tandis qu'un prêtre de Ptah, tendant son pectoral devant lui, s'en sert comme emblème pour prôner le monothéisme qui prend son envol. Ce qui est symbolisé par la colombe qui est posée sur le pectoral mais qui tend ses ailes, prête à partir.

Manifestement, Set, dans sa représentation du chacal féroce, n'apprécie pas et tente de rétablir la primauté du bélier. Geb, de nouveau dans sa symbolique de l'oie, tente d'empêcher non seulement la bataille, mais la destruction complète de deux descendances nées de son épouse et de lui-même. Les quatorze étoiles à cinq branches qui figurent au-dessus de Geb permettent les calculs de cet espace de temps avec les révolutions des Fixes qui figurent là, et notamment Formalhaut. Et l'Aîné du Cœur-Aîné, dessiné également au-dessus des étoiles dans la spirale des Douze, tient précisément les deux urnes qui déverseront l'eau des écluses du ciel, si les Cadets du Deuxième-Cœur continuent d'être aveuglés par leur égoïsme.

Le grand médaillon ovale, en forme de ce qui a été appelé par la suite un cartouche ; qui est gravé sur l'emplacement suivant, comporte huit silhouettes humaines agenouillées et mains liées derrière le dos. Ce cartouche partant du bec de l'oie Geb, semblant museler toute velléité de la part du volatile de s'opposer à la marche du temps, emprisonne les Rebelles du monothéisme, créateur de la Création, sans lequel le soleil lui-même n'existerait pas. La Fixe Epsilon du Capricorne qui le surmonte est significative de la date.

L'Aîné à tête d'ibis qui le précède annonce la résolution formelle de celui qui remettait la chronologie du peuple élu en marche sur l'ordre du Tout-Puissant de ne plus rien changer à l'ordre établi dans les combinaisons mathématiques célestes. Les temps sont donc décomptés, comme par un clepsydre à eau dont les secondes s'écoulent irrémédiablement goutte après goutte.

Sous les pattes avant du Capricorne des Douze s'avance un prêtre à longue tunique blanche, mais à tête d'épervier, ce qui est unique dans toute cette représentation prophétique. C'est un Aîné qui est Pontife du Royaume en même temps. De plus, un bélier le suit, la tête surmontée du disque solaire. Ainsi, ce Fils de Dieu est également le berger et le guide de ceux qui étaient les rebelles. Il donne la main au personnage qui le précède et qui ne possède pas de visage, sa figure étant remplacée par un cercle vide. C'est donc la Divinité en personne. Un vrai Fils qui donnera les preuves de ce qu'il est, démontrant qu'il est celui que l'on ne voit pas et dont le nom véritable ne peut pas se prononcer.

Un autre humain à tête d'épervier, ceint cette fois seulement de la peau de lion, donne la main à un autre Aîné qui porte la double couronne des deux pays d'Ahâ-Men-Ptah. Ils sont sous le Sagittaire. Mais c'est Set, à tête de chacal, devant eux qui, pour les besoins des calculs, se trouve sous les Fixes alpha et bêta du Sagittaire, alors qu'au-dessus, la Mandjit portant l'Horus vainqueur de Set surveille la naissance d'un autre monde.

Ce qu'il est courant d'appeler une silhouette typhonienne suit cette série d'images. Celle-ci est un hippopotame accroupi, dont la valeur est marquée d'une étoile à six branches. Une Mandjit le tient à l'abri des intempéries inévitables, afin qu'il veille sereinement sur l'avenir délimité par la clé des trois étoiles à cinq branches qu'il tient contre son abdomen. L'avant de sa barque sacrée est tout contre l'autel portant la tête d'un chacal grimaçant : Set.

Le cercle est prêt d'être bouclé, et la trente-quatrième figure est celle ô combien vénérée d'Ousir. Son corps est symbolisé sous la forme qu'il avait pendant qu'il était emprisonné dans la peau d'un taureau. Dans son apparence de cocon, il n'est pas encore ressuscité et il se tient appuyé contre l'autel dédié à Set. Les deux attributs de sa royauté suprême sont dans ses mains. Il scellera non seulement la nouvelle alliance, mais il enverra ses descendants peupler le reste de la Terre.

Les deux derniers personnages partent donc vers le Couchant, chacun des deux dans l'endroit qui lui est prescrit, et suivant leur bonne ou mauvaise gestion divine, ce sera la fin ou un recommencement. L'Ouest retrouvé après la trente-sixième figure reste à nouveau Maître du recommencement d'une nouvelle grande année de presque vingt-six mille ans, ou d'une perturbation plus ou moins grave de l'axe du monde.

L'An-Nu, le Pontife de cette nouvelle terre, poussa un soupir. Ce magnifique planisphère en forme d'avertissement prophétique l'avait mené loin de sa seule préoccupation : l'achèvement du Cercle d'Or. Et celui-ci serait aussi, à une bien plus grande échelle, le doigt de Dieu à la portée des Sages, et la crainte de tous les méchants !

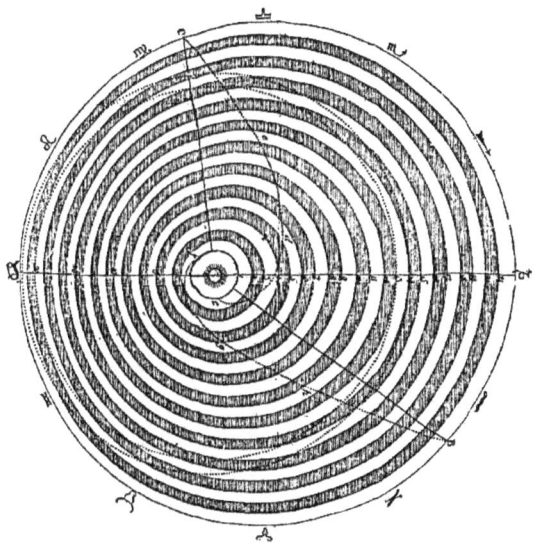

Les Douze ceinturent la terre en douze influx décentrés.
Les calculs sont pourtant faciles et aisés à reconstituer.

Chapitre V

LES COMBINAISONS-MATHÉMATIQUES DIVINES

> « *Tu enduiras de grandes pierres, et tu les enduiras de chaux. Puis tu écriras sur elles toutes les Paroles de cette Loi, afin que tu entres au pays que te donne ton Dieu, ruisselant de lait et de miel, selon ce que t a dit le Dieu de tes pères.* »
> ANCIEN TESTAMENT
> (*Deutéronome, XXVII --2/3.*)

> « *La sainteté de ce Dieu dit : Instruis-le dans la parole du passé ; elle fera l aliment des enfants et des hommes faits. Celui qui la comprend marchera dans la satisfaction du cœur. Sa parole n engendrera jamais la satiété.* »
> PRÉAMBULE DU TRAITÉ DE PTAH-HOTEP
> (*Papyrus trouvé par M. PRISSE.*)

« En ce jour mémorable où commence une nouvelle année dédiée à Ptah, notre unique soutien au cours des millions de difficultés qui ont jalonné notre route durant des millénaires, rendons-lui grâce avant toute autre chose. Gloire à Ptah ! »

Tous les élèves assemblés répétèrent avec une ferveur jamais atteinte ces trois paroles : « Gloire à Ptah ! »

Le Maître de la Mesure et du Nombre Ank-Kâ-Hor[22] entreprit sans plus attendre la première leçon des Combinaisons-

---

[22] « Souffle-Vivant d'Horus. »

Mathématiques-Divines reliant ainsi après un arrêt de six millénaires, l'antique tradition sacrée :

- Le Cercle d'Or est prêt à vous recevoir, tous, si vous savez vous montrer dignes des enseignements appris de vos divers Maîtres. Mais d'ores et déjà, sachez que la malédiction divine s'attachera irrémédiablement aux pas de ceux, trop curieux, qui voudront aller dans les salles de la Double Maison de Vie, plus loin qu'il ne leur est autorisé. Vous connaissez les divers degrés apportés dans la lecture des Textes Sacrés, car ils comprennent l'étude des sciences humaines, suivie par la compréhension de la Connaissance, seule capable de conduire une créature humaine à la Lumière Divine. Dans ce cheminement spirituel, il a fallu compartimenter l'éducation en un certain nombre de degrés initiatiques pour qu'elle se fasse sans danger. Il convient de ménager la « Parcelle Divine » de l'Homme, afin qu'elle apprenne tout ce qui la concerne, sans qu'elle en soit perturbée. La Vérité ne peut être enseignée que sous certaines conditions évidentes. Aussi, les futurs « Maîtres de la Mesure et du Nombre » que vous êtes, ne doivent-ils commencer leur approche de la Connaissance que par ses aspects les plus simples, ceci pour éviter qu'ensuite, un penchant trop humain ne les incite à compliquer la Vérité d'une manière ou d'une autre ! C'est pourquoi vous apprendrez chacun selon votre degré de rapidité de compréhension : d'abord les préceptes moraux, puis les sciences mathématiques et enfin les Commandements de la Loi avec ses Combinaisons-Mathématiques-Divines. Ceci est rendu possible aujourd'hui. Car il y a trois cents soixante-cinq révolutions solaires que les premiers travaux ont commencé. Il y a exactement un quart d'année de navigation de l'étoile de notre bonne Dame Isis, bénie soit-elle[23], que le vénérable Pontife, chef religieux des deux clans enfin unifiés, le Saint Bâ-En-Pou, entreprenait de mettre au point les plans du Cercle d'Or sur l'emplacement que lui avait assigné Dieu, dans sa clémence à notre égard. Ce Patriarche, mon ancêtre direct, était le 211ᵉ Aîné issu

---

[23] Sirius a une révolution de 1 461 ans, soit 365 ans 1/4 pour un quart de révolution.

en ligne directe d'Anepou qui fut le plus proche Apôtre d'Ousir. Ainsi, en un quart de révolution de la brillante Sep'ti[24], la plus magnifique reproduction de toute la mécanique céleste et de ses milliers de rouages, les Combinaisons-Mathématiques-Divines, s'est assemblée pièce après pièce. Aujourd'hui, elle est à notre disposition pour que l'avenir redevienne conforme au passé si l'esprit humain, avec sa parcelle divine, ne s'insurge pas à nouveau contre cette réalité harmonique universelle qui forme un tout indivisible, et qui vous est ici rendue palpable, vivante, réelle. Comme sous l'impulsion d'une gigantesque horloge cosmique, le Créateur a modelé une machinerie céleste méticuleuse et précise, dont la mécanique indéréglable du fait de Dieu ne peut être qu'éternelle, par rapport à l'Humanité engendrée pour profiter de la Nature mise à sa disposition. Mais hélas, l'Homme, à un certain moment du cycle qui a fait proliférer son environnement, ne s'est plus contenté de proposer des aménagements à la Loi Divine : il a rejeté l'Image du Créateur qu'il est, pour se prendre lui-même pour Dieu ! Il en est résulté l'effroyable catastrophe dont nous avons tous subi les contrecoups durant des millénaires et des millénaires et que nous voulons rayer à jamais du Futur pour la nouvelle Alliance avec Dieu, que nous sommes en train de signer.

Une courte pause permit au Maître de reposer légèrement une atmosphère tendue. Les esprits de tous les élèves étaient conscients de l'importance de ce cours historique qui leur permettait de reprendre en mains leurs propres destinées. Devant chacun d'eux s'étalaient des feuillets de papyrus et des écritoires pleines d'une encre indélébile, cependant que plusieurs styles faits de plumes d'autruches épointées ou de morceaux de roseau taillés en pointes, attendaient d'être utilisés. Ank-Kâ-Hor, ayant consulté le traité fraîchement récrit qu'il avait devant lui, reprit :

---

[24] Nom hiéroglyphique de Sirius.

- Ainsi l'Humanité a conservé depuis sa naissance son libre choix entre le Bien et le Mal, disposant chaque fois de ses propres malheurs. Elle a conservé le droit à son libre arbitre, marchant vers le destin qu'elle se forgeait en acceptant ou en reniant cette Loi Divine qui restait toujours aussi immuable dans sa poursuite vers la Création de l'avenir. L'Âme insufflée aux êtres de chair que nous sommes est qualifiée fort justement de : « Parcelle Divine ». Celle-ci est le lien impalpable mais indissoluble qui rattache toute enveloppe charnelle humaine au Créateur. Que ceux que vous enseignerez plus tard l'admettent ou non, la Vérité est dans la crypte de la naissance, clairement définie :

« L'enveloppe charnelle qui est modelée dans la mère ne prend sa forme humaine qu'à la séparation du lien qui a servi de racine dans le ventre. Dès cet instant, il devient un être vivant car il est alors imprégné de sa Parcelle Divine par le Souffle émanant des Douze, et qui lui est personnel. »

« Comme vous ne l'ignorez plus depuis vos premières années d'études, le Cercle d'Or reproduit les mouvements des Fixes et des Errantes dans leurs mouvements séparés de jour et de nuit. Encore faut-il délimiter deux zones d'influence pour chaque, car les Combinaisons Mathématiques des Errantes entre elles avec Râ et notre Terre dépendent en grande part de l'influence des « Douze Fixes » qui forment le Cœur de Ptah. Nous monterons tout à l'heure sur la plus haute terrasse du grand temple, afin d'observer leur emplacement dans le Ciel. Puis je vous demanderai de me les indiquer sur le planisphère gravé dans la salle attenante à cet observatoire. Aussi, cette première leçon vous précisera-t-elle l'utilité d'une telle construction pour conserver un pareil savoir. Et lorsque vous parviendrez au suprême degré de la Connaissance, vous aurez dénombré 30 fois 12 fois 7 plus 30 fois 12 fois 2 chambres, soit 3 240 salles aux parois mobiles et changeantes au gré des Combinaisons-Mathématiques-Divines diurnes et nocturnes.

Ank-Kâ-Hor eut un rapide mouvement de manches qui lui permit de tendre ses deux longs bras vers la foule des élèves avant de continuer le sujet qu'il connaissait parfaitement :

– Dès sa naissance l'humain est investi de son nom d'Homme, et il en est pleinement responsable vis-à-vis du Créateur. Lorsqu'il atteint l'âge de donner lui-même la constitution d'une autre enveloppe charnelle susceptible de recevoir une nouvelle Parcelle Divine, il doit subir les conséquences de tous ses autres actes humanitaires, surtout lorsqu'ils sont sciemment et délibérément commis pour dénaturer la Loi divine. L'Homme est incapable durant son faible temps de vie terrestre, même pas une seconde d'éternité, de comprendre les mouvements de la Machine cosmique. Il a fallu des milliers d'années d'observations patientes et méticuleuses aux premiers « Descendants-de-l'Aîné » pour annoter, comparer et définir les commandements imposés par la règle universelle, afin que les Hommes ne vivent que dans le Bien, faute de périr par le Mal qu'ils déclencheraient eux-mêmes ! Pour compliqués qu'ils apparaissent, les engrenages qui ponctuent les divers mouvements sont bien huilés. Chaque instant d'éternité qui fuit détermine l'avance ou le recul régulier des Soleils qui sont les Cœurs des Douze constellations équatoriales célestes. Il les fait palpiter pour former des configurations géométriques, qui sont les « Combinaisons-Mathématiques-Divines ». Dans leurs rapports avec la « navigation » de notre Soleil le long des rives du Grand Fleuve Céleste Hapy[25] se trouve toutes les clés de la prédétermination de l'accord permanent entre le ciel et la terre, qui doit se répercuter dans une Harmonie : l'Alliance entre le Créateur et Ses Créatures. Car la Création a commencé il y a des millions de siècles ! Ptah l'unique, en six périodes de temps différentes, mais mathématiquement fractionnables, telles que vous l'avez déjà appris[26]. Le septième temps débuta avec celui de l'enveloppe charnelle qui,

---

[25] La Voie Lactée sur les rives de laquelle sont les 12 constellations zodiacales.
[26] Lire à ce sujet le chapitre 3 du *Grand Cataclysme*, entièrement consacré à cette création.

recevant une Parcelle Divine, devint l'Homme. Et ce moment ne put avoir lieu ni avant ni après le jour prédéterminé car la Ceinture des Douze Fixes n'était pas en place auparavant pour nous faire parvenir ses influx ici-bas. Chacune des Douze Fixes étant douée de ses propres qualités naturelles, et se servant de leurs rayonnements pour les amener en un seul centre : la Terre, l'humanité ne pouvait naître, croître et prospérer qu'en cet endroit idéalement privilégié. Si nos âmes n'étaient influencées que par ces combinaisons mathématiques, il y aurait beaucoup trop d'esprits semblables. Ils se jalouseraient, ne pourraient s'entendre, ni s'allier, et il y aurait des luttes perpétuelles qui amèneraient irrémédiablement l'anéantissement de toute vie humaine. La mathématique divine a résolu ce problème en instituant des variantes innombrables qui perturbent le rayonnement des Douze par celui des Errantes de notre système au nombre de sept. De plus, cet ensemble se dédoubla encore en modifiant par la Lune, de nuit, tous les résultats acquis. Nous avons donc, à notre portée de compréhension, une horloge universelle à échelle cosmique, dont chaque seconde détermine la direction d'une Parcelle Divine dans sa vie terrestre, selon l'un des 3 240 modes primordiaux. Toutes choses utiles vous ont été apprises pour retrouver vôtre chemin de retour, après chaque étude dans une partie du Cercle d'Or. Cela ne peut être valable qu'à la seule condition de ne pas vous aventurer hors de la route tracée quotidiennement pour chacun de vous. Si vous vous égariez, nul ne vous viendrait en aide. Vous seriez condamnés à périr par la faim et l'épuisement, car vous seriez dans l'incapacité de retrouver votre route, et nul ne vous l'indiquerait ! Tout a été prévu dans le tracé des pièces et des couloirs pour faciliter votre tâche, mais pour éviter également toute escapade extérieure : celle-ci s'achèverait obligatoirement au fond d'une oubliette d'un puits profond... Le but unique de ce Cercle d'Or est la transmission la plus pure de la Connaissance Divine et de la transformation de la Création. Ces deux principes originels primordiaux, qui nous sont parvenus intacts à cet Orient englouti de nos Aînés, et que Dieu, pour notre rappel incessant a désormais situé au Couchant de notre « Deuxième-Cœur », mais en nous permettant de rappeler qu'ils connaissaient depuis les premiers jours, à l'éveil de leur Parcelle Divine, la Loi de la

Création. Il faut donc en préserver implacablement et inlassablement l'absolue intégrité, pour que revive dans toute sa splendeur notre race qui fut l'Élue, dont nous ne sommes que les rescapés en sursis. Mais les futurs « Pêr-Ahâ », nos descendants de cet Ainé qui fut le premier à nous enseigner à nous servir d'un esprit, entameront prochainement le Grand Cycle de la Renaissance, tel que cela est prédit par les « Combinaisons Mathématiques » futures. Il convient dès à présent de leur laisser le tracé de toutes les configurations célestes ainsi que leur maniement. Ces Annales, sculptées dans la pierre indestructible par l'usure du temps, et intouchable des hommes, de par l'endroit où elles seront gravées, resteront ainsi les plus sûres garantes de ce Renouveau d'une Alliance avec Dieu. Ainsi, la chair de notre chair sera éduquée selon la Loi Divine et ses Commandements pour son plus grand bien, afin de lui éviter un renouvellement cataclysmique, tel que celui qui engloutit notre « Premier-Cœur » : Ahâ-Men-Ptah !

Le Maître de la Mesure et du Nombre prit une pro- fonde inspiration comme pour repousser très loin la catastrophe. Il se força même à sourire pour reprendre :

- Dans quelques instants, la grande fête de Sep'ti commencera par la prière dans le grand temple de Nout, la Bonne Dame du Ciel, en présence non seulement de notre Pontife vénéré, mais également et surtout avec Têta-Méri, notre Pêr-Ahâ, arrivé ce matin de sa lointaine capitale du nord. Il rétablira solennellement le calendrier et le déroulement des ans, des mois, des jours, heures, minutes, et secondes. Le temps reprendra effectivement sa signification. Et nous serons prêts, quant à nous, à lui donner sa pleine signification. Avant de nous rendre à la prière particulière à cette journée mémorable, j'ajouterai seulement ceci qui concerne la légitimité de la Connaissance des Combinaisons-Mathématiques-Divines, et par là même le Savoir de l'Avenir. Vous êtes déjà tous conscients de l'influence de l'état du ciel sur votre comportement journalier, et des vertus qui peuvent en découler si vous ne vous laissez pas aller à simplement les subir. Il en va de même pour tout notre environnement et c'est une nécessité de se conformer au déroulement des saisons pour semer les légumes ou récolter les fruits au moment opportun. La nature n'est sujette qu'à des changements saisonniers qu'il faut subir car ils sont mus par les combinaisons célestes. Le Soleil, sauf une nouvelle colère de Dieu qui en reste le Tout-Puissant Maître, est l'élément géométrique qui permettra l'ensemble des calculs combinatoires avec les Errantes et les Fixes, car c'est lui, en dernier ressort qui permet la Vie aux humains, les générations d'animaux, et la fécondité à tout ce qui respire, poissons comme végétaux. Par sa navigation journalière il échauffe, caresse, fait monter la sève, dessèche, brûle, rafraîchit en faisant monter les eaux du grand fleuve Hapy, accomplissant tout cela en un ordre mathématique voulu par le Créateur pour faire avancer Sa Création selon le rythme prévu par les palpitations combinatoires. Ceci étant valable évidemment pour toutes les journées que Dieu nous donne. Mais lorsque le Soleil se couche à l'occident, au-dessus de l'Amenta, pour redonner à nos Bienheureux Ancêtres endormis dans Ahâ-Men-Ptah la Vie dans les Champs célestes, le manteau noir de la nuit s'étale au-dessus de nos têtes. La Lune, alors, prend la succession du Soleil et rythme la marche du Temps selon sa propre navigation. Bien plus proche de la Terre que le Soleil, la Lune influe d'une manière plus directe sur les êtres qui ressentent bien plus la puissance de son mouvement tout autant que de sa lumière réfléchissante. Car elle agit comme un miroir et par là même son pouvoir est dénaturé. Le Grand Fleuve croît et décroît journellement avec elle, imitant son lever et son coucher. Les végétaux et les animaux font de même, changeant de nature suivant les angles de réfraction, facilement calculables. Ces effets sont contrecarrés ou fortifiés par les rayonnements des Douze et les regards qu'elles ont entre elles. Le Savoir de l'Avenir est un élément capital de la Connaissance, mais ô combien périlleux. Seuls pourront s'en rendre Maîtres ceux qui seront capables de discerner également à l'avance de quelle manière s'en servir, et surtout avec qui ! Car cette divulgation est extrêmement dangereuse, et c'est pourquoi il me faut attirer votre attention sur ce problème. L'appât du gain ou du pouvoir ne devra en aucun cas être le justificatif dans votre intervention pour changer quoi que ce soit de l'avenir d'un être humain ! Déjà bien des laboureurs ne sèment leurs champs que suivant des conjonctures bénéfiques précises ; bien des bergers ne laissent accoupler leurs bêtes que selon des époques astrales strictement définies. Ne vous laissez donc jamais aller à prédire l'avenir pour le plaisir de montrer votre Savoir et de vous faire aduler. Il n'y a qu'un seul dieu et c'est Dieu l'Unique ! L'homme n'est qu'un homme, et même le plus ignorant d'entre eux est capable de prédire le temps et de jouer au magicien ! En effet, les plus remarquables influx avec leurs plus notables significations, concernant les combinaisons du Soleil, de la Lune, et de Sirius, pour le moins, sont tellement certains, que la seule observation a permis à n'importe qui de les remarquer et de s'en servir comme une chose naturelle à ceux que la nécessité porte à utiliser. Ainsi les nautoniers qui n'ont pas besoin de nos indicateurs de montée des eaux du fleuve pour savoir le moment de la crue maximale. Mais ils sont obligés, par contre, de prendre garde aux vents et aux pluies dont la périodicité n'est pas évidente. Ils doivent se fier à certaines configurations lunaires conjointes avec une Errante, ou une étoile fixe en quadrant avec le Soleil. Et là, à cause de leur ignorance, ils n'ont point une connaissance absolue du temps qu'il fera, mais une approximation. Et qui empêcherait un initié, plus tard, d'apprendre à ces nautoniers ignorants l'art et la manière de prévoir le temps et de connaître les lieux des sautes de vents ? Simplement de ne pas en faire un Initié, les divers degrés de passage à un grade supérieur n'étant accessibles qu'à ceux ayant satisfait pleinement à tous les tests. Dévoiler une seule petite part du Savoir à un humain non initié est faire luire une cupidité en son cœur et laisser le champ libre à cet esprit non préparé à se prendre d'une sorte de folie en voulant s'égaler à Dieu ! Seul celui d'entre vous qui franchira toutes les épreuves connaîtra tous les mouvements du temps, les lieux assignés aux Douze, au Soleil, à la Lune, dans le temps présent et à venir, afin de dessiner leurs liens entre eux à chaque heure du jour et de la nuit. Pour le reste, non moins important, la mathématique du système vous est déjà acquise. Depuis que Dieu, dans sa colère, a bouleversé la navigation solaire en la faisant croître de l'est à ouest, la révolution de cet astre s'effectue à reculons durant 25 920 années. Ceci est le premier point que vous avez tous étudié. Le second se rapporte à Sep'ta, l'étoile dédiée à Ptah, car sur cette terre, ici très précisément, en apparaissant pour la première fois chaque année au-dessus de l'horizon délimité par le mur de l'observatoire de la plus haute terrasse, elle annonce le début de la crue du Grand Fleuve. Elle détermine également tous les calculs solaires pour une période de 1 461 ans, puisque c'est au bout de cette période que se renouvelle, grâce à une conjonction exceptionnelle avec le Soleil, le début d'une nouvelle année. Comme vous le savez, c'est dans quelques heures que Sep'ta réapparaîtra, non seulement pour annoncer la crue du fleuve, mais également dans sa conjonction avec le Soleil, visible au même point exactement juste avant son lever. Cela était donc calculé depuis des siècles et des siècles, et tout était conçu pour un déroulement des événements, tel qu'il va se produire sous peu. Nous allons entrer dans la première journée du premier mois de l'an UN de la nouvelle ère du Taureau Céleste, celle qui doit assurer la suprématie du peuple cadet d'Ousir durant au moins deux millénaires. J'en ai terminé pour aujourd'hui : il est temps de nous rendre dans le Grand Temple ! Allons... »

Avant de rejoindre le fils du grand Mena, premier Pêr-Ahâ d'Ath-Kâ-Ptah en compagnie d'Ank-Kâ-Hor, il serait bon de situer plus en détail le moment précis de cette scène historique.

Ce jour précis du renouveau du calendrier sothique (Spt'ta, ou Sirius, s'appelle Sothis en grec) était le 15 juin 4244 avant Christ dans le calendrier grégorien, ou le 19 juillet de la même année, en décompte julien, qui est celui adopté ici. Il est permis d'assurer de ce jour avec précision, car de multiples repères le recoupent en astronomie. Le dernier en date est relativement proche puisqu'il date de l'an 139 de notre ère. Nous le devons à l'éminent historien qu'était Censorin : « Au XIIe des calendes d'août, sous le consulat de l'empereur Antonin Proessus, c'est-à-dire au 20 juillet de l'an 139, il y avait un commencement de grand cycle, par le concours d'un Thot égyptien avec le lever de la canicule. On touchait ainsi à la centième année révolue du cycle de cette année héliaque, caniculaire, appelée aussi : « Année de Dieu ».

Ce dont il faut absolument être pénétré, si le lecteur veut comprendre cette civilisation disparue, est la nécessité primordiale qui était la sienne, de vivre selon des données uniquement célestes et astronomiques, qui se confondaient en fait avec la Divinité.

Or, depuis le Grand Cataclysme, il était prévu une renaissance des Survivants en un Deuxième Cœur, six millénaires auparavant. Aussi lorsque Mena acheva l'unification des deux clans fratricides sur la terre seconde, commencée trois siècles auparavant par Nar-Mer, il savait que ce serait son fils Tê-Ptah qui réintroduirait, le moment venu, c'est-à-dire au premier jour d'une nouvelle année de Dieu, l'écriture, le calendrier la médecine, et tous les éléments susceptibles de recommencer une nouvelle histoire faite à l'image de la volonté de Dieu.

Mêna régna durant soixante-deux ans, animé de la volonté farouche de réussir l'unification en un pacte indestructible. Il fonda pour cette raison la capitale du nouvel État au bord du delta, non loin de l'actuel Le Caire, à Mennefer dont les Grecs firent Memphis. Ce fut là qu'il fit construire en tout premier lieu, pour remercier Ptah l'Un, un temple magnifique auquel il donna le nom d'Ath-Kâ-Ptah, Deuxième Cœur de Dieu. Ce nom devint ensuite le nom réel de Mennefer, puis sous le fils de Têta : Atêta (l'Athothis II des Grecs) le nom de tout le pays, se substituant à Ta Mérit (Le lieu Aimé, ou le lieu Promis).

Durant les quatre dernières années de son règne, Mêna prit en corégence à côté de lui son fils Têta, afin de bien le laisser s'imprégner du rôle grandiose qui serait le sien. Ayant ainsi gouverné de l'an 4307 à 4245, Mêna mourut au cours d'une chasse, où un hippopotame rendu furieux le piétina et le tua.

Têta, ou plutôt Tê-Ptah, garda seul, dès ce moment, le Sceptre des deux clans, prêt pour le rôle divin qui lui était prédestiné depuis sa capitale de Mennefer. Comme il sera vu plus loin, Têta restera l'Ahâ, l'Aîné, le Fils de Dieu qui rétablit l'intégrité d'un peuple unique. La légende grecque fit de ce Têta, le Thot, mi-scribe, mi-Dieu de la mythologie hellène le transformant en Mercure. L'Ahâ Têta, pour cette même raison devint, Athothis, et de nouveau Thot pour le premier mois du calendrier.

Mais il est temps de rejoindre Ank-Kâ-Hor qui, sorti de la salle de cours, s'apprêtait à gravir, suivi de ses élèves, le plan incliné surmontant la vaste esplanade d'accès au Temple de la Dame du Ciel, clôturé d'un haut et très large mur d'enceinte fait de briques cuites et d'un mortier aggloméré avec du limon du fleuve. Au-dessous d'eux, l'immense cours était noire d'une multitude venue de tout le pays pour assister à cette grandiose et solennelle ouverture du déroulement du temps.

À mi-chemin de la pente, sur un palier, se dressait un autel improvisé, un parmi des dizaines éparpillés çà et là, entouré d'un large promenoir sur lequel se pressait toute une population désireuse de déposer ses offrandes à Dieu dans de multiples jarres pansues disposées à cet effet. Les dons étaient destinés non seulement à obtenir la rémission de nombreux péchés mais également à obtenir cette seconde alliance si nécessaire au renouveau de cette deuxième terre. Et les montagnes de présents de toutes sortes montraient, à la face même du Créateur, la volonté de ses créatures de commencer cette année de Dieu sous les auspices les plus favorables.

Reprenant sa marche en montant doucement sur le chemin, Ank-Kâ-Hor parvint jusqu'à l'accès de la grande salle hypostyle au sein de laquelle se pressait l'immense foule des fidèles venue de toutes parts du lointain sud aux croyants noirs de peaux, comme de l'embouchure du Grand Fleuve, où hommes, femmes et enfants avaient les yeux bleus. Non seulement tous ces gens ne verraient pareille fête du Nouvel An qu'une fois dans leur vie, mais leurs enfants ainsi que les arrière-petits-enfants de ceux-ci ne pourraient que relire toutes les péripéties de cet événement fantastique, car la commémoration n'aurait lieu que dans 1 461 révolutions solaires !

Avec ses vingt-quatre piliers de près de deux mètres de diamètre, hauts de vingt-quatre coudées (treize mètres environ), soutenant un plafond bleu parsemé d'étoiles dorées, l'ensemble était imposant tant dans ses dimensions que dans sa structure.

Le battant massif du Sanctuaire étant encore clos, le Maître de la Mesure et du Nombre comprit que le Pêr- Ahâ Têta était encore enfermé dans le Saint des Saints en compagnie du Pontife et des grands-Prêtres afin de se recueillir devant la Mandjit que la Tradition donnait comme celle ayant transporté Iset jusqu'au rivage de Ta Mana. Le local était fait de pierres massives, sans ouvertures. C'était un Naos de méditation, où nul n'aurait osé s'aventurer, ni même y jeter un seul regard sous peine d'un effroyable châtiment, à moins qu'il ne fût d'essence divine, c'est-à-dire l'Aîné lui-même, le Pontife, ou les Grands-Prêtres initiés.

Hank-Kâ-Hor soupira longuement, car de par ses études, il savait qu'en fait la barque sacrée insubmersible contenue dans la pièce n'était qu'une reproduction conforme de celle qui avait permis de sauver la Bonne Dame du Ciel du désastre, et par là même permis la seconde vie des Survivants ! Mais ce qui, par contre, était vrai, c'était que dans le socle carré qui la soutenait, se trouvait incorporé et conservé un morceau de la véritable coque, dont le bitume qui la recouvrait sentait encore, par moments, les odeurs d'Ahâ-Men-Ptah, ainsi que les relents des horreurs de la terrible catastrophe !

Le portail s'ouvrit enfin, annoncé par les tambours et les sistres. Rapidement le silence se fit. L'Ahâ Têta apparut en premier, son visage accroché de plein fouet par l'éblouissante clarté solaire provenant d'une ouverture aménagée en haut d'un des murs. L'Aîné était encore tout jeune, mais son expression paraissait irréelle et empreinte d'une grandeur indéniable, comme s'il vivait une autre vie où l'âge ne signifiait rien. Le Pontife Ousir-Kâ sortit à son tour, suivi par le Collège des trente-quatre Grands-Prêtres d'Ath-Kâ-Ptah. Tous étaient venus pour cette circonstance exceptionnelle qui les concernait. Ils formèrent un demi-cercle autour de l'Ahâ et du

Pontife, cependant que ce dernier, élevant ses deux mains vers les innombrables figures souriantes d'Isis qui ornaient les sommets des piliers, prenait la parole d'une voix étonnamment claire et forte :

– O toi, Iset, notre bonne Dame du Ciel, ce jour glorieux est le tien ! Il n'est arrivé que parce que ton abnégation pour les survivants l'a permis. Fais qu'il soit le premier de millions et de millions de jours. Afin que ce temple qui t'est consacré, ô Nout, que ton nom soit béni à jamais, soit reconnu jusqu'à la fin des temps comme le suprême refuge des Douze Souffles de la Ceinture Divine, fais que son Cercle d'Or soit la Double Maison de Vie, réceptacle des Combinaisons-Mathématiques-Célestes. Que le Pêr-Ahâ Têta, Fils-Aîné de ce Deuxième-Cœur-de-Dieu, descendant direct d'Hor et de la lumière de Râ, prenne notre destinée en charge. Par cette réunion solennelle, nous le prions tous ici avec les battements de nos cœurs unis en un même vœu, de rendre vivante l'âme de cette deuxième terre, en rendant à nouveau effectives les institutions officielles prévues pour sceller notre seconde Alliance avec l'Éternel notre Dieu. Ainsi les Douze Souffles feront régner l'Harmonie tant sur toutes les choses et les êtres vivants de la Terre, que dans l'Amenta et au Ciel. O toi, Têta, Fils Vivant de Ptah sur la Terre, je te remets le second Sceptre du gouvernement d'Ath-Kâ-Ptah. Tu es Horus, le fils d'Osiris et d'Isis toujours vivant, qui est ainsi placé sur le trône d'or de nos Ancêtres. Parmi eux, se trouve Geb, le dernier roi d'Ahâ-Men-Ptah qui a donné naissance à Set, le « fils du Soleil ». Par lui tu portes aussi le titre envié d'Ahâ « Aimé du Soleil ». À ce double titre divin, tu ajouteras celui qui fera de toi à partir d'aujourd'hui et pour l'éternité : Seigneur Vivant du Destin.

Ousir-Kâ courba le buste avec déférence, mettant sa chevelure d'un blanc immaculé à hauteur de la ceinture faite de la queue d'un lion, qui fermait la tunique pourpre du Pêr-Ahâ. Têta conserva à son visage une immobilité de statue, levant juste son bras droit tenant le Sceptre pour indiquer au Pontife de se relever. Après quoi il prit à son tour la parole, de sa très jeune voix, aux intonations très juvéniles :

– Salut à toi, mon père Ousir, Seigneur de la longueur du temps, Fils de Ptah l'Unique, dont les noms multiples, les formes mystérieuses, et les transformations depuis l'au-delà de la vie terrestre inspirent à tous les mortels crainte et respect. De lui, de son Fleuve Céleste, provient l'eau qui alimente notre Grand Fleuve[27] ; de lui provient le vent et l'air respirable ; de lui proviennent les Douze Souffles qui nous imprègnent de la Parcelle Divine à notre naissance. Car dans les temps où Ptah, le Père Céleste, régnait seul sur sa Création il se servit de sa Parole pour transmettre sa force vitale aux Douze. Ce Nombre Divin, Maître des Combinaisons, a imprégné, imprimé, façonné, combiné des millions et des millions de Parcelles Divines essentiellement différentes, pour les insuffler selon sa seule volonté combinatoire, dans les enveloppes charnelles humaines. Les Douze Souffles de la Ceinture Céleste suivent ainsi un rythme rigoureux grâce à la navigation solaire sectionnée en douze parties mensuelles, et ceci pour l'Éternité ou le Temps décrété par Dieu. Car les Douze forment le commencement et la fin, le bien et le mal, le haut et le bas, le temps et l'espace en orient comme en occident, et au nord comme au sud. Car les Douze ont un commencement terrestre fixé dès le commencement du temps et son début dans l'espace pour chaque instant d'éternité, telle la vie qui renaît sans cesse de sa poussière. Car les Douze ont une fin terrestre qui n'est pas une fin, mais un éternel renouveau au cours des cycles illimités et mathématiques des Années de Sep'Ptah, dont les pulsations sont rythmées sur la cadence des Combinaisons Célestes. Car les Douze ont montré l'Harmonie nécessaire à toute vie sur la Terre, permettant à l'illimité : la pensée de l'âme, d'entrer dans le limité de la voix humaine. Car enfin les Douze, par les Commandements qu'ils précisent, introduisent la notion de justice. Ils sont le fléau implacable de la Loi de la Création. Ils forment l'équilibre entre les plateaux de la Balance, prônant le Bien, et dénonçant le Mal. C'est pourquoi tous

---

[27] Pour une meilleure compréhension de cette allocution vitale de l'Athothis grec, il a été francisé. Et ce qui paraîtrait normal en langue hiéroglyphique, le serait moins ici. Comme le terme HAPY, qui signifiait à la fois la Voie lactée céleste et le Nil terrestre.

les Pêr-Ahâ qui m'ont précédé ont attendu l'arrêt des Douze pour faire renaître de ses cendres le « Deuxième-Cœur », notre seconde patrie, afin que la vie reprenne ici, telle qu'elle s'était arrêtée en Ahâ-Men-Ptah notre Cœur-Aîné.

L'Ahâ Têta marqua une pause, pris d'une émotion subite, qu'il tenta rapidement de maîtriser. Puis il reprit dans un silence total :

Ce moment tant attendu, tant espéré, tant prié par tous les Survivants, est arrivé ! Je déclare solennellement, en notre nom à tous, le premier jour de la première année de Dieu de ce Deuxième-Cœur-de-Ptah commencée dès cette seconde. Gloire à Ptah !...

« Gloire à Ptah ! Gloire à Ptah ! Gloire à Ptah ! »

Toutes les voix avaient hurlé d'un seul cœur ce triple vivat. Nombreux étaient les fidèles qui pleuraient. L'émotion était intense, et le Pontife Ousir-Kâ était lui aussi tellement ému qu'il en oublia presque le protocole qui l'obligeait à faire une annonce urgente :

- Gloire à Ptah ! Gloire à la Triade Divine ! Gloire à l'Ahâ Téta, Seigneur du Temps à l'égal d'Ousir !

Un court silence permit à la foule de se reprendre et de se taire afin d'écouter les Paroles de l'An-Nu :

- Depuis quelques instants, les secondes passent, et les minutes prennent leur course. Nos Scribes sont déjà au travail avec leurs plumes pour enregistrer cette séance mémorable. Aussi il convient à présent de donner un nom à chaque mois de l'année solaire qui rythmera notre temps journalier. Le Collège des Grands-Prêtres du Deuxième-Cœur a décidé d'une voix unanime de donner pour Nom au premier des douze, celui de Téta, pour honorer à jamais l'Ahâ rénovateur de notre calendrier. Nous entrons donc aujourd'hui dans la première journée du mois de Téta. Vive Téta ! Vive Téta ! Vive Téta[28] !

Ce ne fut, là aussi qu'un immense cri en faveur du descendant Aîné d'Horus. Le Pontife levant ses deux bras pour montrer ·qu'il avait encore à parler, le silence se fit une nouvelle fois :

— Afin de clore solennellement l'engagement de notre allégeance envers les Commandements .de Dieu à dater de cette seconde, l'Ahâ Têta, Vivante incarnation de Ptah sur la Terre par Hor dont il est le descendant direct, va prêter serment à son Père devant vous tous.

Pour la seconde fois, Ousir-Kâ s'inclina respectueusement. En se relevant, il se joignit aux trente-deux Grands-Prêtres qui avaient élevé leurs bras au-dessus de la tête de l'Ahâ.

Ainsi, Têta put achever cette grandiose cérémonie en articulant d'une voix forte et vibrante d'orgueil :

— Je jure solennellement, à la face de tous les Cadets, de n'intercaler ou de ne changer, dans l'ordre voulu par l'Harmonie Divine, ni un jour, ni un mois, ni une année. Je jure solennellement de respecter et de ne modifier en quoi que ce soit, aucune des fêtes religieuses traditionnelles. Je jure solennellement de faire observer le cours des 365 tels qu'ils le furent dans le Cœur-Aîné, de tous temps, rendant le Collège des Grands Prêtres, les Grands-Maîtres de la Mesure et du Nombre, sous la haute autorité du Pontife, Maître de la Double Maison de Vie des Combinaisons-Mathématiques-Divines[29].

---

[28] L'Ahâ Têta étant devenu en phonétisation grecque : Athothis, le mois de Têta est devenu, bien évidemment le mois de Thot, amenant au fil des millénaires la légende du dieu Mercure-Thot, patron des écrivains et de l'écriture !

[29] Cette partie du serment énoncé par Têta, en 4244 avant J.-C., a toujours été énoncée par les Pêr-Ahâ (Pharaons) des trente dynasties suivantes ! Cela a été relaté

Chapitre VI

LA CRAINTE

« *En certains cas, le groupe hiéroglyphique des Deux-Terres a comme variante le ciel et la terre. Il semble y avoir souvent ambiguïté voulue quand les Égyptiens en parlent, citant deux parties opposées de l Univers.* »

A. Moret
(*Du caractère religieux des anciens Égyptiens.*)

« *J ai vu sous le soleil l impiété dans le lieu du Jugement et l iniquité dans te lieu de la justice.*
Et j ai dit dans mon cœur : - Dieu jugera le juste et l injuste ; alors ce sera le temps de toutes choses. »

Ancien Testament
(*Ecclésiaste chap. 3 - 16/17.*)

« Afin que vous ayez toujours présent à l'esprit l'avertissement gravé sur la carte du ciel indiquant le jour du Grand Cataclysme, nous porterons tous à dater de ce jour, au haut de la manche gauche de notre tunique de Grand-Prêtre, un caractère spécial, qui sera éternellement le rappel de la crainte en une nouvelle colère de Ptah à l'encontre de ses Créatures. »

Le Pontife poussa un profond soupir ! Onze révolutions solaires s'étaient enfuies dans le passé depuis l'inauguration du Cercle d'Or par l'Ahâ Têta, mais cela lui semblait vieux de plusieurs siècles ! Sa

---

dans de nombreux textes, y compris par Nigidus Figulus, au premier siècle de notre ère, dans sa traduction latine des *Commentaires d Aratus.*

chevelure avait à peine blanchi, mais cette fameuse crainte de la colère de Dieu l'avait étreint et oppressé d'un tel poids qu'il en était encore tout courbé. Cela se voyait dans ses gestes et se sentait dans le ton plus impersonnel qu'il employait. En effet, le vénérable Ousir-Kâ bien qu'étant le plus grand Initié, était, depuis onze ans, passé par des épreuves spirituellement novices et tellement maléfiques qu'il avait craint un anéantissement total de l'harmonie unifiée réalisée à peine un siècle auparavant.

Que s'était-il passé ? L'Ahâ Têta, qui habitait sa capitale d'Ath Kâ-Ptah, anciennement Mennefer, ou Memphis dans sa phonétisation grecque, située près du Caire actuel, avait évidemment attiré envie et jalousie de la part des prêtres d'Héliopolis qui, tout en promettant d'observer le monothéisme de Ptah, sacrifiaient à Râ. Ceux-ci, qui élevaient un descendant de Set, « Adorateur du Soleil », dans la haine de cet Aîné Têta, usurpateur selon eux du Sceptre, l'avaient fait admettre en tant que prince conseiller de la double couronne. Et ce qui devait arriver se produisit : Têta fût assassiné par des conspirateurs rebelles du Soleil. Mais l'usurpateur ne détint les rênes du pouvoir que seize mois : le fils de Têta, élevé dans l'enseignement de Ptah à Ta Nout-Râ Ptah, justement, avait échappé au massacre de son père et de ses proches. Il fallut plus d'un an au fils aîné : Atêta (l'Athothis II des Grecs) pour tuer au cours d'une bataille longue et sans merci, non seulement le traître à l'alliance signée par ses pères, mais également les prêtres félons d'An-Râ (Hélio- polis).

Ath-Kâ-Ptah, le Deuxième-Cœur de Dieu, venait de trembler sur ses bases encore bien fragiles. Il était temps, tout en conservant la crainte de Dieu, d'agir inexorablement contre ceux qui transgresseraient l'un quelconque de ses commandements. Car Ousir-Kâ ne voulait plus revivre pareil cauchemar, et cela ne se produirait plus !

Comme il allait donner sa fille cadette en épouse au Pêr-Ahâ, il lui serait plus facile d'orienter une politique plus sévère de son gendre envers toute autre religion impie. Hen-Nek, sa préférée, si jolie et si intelligente, l'y aiderait grandement après son établissement comme Reine-Divine. Et ce d'autant plus facilement qu'elle semblait posséder les remarquables dons de l'ancêtre dont elle portait le patronyme sacré : Nek-Bet (la Nephtys des Grecs).

Cette perspective le fit se ressaisir et il releva la tête vers les prêtres novices qui attendaient patiemment la reprise de son cours devant introduire les combinaisons mathématiques inscrites dans le Cercle d'Or. D'une voix forte, Ousir-kâ reprit :

- Le nouveau Pêr-Ahâ doit nous rendre prochainement visite. Comme les plus anciens d'entre vous s'en souviennent, Atêta était pour nous tous d'une gentillesse extrême. Nous étions liés d'une amitié conforme aux traditions, et il a dernièrement exprimé le désir de faire de Hen-Nek son épouse, ce que ma fille cadette bien-aimée a accepté avec un grand plaisir.

Un sourire de connivence fendit la bouche du Pontife, et les prêtres sourirent en chuchotant de ravissement à l'entente de cette nouvelle qui courait déjà parmi eux, mais qui trouvait ici sa confirmation officielle. Il y aurait de grandes festivités en perspective !

Ousir-Kâ reprit plus sérieusement :

- Il nous faut donc très rapidement désigner les professeurs de chaque degré d'initiation dans la compréhension du Cercle d'Or, afin que la Double Maison de Vie qui vient d'entrer en fonction y envoie ses élèves les plus doués sans problème. Il nous faut être prêts à faire visiter au Pêr-Ahâ l'ensemble des installations qu'il ne connaissait pas en tant qu'étudiant, mais qu'il devrait à présent voir dans le moindre détail en tant que Grand Maître de l'Univers, donc également du Cercle d'Or. Il nous faut normaliser le prologue probatoire à l'entrée dans les petites classes d'études des mouvements combinatoires. Et nous allons commencer par cette dernière question, les deux autres pouvant être résolues entre vous.

De ses longs doigts agiles, le Pontife déroula quelques feuillets de papyrus pour se remémorer les principaux sujets à traiter, et la façon de les mettre ultérieurement en valeur. Après quoi, sur une profonde inspiration, il commença :

— Au Commencement, l'Impalpable, l'Invisible, Ptah l'éternel a créé l'Univers. Il était alors le seul vivant en vérité. Il a tout créé, et seul il n'a pas été fait. Ptah existe de toute éternité par sa seule volonté, car seul il n'a pas été engendré. Créateur, il a fait le ciel et la terre tels que vous l'avez appris déjà. Il est le Maître Tout-Puissant des êtres et des non-êtres, de toutes les enveloppes charnelles et bien entendu de toutes les Parcelles Divines. Quant à l'homme, qui en est issu, il a été créé à l'image de Dieu pour vivre à la manière divine, selon ses Commandements et en harmonie avec sa Loi de la Création. Ceci n'est qu'un rapide rappel de l'enseignement que nous avons tous reçu, et qui remonte par-delà les transmissions successives effectuées par nos Aînés, au Fils lui-même de Ptah. Il n'y a aucun doute à cela, car c'est l'expression de la Vérité elle-même.

Avec un froncement presque imperceptible des sourcils grisonnants et touffus de son visage impénétrable, Ousir-Kâ prit en main une baguette de palmier qui était sur la table, près des papyrus, avant de poursuivre :

— Nos Horoscopes ont repris le décompte du Temps depuis onze révolutions solaires, tel qu'il se pratiquait il y a plus de cinquante siècles, vers le couchant actuel, dans notre bien-aimé Premier-Cœur, aujourd'hui disparu. Avec cet instrument de pointage à cran de mire, le décompte horaire qui s'enfuit se pratique aisément. Dès que nos clepsydres à sable seront au point, de véritables cœurs palpiteront pour calculer exactement les mouvements astraux. Cela ne durera plus longtemps à présent, mais en tout état de cause, la différence est si minime dans les opérations à effectuer pour dessiner les combinaisons géométriques de la mathématique divine, que cela n'a aucune importance pratique pour nous. Aussi, les considérations suivantes vont nous permettre de voir plus en détail le grand art de la prévision offerte par l'étude des mouvements des Fixes et des Errantes de notre ciel. Je n'ai jamais été autant persuadé de la validité des prédictions grâce aux astres que ces dernières années. Tous nos prophètes avaient une connaissance parfaite des mouvements combinatoires célestes, d'où les annonces aussi valables que celles prédisant les catastrophes à venir émises par nos Ancêtres. Et si notre vénéré Ahâ Têta, mort de si atroce façon, lâchement assassiné par des conspirateurs impies, avait bien voulu se faire protéger au moment opportun, tel que cela lui avait été conseillé, il serait certainement en vie aujourd'hui. Mais en tant que Fils de Ptah, il n'a pas jugé utile de contrecarrer les desseins du ciel, de peur de rompre une harmonie déjà si précaire par ailleurs, en s'opposant à cet arrêt des astres. Tout en lui sachant gré de cette haute pensée spirituelle, elle plonge dans de profondes réflexions.

L'An-Nu reposa la baguette de palmier qui semblait le gêner dans ses mouvements oratoires, puis il reprit :

- Premièrement, les Maîtres de la Mesure et du Nombre que vous êtes déjà, ou que vous serez bientôt, ne devront jamais se préoccuper dans leur manière d'avertir ou de prédire, des réactions populaires. Celles-ci auront toujours tendance à être faites de moquerie, d'envie et de jalousie, car les Combinaisons et leurs solutions seront en dehors de la compréhension moyenne du peuple. Et si la prédiction ou la prophétie se réalise, il y a de fortes chances pour que la rumeur publique des impies ne la transforme en une rencontre fortuite du hasard avec la réalité ! Ne vous écartez donc jamais de la science de votre art qui par ses causes naturelles dues à la mathématique divine seule, permettra d'assurer dans l'intégralité la pérennité de votre profession. La vanité de ceux qui tenteront vainement de vous imiter par esprit de lucre apparaîtra alors dans toute sa tristesse, et elle sera ainsi rapidement décelée, et condamnée. Pour qu'il n'y ait pas, un jour ou l'autre dans le futur, quelque injustice à ce propos, vous devez, dès aujourd'hui, conserver les grands secrets de cette Connaissance à l'abri des usurpateurs du pouvoir et des méchants qu'ont engendrés ces maudits adorateurs du soleil ! Du reste, vu la faiblesse simpliste de leur âme, ces humains auront tôt fait de se détruire eux-mêmes par leur manque de savoir sur la grandeur de cet art si compliqué. Car il vous faut bien comprendre qu'outre un calcul parfait et une habile conjecture des dessins géométriques en mouvement, absolument vitaux, cette science des attributs de Dieu demande une harmonisation totale de sa Parcelle Divine avec son Créateur. Nos commandements ont pris leurs racines dans l'essence même de la Création, et la doctrine rétablie avec le nouveau Cercle d'Or en est le découlement certain. Toutes les anciennes configurations des Fixes et des Errantes réalisées en Ahâ-Men-Ptah, il y a douze millénaires, trouveront leur reproduction exacte dans approximativement un même laps de temps[30]. Après un si long rapport de temps, l'esprit humain seul n'est pas suffisant pour interpréter les effets combinatoires entre eux. Et cependant, la Divine Mathématique les démontre amplement, car ils se rencontreront le jour voulu, conformes en tous points, partout où ils étaient attendus. Les exemples étant donc toujours identiques, il est impossible que vos prédictions soient entachées d'erreurs ou de quelque omission. La seule, mais ô combien périlleuse, difficulté résidera dans votre jugement interprétatif des phénomènes astraux combinatoires que vous détecterez. Aussi, il faudra vous astreindre à faire intervenir le moins possible votre conception d'un événement à venir pour laisser votre Parcelle s'imprégner de la seule cause effective du mouvement des corps célestes en cause. Où cela sera encore bien plus astreignant, c'est dans les jugements que vous serez appelés à effectuer sur certains thèmes de nativités humaines !

Avec un sourire franc, Ousir-Kâ se remémora certains aspects d'études qu'il avait faites à titre personnel, comme ceux de sa fille cadette et de l'actuel Pêr-Ahâ, et aperçut en un éclair le moment propice d'une union qui ne pouvait pas ne pas avoir lieu ! Il se redressa un peu plus avant de reprendre :

---

[30] La révolution précessionnelle terrestre est de 25 920 ans.

- Les tempéraments de chacun, influencés depuis leur prise de possession par les émissions des Douze sous la forme irradiée d'une Parcelle Divine, évoluent au fil du déroulement des révolutions solaires. Râ, en tant que bras réalisateur de la volonté suprême de Dieu, mérite toute votre attention. Je dis bien attention, et non vénération ou adoration. Toutes les combinaisons entre autres Fixes et Errantes, à chaque seconde, s'unissent au Soleil pour produire les qualités ordinaires et particulières de chaque être humain, et pour les faire évoluer à chaque instant selon des démarches qui leur seront propres. Car la diversité des rayonnements produits par l'ensemble des 3 240 Combinaisons primordiales montre bien la toute-puissance créatrice de Dieu pour la génération de chaque chose au temps où elle était prévue. Elle prédomine tellement, de par sa conception éternelle, qu'elle permet dans la même seconde et au même lieu d'engendrer autant d'enveloppes charnelles désirées par autant de Parcelles Divines préconçues différemment. De cette diversité seule, rendue possible par les Combinaisons Mathématiques des Douze de la Loi de la Création, provient la différence entre les millions d'âmes humaines bien que la semence émise par chaque homme soit pour l'essentiel identique. Le pouvoir le plus grand réside donc dans le seul élément valable bien qu'irréalisable à notre échelon terrestre : la disposition du ciel voulue ainsi par Dieu du fond de son éternité. Elle seule nous relie à l'Éternel Créateur, qui nous permet de voir la réalité des problèmes à venir, de les prédire, puis d'emprunter aux combinaisons qui les détectent les principes bénéfiques qui seront susceptibles de modifier et de supprimer leurs aspects maléfiques. Ainsi, les significations des mouvements célestes, même celles ne dépendant plus alors des configurations, mais des supputations personnelles qui en découlent, prendront toutes leurs valeurs. Et les choses allant dans le sens de l'histoire de notre bon peuple et de son avenir encore lointain rien ne vous fera tromper dans vos prédictions. Ainsi, notre Divine Science qu'est la Connaissance sera à jamais irréprochable. Votre grande sagesse vous conservera pour l'éternité en tant que meneur d'hommes !

Satisfait de cette envolée oratoire, le Pontife reprit sa respiration, tout en relevant les bas des manches de sa tunique. La chaleur s'emparait de toute l'atmosphère, et les conduits d'aération ne fournissaient plus les agréables courants d'air matinaux. Aussi Ousir-Kâ s'empressa-t-il de reprendre, le silence étant resté total au milieu d'une attention générale intense :

— Et si par mégarde, un jour ou l'autre, Ptah ne vous inspire plus de la même bienveillante façon dans votre art, ne vous sentez pas rejetés ou maudits par Lui pour une raison irrecevable ; les chefs des barges qui transportent nos énormes blocs de pierre et qui, à la suite de quelque manœuvre imprévisible, coulent au fond du Grand Fleuve, doivent-ils être rendus responsables pour cela ? Bien sûr que non, et de leurs efforts futurs renaîtront des valeurs mille fois plus grandes. L'esprit humain, l'âme humaine, la Parcelle Divine, qui sait inconsciemment son futur de par sa naissance, ne doit pas chercher à en connaître davantage pour le seul plaisir en savoir plus, mais pour vivre mieux avec ses proches avec ses voisins frères, pour en être enrichi. L'âme sera plus apte à une vie communautaire bénéfique. Et comme il est impossible de condamner les docteurs qui peuvent conserver intactes pour leur temps de vie terrestre certaines enveloppes charnelles plus périssables que d'autres, il ne sera pas tenu rigueur à ceux qui auront mérité de préserver une Parcelle Divine de certaines actions contraires aux desseins de Dieu et qui n'y seront pas parvenus. Ainsi s'achèvera mon préliminaire, peut-être un peu long, mais qu'il était nécessaire d'émettre pour pénétrer plus avant dans le vif des Combinaisons-Mathématiques-Divines de notre Cercle d'Or ainsi que les prédictions susceptibles d'être tirées des mouvements :t de la nature des astres, avançons au-delà des actes survenant dans l'univers pour ne nous préoccuper que les actions prédéfinies pour l'homme et qui en dérivent par leurs causes. Tout d'abord avec l'aide des principes qui sont naturels à l'homme, telles ses facultés de perception des ondes des Douze, c'est à-dire du rayonnement influençant les actions de l'âme charnelle sur la longueur ou la brièveté de la vie terrestre. Il est d'une grande utilité de cerner parfaitement la définition de ce point afin·d'en être le maître absolu.

Car la finalité de l'homme ne se rapporte pas à son bien-être terrestre, mais au mieux devenir de son esprit, puisque celui-ci vivra éternellement. Que peut-il en effet y avoir de plus réjouissant pour un être, que de se sentir assuré, s'il observe les règles instituées, d'un repos et d'une jouissance de l'éternité ? Ptah nous a enseigné avec justesse et justice le bien-fondé de ce Dogme doctrinal. Vous enseignerez ainsi mieux que quiconque ce qui appartient en propre à chaque Parcelle, et ce qu'il est convenable de lui attribuer en complémentarité pour sa constitution d'un tempérament personnel, apte à réaliser les influx bénéfiques préétablis à sa seule intention. Ce qui devra faire l'objet d'une attention continuelle de votre part, sera, par vos directives fructueuses, de mettre l'être humain sur un chemin pouvant le conduire à une augmentation de ses richesses terrestres ou d'un trop brutal accroissement de ses charges administratives pouvant l'entraîner à se prendre pour plus qu'il ne l'est défini dans les Combinaisons. Quant à tous les ennemis de notre Foi, ou tous les envieux de notre prospérité et de notre vie paisible, ou à tous les opposants en général qui crieront à tous les vents de la fausseté ou de l'inutilité de vos travaux, ce ne sera qu'en pure perte car il vous sera facile de prouver leur mauvaise foi en la matière. Ils n'y seront poussés que par une nécessité dogmatique : empêcher la prévision de leurs méfaits et de leurs entreprises superflues en vue d'abattre la suprématie de Dieu et de ses Créatures sur l'adoration des idoles et de leurs rebelles ! Il est bien vrai que ces impies préfèrent rester dans l'ignorance totale des influx célestes, et même de ceux de Râ leur principale idolâtrerie, afin de n'être au courant de leurs accidents que lorsque ceux-ci se produisent, de les subir alors sans être à même de les empêcher et de s'en affliger s'ils n'en sont pas les victimes principales. Ils préfèrent dire que c'est une fatalité hasardeuse qui en est la cause, et s'en remettre à ce qu'ils appellent la providence !

Levant les bras, Ousir-Kâ sembla prendre le ciel à témoin de la futilité d'une telle proposition aberrante, et avec un profond soupir il reprit d'une voix moins résignée :

- Notre prévoyance plurimillénaire de tous les événements à venir a accoutumé notre esprit à se gouverner strictement dans les limites précises voulues par Dieu, de sorte que, aujourd'hui, l'âme est affermie contre les événements mauvais prévisibles pour l'avenir, comme s'ils étaient proches de nous. Cela est rendu possible par vos justes prévisions qui préparent à accepter ou à faire évoluer les choses qui arrivent aux humains par des causes célestes, celles qui sont en fait des arrêts de Dieu, les décrets du destin, non pas immuables de par la Loi lui les a créés, mais transformables grâce à l'alliance conclue entre le Créateur et ses Créatures. Aucun obstacle, même le plus grand, ne pourra être opposé comme imposition d'une nécessité absolue au libre choix des Parcelles Divines de revenir en toute humilité dans la voie peut-être étroite mais nécessaire qu'il aura quitté un temps pour aller s'égarer sur une route trop aventureuse. Et s'il reste constant que les actions inférieures de l'homme changent par un désordre quelconque l'ordre préétabli, bien qu'elles prennent du ciel lui-même les premières causes de leurs changements, la liberté acquise dans la vie terrestre permet de rétablir une totale harmonie avant toutefois que le déséquilibre n'ait bouleversé toute tentative de rétablir l'ordre. De plus, du fait même de cette liberté terrestre, il se produit bien des phénomènes imprévus en raison de la constitution générale corporelle de l'homme avec toutes ses complications et toutes ses imbrications, et non à cause de ses seuls actes naturels. Mais là aussi, la fatale nécessité ne peut être mise en cause. Le tempérament de chaque être doit évoluer dans le bon sens, puisqu'à l'évidence il est reconnu dès la naissance par des données caractéristiques. Il en va de même pour tout ce qui fait l'objet d'attentions célestes du Tout-Puissant, dont les causes et les principes naturels reçoivent les influx des Douze : les minéraux, les végétaux, les animaux et tout ce qui vit en général. De toutes leurs maladies, toutes leurs incommodités, dont ils sont assujettis par une certaine nécessité, les remèdes de nos docteurs doivent les guérir. Tout est dans l'Un qu'est Ptah, ne l'oubliez jamais. La partie du tout qui concerne nos enveloppes charnelles est évidemment la Ceinture des Douze, c'est-à-dire la zone céleste centrale qui emprisonne notre Soleil, les sept Errantes et notre Terre avec douze ensembles stellaires pratiquement reliés les uns aux autres en une large ceinture, d'où ce nom imaginé par nos Ancêtres, et pleinement justifié. Afin de frapper nos esprits sur la vérité des influx divins, notre premier Aîné, béni soit-il, a dit que chacun des douze constellations possédait un cœur gigantesque, terrible, battant au rythme de l'univers, et donc de Ptah lui-même. Ce sont ces Douze dont Dieu se sert pour envoyer sur la Terre l'infinité des Parcelles qui peuplent, seconde après seconde, toutes les nouvelles enveloppes charnelles. Afin de faciliter l'étude des Combinaisons-Mathématiques-Divines, de les rendre compréhensibles et de pouvoir retenir facilement tous les termes de cette mécanique céleste en perpétuel mouvement, les premiers Maîtres de la Mesure et du Nombre, ceux qui avaient dans leurs seuls esprits toutes les données de l'Univers, l'écriture n'ayant pas encore été établie à leur époque, durent trouver des noms et des images facilement repérables. Ainsi, au premier jour de leur arrivée sur cette terre, au temps où ils la nommèrent Ta Mérit : le Lieu Promis, ils virent le signe de Dieu de cette promesse envers eux par le fait que le Grand Fleuve, la nuit, était illuminé par la blancheur laiteuse du Fleuve céleste qui le dominait, et qui apparaissait aussi long et aussi large. D'où ce nom de Hapy, contraction d'Ahâ et de Ptah, concrétisée par la phonétisation de la dernière lettre. Hapy était donc le patronyme de remerciement au Fils Aîné, Ousir, pour son double bienfait : le signe céleste et l'eau terrestre. Nos premiers Maîtres ayant décidé avec juste raison d'implanter ici le site du Cercle d'Or tout autant que le Temple de la Dame du Ciel, il était évident que le nom générique de ce fleuve céleste, qui avait accroché sur ses rives l'ensemble des Douze, devait être celui de la protectrice d'Ousir, celle qui l'avait enfanté : la Reine-Vierge Nout, bénie soit-elle. Et le Fils étant devenu le Taureau Céleste, sa mère devint la Vache Céleste, Maîtresse des Douze.

Une des innombrables représentations de la Vache Céleste, des Douze qui lui sont attachés et de la symbolique évidente qui en découle.

Ému par ce rappel d'un passé révolu qu'il comprenait certainement mieux que tout autre, Ousir-Kâ frappa à plusieurs reprises sur la pile des papyrus étalés devant lui, pour se donner contenance avant de poursuivre son exposé :

– Car au-dessus d'Ahâ-Men-Ptah, dont aucun des documents en ma possession ne rapporte même plus les contours, ce fleuve céleste nourrissait déjà les nuits de nos ancêtres ! Et les Errantes, qui servaient de miroir aux Douze, avaient les mêmes fonctions qu'aujourd'hui, mais sous leurs noms d'avant l'horrible cauchemar ! Nos Maîtres ont voulu symboliser par un second nom chacune d'elles, de façon à actualiser la dernière errance d'Horus à la recherche de son père, puis à sa vengeance contre Set. Ainsi, l'Errante la plus proche de Râ s'appelle aujourd'hui, comme vous le savez tous : Hor-Sep-Ptah. À cette lointaine période, ses combinaisons mathématiques mettaient Horus à l'abri de tous les méfaits de son oncle Set, et comme le jour de sa mort, elle entrait en conjonction avec Sep-Ptah, ce nom lui est resté[31]. Arrive ensuite dans l'ordre du grand cercle, l'Errante est : Hor-Hen-Nut, et elle caractérise l'amour de la grand-mère pour son petit-fils, amour qui a été jusqu'au plus grand sacrifice qui ait jamais été conté dans nos Annales[32]. Puis l'Errante rouge, que nous admirons toujours dans sa beauté écarlate : c'est Hor-Py-Tesch[33], ou Horus l'ensanglanté. Quel plus beau nom pour personnifier dans l'éternité ce fils à l'œil droit enfoncé et à l'œil gauche sanguinolent, l'épaule droite fracturée et le genou gauche cassé, qui retrouve tout de même son père et le sauve de l'anéantissement pour lui permettre de ressusciter ! Après notre globe naviguent encore deux Errantes : ce sont Hor-Cheta et Hor-Sar-Kher[34]. La première implique la Renaissance car sa position extrêmement bénéfique après le Grand Cataclysme a permis de faire évoluer favorablement la vie des Survivants descendants d'Ousir, alors que l'autre faisait toujours influer en sens inverse le résultat des combats entre les deux clans fratricides. Vous voyez couramment la carte du ciel gravée sur la plus haute pièce de la terrasse supérieure, avec vos élèves, et l'emplacement de ces Errantes sur la spirale par rapport à la figuration de Ptah, s'appuyant sur le couteau de Set l'assassin, est assez saisissante pour ne pas y revenir. Mais toute la marche des rescapés y est tellement bien décrite et expliquée qu'elle est un rappel incessant des déboires qu'eurent à subir les pionniers qu'étaient nos Ancêtres et Aînés. Et Nout qui recouvre de son corps entier cette figuration astrale en est la protectrice incontestée.

---

[31] C'est Mercure, car le nom de Thot le Scribe lui fut donné ensuite par les Grecs.

[32] C'est Vénus, qui est restée déesse de l'Amour.

[33] C'est Mars.

[34] Ce sont Jupiter et Saturne.

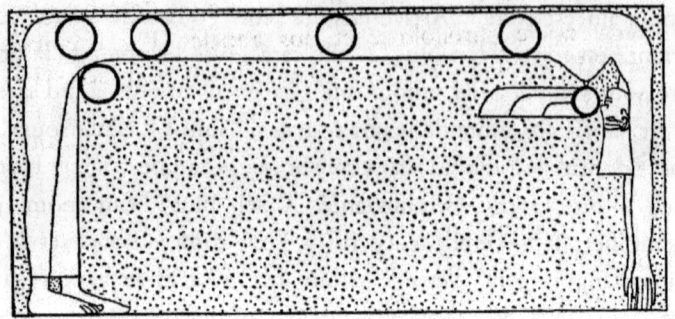

La Reine-Vierge Nout recouvre toujours l'azur englobant notre Terre. Elle donne naissance à la nouvelle multitude et l'allaite.

« Que la bénédiction de Nout se perpétue sur nous tous ! » songea Ousir-Kâ en reprenant quelque peu son souffle. Les temps proches, qu'il avait soigneusement étudiés depuis qu'il était certain de l'union du jeune Pêr-Ahâ avec sa fille cadette, ne lui laissaient plus de repos. Ses soucis ne pourraient aller qu'en augmentant, si ce qu'il avait calculé des Combinaisons astrales se révélait juste ! Et pourquoi ne le seraient-elles pas ? Mieux valait ne pas s'appesantir encore sur ces données puisque les deux jeunes gens n'étaient pas encore mariés ! Aussi le Pontife reprit-il vivement :

- Que de légendes et de contes invraisemblables n'inventera-t-on pas dans les générations lointaines qui nous succéderont ! Si l'on voit ce qu'est déjà devenu notre Histoire ancestrale après six millénaires passés auprès du peuple, il est difficile d'imaginer ce qui restera de notre patrimoine originel et même plus simplement de la théologie introduite par le Fils lui-même, dans six mille autres années. C'est pourquoi tout doit être tenté, autant dans la narration des vies de nos Aînés de l'Amenta, que dans l'éducation des Cadets afin que se retransmettent intégralement notre chronologie et nos annales. Par exemple avec l'Œil, celui dont les six parties hiéroglyphiques symbolisent les périodes de la Création. C'était notre représentation fondamentale en Ahâ-Men-Ptah, car sa forme elle-même permettait de comprendre qu'il s'agissait là de la Création[35], celle effectuée par l'œil unique de l'Éternel, le seul « Grand Voyant » capable de créer un tel grand-œuvre. Puis sur la fin du Cœur-Aîné, Ousir s'est greffé symboliquement par sa résurrection sur cette représentation, en devenant par ce dessin « l'Œil capable de regarder son Père en face ». Et enfin, plus près de nous, Horus, ayant accompli des miracles avec un seul œil valide, a été considéré comme le premier Racheté par Dieu qui lui avait fait ainsi accomplir des miracles. Et de ce fait J'Œil, qui était primitivement uniquement destiné à prôner les divers stades créateurs, est devenu le propre du « Gardien des Endormis ». Ceci n'est hélas qu'un des multiples exemples où notre tradition vieille du début de la création du monde nous place aujourd'hui. Nous devons tout faire pour rétablir l'entière vérité et pour qu'elle ne se détériore plus avec le temps. Pour conclure ce long préliminaire, il faut promettre un bonheur éternel et une satisfaction complète en ce monde à ceux qui suivront totalement les préceptes que vous leur inculquerez. Pour vous-même et vos élèves, ne doutez jamais que la sagesse et la science doivent marcher de pair afin de conjurer les funestes effets de la doctrine des adorateurs du soleil ! Vous devez agir comme le père envers ses fils, et avec toute l'autorité dont il est imparti. Que vos élèves deviennent des hommes dans tous les sens de ce mot créé à l'image de Dieu, c'est-à-dire qui doit rester docile et prudent à tout ce qui peut se faire contre sa future pénétration dans le royaume éternel. Que cette crainte vive en lui, en compagnie de chacun des battements de son cœur. Car cette notion de cœur, dont le double est l'âme, doit lui rappeler la fin du Cœur-Aîné, sa mère-patrie, parce que celle-ci n'était plus qu'une proie livrée aux impies et non plus aux Créateurs de Dieu ! La crainte de Dieu ! Elle devra vivre en nous, aussi longtemps que nous ! J'en ai terminé ! Rendons-nous dans la salle des prières avant de nous séparer, afin de remercier notre Créateur de son extrême bonté à notre égard !

---

[35] La description complète de cette Création est effectuée dans *Le Grand cataclysme*, même auteur, aux Ed. Omnia Veritas.

CHAPITRE VII

L'ÉQUILIBRE DE LA TERRE
(Constellation de la Balance)

> « *Le registre des cœurs, une exacte balance, Paraîtra au côté d'un juge rigoureux.*
> *Les tombeaux s'ouvriront, et leur triste silence, Aura bientôt fait place aux cris des malheureux.* »
>
> J. DE LA FONTAINE
(Paraphrase du « Dies Irae ».)

> « *Vient alors une immensité de joie, extase où elle s'absorbe au ravissement qu'elle subit : Dieu est là, et elle est en lui. Plus de mystère : les problèmes s'évanouissent. C'est une illumination !* »
>
> H. BERGSON
(Les deux sources de la morale et de la religion.)

Pour bien comprendre le système métrique primitif réglant les mouvements célestes des Combinaisons-Mathématiques-Divines, il faut abandonner notre positivisme sordide et débilitant, pour renouer les contacts perdus avec l'antique civilisation ! Nous nous acharnons actuellement à vouloir réglementer, selon un concept uniquement humain, ce qui a été préconçu et engendré selon une autre Loi. Car les mouvements de notre ciel sont tellement antérieurs à la naissance de notre race, dite des hommes, qu'il aurait fallu un super-Être vivant plusieurs milliards d'années avant même la naissance du premier humanoïde, pour imposer cette mécanique céleste dont chacun des millions de rouages et d'engrenages est un chef-d'œuvre de composition ! Il aurait aussi fallu, et ce en toute logique, que cette présence se perpétue sans discontinuer dans le temps jusqu'à ce jour, de façon omnipotente, afin de maintenir sans cesse en état la précision des mouvements combinatoires des astres.

L'arithmétique était double, en ce sens que pour expliquer la Mathématique Divine, une série de nombres sacrés était utilisée, et elle seule ; alors que dans les calculs à usage courant, une autre série servait communément. Un exemple simple peut bien illustrer cette complexité qui n'est qu'apparente, pour cette géométrie dans l'espace. Chez les antiques Égyptiens, le système de calcul n'était pas décimal comme de nos jours, mais duodécimal, c'est-à-dire de base 12. Les nombres 10 et 16 étaient, eux, réservés à la Mathématique Divine. Ils étaient donc également réservés aux énonciations de la Langue Sacrée, appelée hiéroglyphique en langue grecque.

La justification de cette séparation en deux catégories distinctes était expliquée de la manière suivante : « Dieu a créé la terre sur Terre selon sa méthode de Créateur, en solides réguliers de 4, 6, 8, 12, et 20 faces, les seules constructions autorisées par Dieu à l'Homme son reflet, gardant pour lui seul des composants de base tels que 7, 9, 10 et 16. »

Ainsi l'on a pu retrouver toutes les données des principales élévations des anciens pharaons. Le tétraèdre à quatre faces, par exemple, celui appelé sans que l'on sache pourquoi : « Pyramide », porte en langage sacré le nom bien plus évocateur de : « Sept-Ben-Mer-Shoum » ou « L'Aimé-vers-qui-descend-la-Lumière ». Le double sens anaglyphique est ici patent, puisque dans les papyrus mathématiques, Sept signifie une demi-diagonale ; Ben, la perpendiculaire élevée en H ; Shou est l'arête de l'angle fournissant le cosinus. Quant à Mer, qui signifie « Aimé », veut dire ici : ensemble idéal et parfait.

Le but poursuivi dans ce livre n'étant pas l'étude des Nombres, mais d'expliquer l'enseignement astronomique diffusé parcimonieusement aux non-initiés par l'école du ciel, dite « Double-Maison-de-Vie » de Dendérah, dont le Cercle d'Or des Combinaisons-Mathématiques-Divines est le principal élément.

Les scientifiques athées n'osent point aborder une contradiction plutôt épineuse pour eux, car il leur faudrait faire entrer en ligne de compte trop de hasards, trop de « coïncidences » troublantes, pour justifier un point de vue aléatoire par la seule grâce de dame nature ! Ceci ne serait même plus du positivisme plus ou moins concret, mais une aberration abstraite, dénuée du moindre fondement. Ce simple axiome gravé sur un des murs actuels du temple de la Dame du ciel, situé au couchant, et teinté de rose chaque soir, en est la juste contre-indication : « *Les Combinaisons-Mathématiques-Divines sont les nécessités qui animent la Loi de la Création du Tout-Puissant.* »

L'évolution terrestre en perpétuel mouvement engendre la naissance et permet la mort de toutes les choses vivantes au sein de notre espace, en tous les temps. Elle renouvelle éternellement les bases qui préfigurent la vie sur la Terre des hommes de bonne volonté que la foi prédispose à l'obéissance et au Bien. Les nombres qui leur sont attachés, ainsi qu'à toutes choses, animent sans aucun doute possible les mouvements de l'Univers selon les nécessités voulues de Dieu.

Il est, certes, plus facile de sourire en guise de moquerie à cet énoncé, plutôt que de prendre son temps pour réfléchir un peu plus longuement sur la portée réelle des textes qui nous sont transmis au prix de mille difficultés depuis le fond des âges ! Mais il est vrai que cet état d'esprit n'a rien de nouveau puisqu'il en va de même à chaque époque troublée. La vérité se déforme et se cache sous divers masques humains, où la crainte trouve sa nourriture sous de multiples formes ! Ce que savaient déjà bien, pour l'avoir vécu, les Grands-Prêtres des premiers temps du Cercle d'Or, mais qui ne les empêcha point de persévérer ! Il leur fallait absolument justifier de façon claire l'équilibre de la Terre, très précaire parce que déjà rompu une fois, bouleversant l'harmonie au plus profond des cieux et des astres. Ce que les impies avaient encouru, les aveugles pouvaient le reproduire ! Or, cette abomination serait le signe final d'une humanité déjà décimée.

L'Aîné de Geb n'avait-il pas dit, au cours d'une assemblée avant l'engloutissement d'Ahâ-Men-Ptah[36] : « Le fils chérit moins ses parents, l'épouse son mari, l'amour général commun après le sien propre ; la concorde s'affaiblit de plus en plus ! » Et les mêmes faits avaient tendance à se reproduire dans les mêmes conditions au fil de l'avancement de la civilisation au sein du Deuxième-Cœur. L'équilibre de la Terre menaçait à nouveau de se rompre !

Après l'assassinat de l'Ahâ Téta, de la prise du pouvoir par l'usurpateur, de sa mort de la main du Fils Aîné de Téta, de son mariage avec la belle et douce Hen-Nek, de la mort d'Atêta à la suite d'une courte maladie inconnue ; de la prise et de la conservation du pouvoir royal par son épouse qui se révéla soudain une femme forte et consciente de ses devoirs et de sa responsabilité, Hen-Nek, aidée par son père Ousir-Kâ devenu un vénérable patriarche, tint le sceptre quarante-quatre années. Alors que Mêna, le premier roi, avait régné soixante-deux ans, il y avait eu trois autres Pêr-Ahâ et une reine dans le même temps. L'équilibre, qui était prêt de se rompre, se raffermit quelque peu durant l'autorité d'Hen-Nek.

Dans le même temps, la Double Maison de Vie de Dendérah affermissait son enseignement, alliant la technique antique du Cœur-Aîné, à la seconde compréhension établie dans le Deuxième-Cœur. Cette partie essentielle était professée par le nouveau Pontife qui avait été élu par le Collège des Grands-Prêtres, en remplacement d'Ousir-Kâ qui se consacrait uniquement à la direction du royaume comme conseiller de sa fille, la Reine Hen-Ket.

---

[36] Extrait du *Grand Cataclysme,* même auteur, même éditeur.

C'est pourquoi nous pouvons suivre pratiquement, parole après parole, toutes les phrases de cette partie vitale de la Connaissance qui a rapport avec l'équilibre de la Terre, et qui entra dans la signification des Combinaisons au sein des Douze, par la suite sous le nom de : Constellation de la Balance.

L'An-Nu Kâ-Nou-Py, qui fut le grand prophète avant d'accéder au titre de Pontife, connaissait parfaitement tous les méandres de la compréhension des textes sacrés. Et si quelques-uns portaient à contestation, ce n'était pas le cas de cet amas de « Fixes » qui, par ses influx, jouait les régulateurs de l'équilibre terrestre.

Ce matin-là, après les actions de grâce en remerciement du lever du globe solaire, l'équipe des professeurs s'était réunie dans la petite salle privée attenante au Saint des Saints. Le lieu était propice, et plus silencieux que les autres, pour assimiler les propos de Kâ-Nou-Py.

- Nous connaissons tous les faits qui ont précédé les derniers jours d'Ahâ-Men-Ptah. Ils ont été amplement illustrés dans tous les textes sans qu'il soit besoin d'y revenir. Mais mes prédécesseurs prophètes de cette lointaine époque ont été ridiculisés et bafoués par tous, lorsqu'ils tentèrent d'attirer l'attention sur ce qui se produirait à une date bien précise. Les événements étaient si catastrophiques qu'ils en apparurent grotesques et risibles ! Pourtant ils eurent lieu malgré la violence et l'abomination qu'ils engendrèrent. Peu en réchappèrent en vérité, car peu croyaient encore en Dieu et en ses possibilités de destruction ! Qu'en était-il donc, précisément ? C'est ce dont nous allons nous préoccuper à présent si vous le voulez bien.

Étendant une toile de lin sur tout le travers de la table devant lui, Kâ-Nou-Py trempa ses larges plumes de roseau dans les deux pots ouverts à cet effet par ses aides. Après quoi, il reprit :

- Cette toile, que vous aurez tout le loisir de venir contempler tout à l'heure, indique tous les points d'une même observation depuis un temps qui vous paraîtra peut-être exagéré, mais qui est strictement exact : ce cycle est de 57 221 révolutions solaires, soit de 39 années de Sep'Ptah et 242 solaires. Ce n'est évidemment pas un résultat obtenu par des calculs personnels. Ceci est un recueil de toutes les observations effectuées en Ahâ-Men-Ptah, puis rapportées jusqu'ici, et vérifiées avant d'être soigneusement recopiées par un Scribe spécialement éduqué pour cette seule tâche. Plusieurs lignes transversales fournissent les calculs du recul général de l'espace durant notre année populaire, soit six heures et cinq cents cinquante et une secondes pour cette période dont le cycle s'opère en 1 423 révolutions, soit du haut jusqu'en bas de cette toile. Veuillez noter chacun ces chiffres qui vous seront très utiles pour certaines vérifications.

Un bruissement d'étoffes indiqua que tous les prêtres se secouaient pour prendre leurs plumes et écrire sur les papyrus déroulés devant eux ce qui leur était demandé. Après cette courte pause, le Pontife reprit :

— Une deuxième série de lignes transversales, rouges cette fois, dont deux seulement sont complètes, puisque le recul général dans l'espace calculé pour une année exacte, d'après les conjonctions de Râ-Sep'Ptah, donne un retour au même point, en 25 855 révolutions solaires[37]. D'où une différence annuelle de mille deux cent vingt secondes par an. Enfin, le troisième recul se produit en cinq cent cinquante et une secondes par an, et il ne pourrait avoir qu'une seule ligne puisque son retour n'a lieu qu'une fois tous les 57 221 ans, ce qui fournit la clé des observations authentiques de nos ancêtres astronomes. Le dessin reproduit sur ce tissu est donc la construction linéaire des pulsations trinitaires de notre Cœur céleste, celles-là mêmes qui nous permettent de résoudre tous les problèmes qui se présentent ordinairement lors de l'établissement de nos prévisions combinatoires. Quelques calculs, restreints aux règles les plus simples de l'arithmétique et basés sur les longueurs différentes des cycles,

---

[37] En chiffres ronds normaux, la grande année est de : 360 × 72 = 25 920.

conduisent à une certitude comparable à celle avec laquelle leur durée est déterminée. Dans tous les cas qui vous seront soumis, une copie de ce document très précieux aura l'immense et incontestable avantage de vous servir de champ exploratoire pour toutes les navigations célestes encore incertaines du fait de leur changement de cap, et vous éviter ainsi de vous écarter des propositions combinatoires qui vous ont été apprises pour toutes les naissances à étudier. Ainsi, grâce aux repères du haut et du côté, vous aurez sans aucune difficulté, immédiatement, sur chaque ligne de recul des années différentes, les correspondances avec les degrés de la carte du ciel de l'année étudiée depuis plus de deux cents siècles et pour encore trente millénaires ! D'où vous pourrez déduire en toute certitude les divers emplacements attribués à une naissance donnée dans ses rapports avec le grand cercle et les Douze qui en font le tour, et ce, pour tous les temps connus passés ou à venir !

Satisfait de cette tirade qui déclencha de nombreux murmures de surprise étonnée, le Pontife reprit sans plus attendre:

- La rencontre des lignes de recul détermine, de plus, la longueur des cycles périodiques les plus divers. Par exemple, que le recul précessionnel rencontre celui de l'année de Sep'Ptah tous les 47 172 ans. Et de même il est aisé de se rendre compte pour une époque quelconque, du nombre de jours écoulés entre celui d'un solstice et d'un jour déterminé dans n'importe quel cycle annuel. Il suffira de compter le nombre de traits, significatifs des degrés sur la ligne de la hauteur, pour obtenir le résultat entre les deux traces de recul. Ainsi, tout est dans la Loi de la Création Divine, dont la mathématique universelle à son échelle cosmique a nécessité, pour s'en assurer une fidèle reproduction dans le premier Cercle d'Or d'Ath-Mer, une observation de chaque instant durant des millénaires et des millénaires avant l'engloutissement prévu de notre première mère patrie. L'équilibre de la Terre avait été rompu, il fallait payer ! C'est ce nœud vital d'un point de non-retour qu'il ne faut plus, sous aucun prétexte, franchir, sous peine de perdre l'équilibre. Chaque Pontife qui m'a précédé depuis qu'il y a eu des Survivants a fait de cette préoccupation l'objet principal de ses méditations. Afin de rappeler éternellement à tous les Cadets la volonté divine de voir ses créatures vivre en harmonie avec le Ciel, les Maîtres de la Mesure et du Nombre donnèrent à la constellation précédant celle du Lion, le nom de Nout, la bonne Reine-Vierge, protectrice du nouveau Ciel, pour rester dans la même volonté de relier les influx passés et à venir en une même entité, ils conservèrent, pour la constellation d'avant, le symbole de l'ancien ciel (▬▬) sur lequel ils posèrent en équilibre la Terre, laissant ainsi à Dieu seul le soin d'assurer, dans sa bienveillance, une justice équitable. Et si Nout a sauvé une fois les êtres humains grâce à la naissance du Fils Divin Ousir, il risque fort de ne plus en être ainsi une seconde fois. Le monde en équilibre précaire et instable sur l'ancien ciel doit prendre ses responsabilités devant Dieu. Il a bien signé une nouvelle alliance, mais déjà les années écoulées ont démontré la fragilité d'une telle promesse. Les rebelles ont relevé la tête pour mettre à nouveau une idole en tête de leurs actes impies ! Nous avons décidé désormais, afin d'éviter un pareil renouvellement, d'instituer une Cour Suprême. Elle statuera lors de chaque entrée solaire dans cette constellation, en une séance unique qui durera le temps du passage complet, c'est-à-dire trente jours. Tous les griefs seront alors soumis à cette juridiction, qui comprendra onze juges du Nord, et onze juges du Sud, avec comme lieu de réunion, une fois An du Nord[38] et la fois suivante An du Sud[39]. Tous les problèmes seront alors résolus dans la plus stricte justice, et pour le plus grand bien des deux clans de notre unique peuple enfin uni sous une seule dénomination, un seul sceptre, et une seule théologie : celle qui nous vient de Ptah, notre Créateur à tous. Car si Osiris a été enfanté par Nout, la Reine-Vierge au nom béni à jamais, Dieu a permis à Set de naître, conçu par Geb. De cet antagonisme qui assura le nouvel équilibre de la Terre, nos Maîtres de la Mesure et du Nombre conservèrent pour nos écrits saints, le

---

[38] Héliopolis.
[39] À cette époque, c'était Dendérah. Puis à la XIe dynastie, Thèbes usurpa cette dénomination de première ville du Sud à son profit.

symbolisme de Nout pour représenter le Ciel, et celui de Geb pour personnifier la Terre. Réunis en un caractère d'équilibre et de justice, ce sont eux qui, par-delà les deux plateaux de la balance, pèseront les actes de chacun de nous. Geb représente le corps terrestre, sans son âme, sans son identité de créature divine. Nout, par contre, dans sa représentation de la voûte céleste, contient toutes les dimensions de l'Espace et du Temps qui sont les influx fournis par les Douze pour nous doter d'une Parcelle de la Divinité. C'est pourquoi, avec le rétablissement de toutes nos institutions, de toutes nos lois, de l'Écriture Sacrée, est née pour la deuxième fois la Loi de la Création de l'Univers décidé par l'Éternel. Et Dieu ressuscita une seconde fois ici, pour assurer la renaissance de son Deuxième-Cœur : Ath-Kâ-Ptah.

Après cette série de phrases sorties de sa bouche sans aucun effort apparent, le Pontife Kâ-Nou-Py s'arrêta quelques instants afin de reprendre son souffle et de préparer dans son esprit les tournures des paroles qu'il allait prononcer. Car si les prophéties frappaient les âmes simples mais pures, il n'en allait pas de même avec les esprits forts qui l'observaient, toujours prompts à mettre en doute et à contester malgré une servilité apparente de bon ton. Cependant, comme l'attention était toujours aussi soutenue, il préféra ne pas approfondir la question angoissante qui lui venait au plus profond de son âme :

« Combien de prêtres étaient réellement des Serviteurs de Dieu ? »
Ce fut pourquoi il reprit d'un ton plus incisif :

- Dieu a ressuscité dans ce lieu sacré du Cercle d'Or pour la seconde fois, et il ne faut plus qu'il meure, sous peine de voir s'achever là, définitivement, sa grande œuvre créatrice ! Pour éviter une pareille catastrophe qui empêcherait nos Parcelles Divines de renaître dans des enveloppes charnelles aux temps prescrits, nous devons tous, nous les Grands-Prêtres, servir notre Créateur de toutes nos forces, par tous les moyens qu'il met à notre disposition. Et le premier d'entre eux est sa Loi, une et indivisible dans sa complexité, mais compréhensible et utilisable grâce aux Commandements précisés par Ousir juste après le Grand Cataclysme. C'est sur ce principe initial que j'insisterai plus particulièrement aujourd'hui, car la Justice de Dieu, avec son équité totale, ne sera perceptible aux âmes douées que sont les vôtres, que si vous vous imprégnez d'une donnée essentielle : la Vérité de Dieu. Car c'est une méconnaissance profonde et attristante, que de douter du pouvoir de l'Éternel sur notre propre vie ! Ce serait un odieux renversement des règles qu'il a instituées ainsi que de l'Alliance acceptée par nos Ancêtres repentis vis-à-vis d'une harmonisation entre le Ciel et la Terre, donc entre le Créateur et ses Créatures. Ceci est la Vérité, et il serait inique de tenter de contester le merveilleux des événements qui revivent dans nos Livres Saints, par des versions tendant à les transformer en mythes et légendes abominables. C'est un mode subversif très dangereux pour notre avenir à tous, où malheureusement le bon sens perd ses droits. Car l'histoire de nos Aînés est si éloignée de notre présent, qu'elle s'estompe dans la nuit des siècles et des millénaires. Il convient donc de mettre un arrêt aux contes, afin qu'ils ne deviennent pas une mythologie. La Vérité doit être respectée, même si elle ne dépend que de textes recopiés après l'engloutissement de notre Cœur-Aîné. Afin d'éviter d'y découvrir un jour des failles qui n'y existent pas, il faut conserver intacte cette Tradition originelle. L'Univers sous sa forme actuelle, telle que nous la découvrons dans ses 3 240 aspects célestes, est encore ce qui existe de mieux pour nous assurer une vie juste et saine. Et la Loi qui l'a créé est indispensable à son maintien, tout autant que l'Homme est nécessaire à ce tout. Et si le Mal est la nécessité humaine avant d'accéder au Bien, le Grand Cataclysme nous a lavés du Mal. À nous de tout faire pour accéder au Bien. Or, il est clair que nous ne parviendrons à cette fin que si vous tous enseignez la vérité historique et non pas une fiction mythologique ! La foi en notre Dieu unique, éternel, tout-puissant gouverneur de l'univers, est le fondement de notre théologie monothéiste. Ne cherchez pas dans nos textes la vision d'une chronologie bizarre là où elle n'existe point ! Ne vous laissez pas tenter par les histoires ridicules du paganisme solaire. Seuls nos manuscrits sont authentiques. Certes, vous trouvez à chaque page ce que l'on peut qualifier de miracles. Mais les miracles ne sont nullement des mythes ! La narration exemplaire de la vie de Geb et de Nout, ainsi que les naissances d'Osiris, de Set, d'Isis et de Nek-Beth, sont autant de merveilles qui s'expliquent très bien si l'on admet la toute-puissance de Dieu. Les rapports que l'Éternel entretenait avec son peuple en Ahâ-Men-Ptah, étaient d'un rare privilège. Ils se justifiaient par l'amour du Créateur pour ses créatures reliées à lui par les Parcelles Divines. Le Mal, ayant triomphé dans la nécessité qu'il institua malgré lui, permit ensuite la régénération de l'humanité avec la rédemption du genre humain avec Osiris. Tous nos Maîtres antiques, les conservateurs de la Parole, ceux qui nous l'ont transmis, n'ont pas connu nos hésitations, nos tergiversations, nos contestations, car ils avaient vécu ce qu'ils racontaient. Ils énonçaient des faits réels sans chercher à convaincre qui que ce soit de leurs réalités ! Vouloir rechercher et trouver des mythes dans nos Livres Sacrés est une entreprise aussi peu fondée que le serait celle effectuée par l'un d'entre vous pour tenter de prouver que Râ est le seul aliment à notre intelligence ! Et si nos Aînés ont perdu l'Éden qui était le leur en Ahâ-Men-Ptah, il ne faut y voir qu'un triomphe momentané du Mal, afin de le mieux combattre ensuite. Il tente hélas de renaître sous ses multiples formes hypocrites, et nous devons le combattre de toutes les façons. Il est incontestable que l'existence du mal moral est une des plaies de la terre ! Tous nos Maîtres ont essayé d'expliquer ce douloureux phénomène et de le concilier avec le Bien, but que nous nous assignons. Si tout est Dieu, tout devrait être bon, c'est un fait, et c'est ce que je prêcherai toujours et toujours. Mais une des créa tures humaines a été sollicitée par le Mal : Set ! La jalousie et l'envie l'ont emporté chez lui sur la nécessité de la Loi Divine. L'Homme était créé pour vivre heureux, innocent et libre en Ahâ-Men-Ptah. Set a abusé gravement de cette liberté en attentant à la vie d'Osiris et de son fils Horus. En punition de ce péché, il a tout perdu, mais avec la possibilité de se racheter en une deuxième et ultime chance. Il faut garder sans cesse à l'esprit que nous sommes créés à l'image du Créateur, par lui-même, telle la cruche qui conservera l'eau l'a été des mains du potier. Ptah est le divin modeleur. En développant, en affinant et en embellissant, en modernisant ses facultés à se déplacer, à penser, à imaginer, il a placé l'humain sur le bon chemin. Mais il peut de même détruire en un instant, par le seul résultat d'une colère, ce qui se prend un jour pour une sublime majesté ! C'est ainsi qu'il faut tendre vers le Bien, et uniquement vers lui, en remettant en usage les Commandements antiques. Car la substance du récit qui nous a été retransmis est véridique, nous ne le dirons jamais assez. Notre humanité tout entière en conserve encore le souvenir vivant. Nos annales rapportent avec assez de détails le souvenir de notre paradis d'Ahâ-Men-Ptah. De cet âge d'or, nos Aînés nous ont laissé le souvenir d'une nature intègre, du temps fortuné où l'esprit de Dieu soufflait avec force sur toutes les choses et tous les êtres vivants. L'humain n'avait donc aucun savoir du Mal. C'est sans doute pour cette raison que le plan divin, destiné à renouer l'Harmonie bien ébranlée, a consisté à faire renaître un ordre nouveau dans le ciel par une navigation opposée à la précédente, permettant ainsi aux Survivants, nos Bienheureux Aînés, de surnager des ruines brûlantes afin de surmonter les abîmes sans fond de la mort infernale. L'aide apportée par celle qui est devenue la Dame du Ciel, Nout, afin de parfaire et de consolider la rédemption, ne fait pas plus injure à la résurrection de son fils Ousir, que la mort de son autre fils, Set, ne fait injure à sa divinité. Tout au contraire, en glorifiant sa sagesse, elle a attisé la miséricorde de Ptah. Les deux frères de la même mère n'ont agi qu'en tant qu'instruments de la puissance éternelle du Créateur sur la Terre. Si ce signe était renié malgré son évidence, avant le Grand Cataclysme, il est pour nous d'une telle clarté qu'il faudrait être aveugle pour ne pas admettre la véracité. La Vérité et la Justice : ces deux pôles de l'harmonie terrestre doivent guider vos études des Combinaisons-Mathématiques-Divines. C'est pourquoi nous ne tarderons pas à reprendre le symbolisme de la Balance pour image de cette constellation. Il en sera bien plus frappant pour les esprits. En effet, à l'instant où les antagonismes des deux clans en présence, Ousir et Set, seront pesés durant le mois consacré à rendre la Justice, ils découvriront le juste milieu de leurs différends au centre du fléau ! Il n'y aura plus opposition, mais union, dans le meilleur des mondes qui restera le nôtre éternellement. Car n'oublions pas non plus que notre terre est un globe. Non seulement le symbolisme du cercle en équilibre sur le ciel le montre, mais nous le tenons formellement de nos Ancêtres qui nous la décrive longue- ment dans les Textes Sacrés. La Terre est une très grosse boule en suspension dans le ciel, au même titre que le Soleil et la Lune lorsque nous l'apercevons dans son ensemble. C'est pourquoi notre globe, et non le Soleil, marquera le début de nos mouvements combinatoires, car la représentation de la Terre se fera, arithmétiquement et géométriquement, par le signe O. En effet, lorsque Dieu créa la Terre, celle-ci était vide de tout élément. Elle sortait du néant, mais il n'y avait encore rien sur elle. Elle existait donc, mais *elle était vide* ! Aussi, le cercle vide figurera ce qui fut nous tous au départ, c'est-à-dire rien. La Langue Sacrée forme un tout qui nous vient d'un seul : Ptah l'Unique. Ousir nous l'a retransmis grâce à son fils béni : Hor. Pour mieux méditer chacun de ces enseignements, il convient d'y penser très profondément tout en le lisant, car lorsque nous en parlons, lorsque je vous en cite un au hasard de mes phrases, chaque mot peut être interprété différemment par celui qui en écoute simplement les sons. Ce n'est que ma bouche qui émet les paroles saintes que vous entendez. Ce n'est pas mon âme qui vous en insuffle la portée, mais mon cœur qui vous en fait ressentir l'efficacité et la générosité. Il y a là aussi deux conceptions de la Parole et du Verbe. Si je vous affirme que je vous vois en face de moi, c'est la réalité visuelle puisque vous êtes bien là ; mais si je vous assure de plus que je vois ce que pensent présentement vos esprits, vous vous mettrez à rire aussitôt ! Car même si je lis certaines de vos idées dans les lumières visibles de vos yeux, j'idéalise ou je déforme à ma convenance, selon mon tempérament du moment, le contenu impalpable de vos Parcelles Divines. La parole peut donc être double, alors que la Loi est unique dans sa transcription sacrée. C'est là l'ensemble qui forme la Connaissance. C'est pour cela que seule une élite particulière peut y avoir accès, après avoir passé bien des initiations toutes aussi délicates ! Vous êtes des privilégiés en ce sens que vous êtes des Sages dans toute l'acception du terme. Et malheureusement, ce nombre n'augmentera guère au fil des ans. La Connaissance est semblable à une boisson très forte absorbée trop rapidement ! Elle enivre et brouille l'entendement. Alors, l'adepte se croit l'égal d'un faux dieu, et il devient capable des pires extrémités. L'intelligence est ainsi faite que peu de créatures résisteraient au vertige procuré par ce Savoir immense. C'est pourquoi nos grands Sages des antiques temps de la Triade Divine, puis de leurs Suivants Serviteurs, ont délibérément opté cette forme pour nous transmettre la Loi : sous la forme de symboles, de Nombres et de paraboles, afin que le commun des mortels ne puisse y avoir accès. Même pour nous qui sommes ici en communion perpétuelle avec Dieu et ses commandements, que de difficultés ne rencontrons-nous pas dans notre recherche de la Vérité ! Mais ce n'est pas à nous de contester et de nous insurger : nous devons y puiser des forces complémentaires afin de parvenir à l'aboutissement de notre tâche terrestre. Demandons à notre bonne Dame Nout de nous y aider. Elle est la patronne de cette constellation de la Balance.

Assez content de sa dissertation de ce jour, le Pontife rassembla ses pinceaux pour laisser le tissu étalé sur la table bien visible à tous les yeux. Ses aides s'empressèrent de le débarrasser des plumes diverses. Après quoi il reprit :

- Il ne me reste plus qu'à conclure, avant de vous permettre de venir me rejoindre pour étudier ces calculs astronomiques, par une prière toute simple et digne de ce nom, qui sera dédiée à Nout. Nous la méditerons silencieusement. Celle-là seule montera en union harmonique avec la pensée du Créateur. Elle seule serait capable de plaider la cause de nos frères impies et aveuglés. La prière de quelques justes peut entraîner, parfois, un rétablissement lors d'un déséquilibre. Prions !

Portique d'entrée du temple à Dendérah.

Salle hypostyle du temple d'Isis

Détails et étude d'un pilier à tête d'Isis de la salle hypostyle.

Chapitre VIII

LA DÉESSE DU CIEL
(La Constellation de la Vierge)

> « *La terre au ciel, l homme à la Déité, sont assemblés a un nouveau mariage : Dieu prenant corps sans faire au corps outrage, Naît aujoura hui de la virginité.* »
>
> Joachim Du Bellay
> *(Du jour de Noël.)*

> « *Sur un cours d eau nommé bassin de l Ouest, flottent de grandes barques. Les unes naviguent à la voile ou à la rame, ayant à bord un nombreux équipage. Les autres portent en leur centre un édicule fermé.* »
>
> Auguste Mariette
> *(Les tombes de l Ancien Empire.)*

Le onzième Pêr-Ahâ depuis le temps de Mêna, le premier, fut un « Aîné » : An-Neter[40]. Les annales font débuter son règne 359 années après la remise en usage du calendrier d'Atêta, qui rétablit aussi la Langue Sacrée. Le père d'An-Neter, curieusement, avait pris comme Nom de porteur de Sceptre : Neb-Râ, afin d'apaiser l'esprit querelleur des Rebelles en puissance[41] car il signifiait : « Je suis le Soleil ». Mais ce fut aussi lui qui légalisa le culte du Taureau *Hapy* à Men-Nefer sa capitale[42]. Ousir, le fils de Ptah, ne

---

[40] D'après Manéthon, suivi par les chronologistes, c'était Binôthris.
[41] Il s'agissait des « Adorateurs du Soleil » descendants de Set.
[42] C'était la capitale de Ptah, phonétisée Memphis par les Grecs, dont l'éclat se ternissait à nouveau au profit de An, sur l'autre rive du Nil, et qui était l'Héliopolis de son nom hellène.

pouvait être vénéré sous son image humaine, celle-ci ne devant pas être dessinée, ni gravée, le symbolisme du taureau, grâce à la peau qui l'avait sauvé de la putréfaction, avait ainsi été divinisé en tant que son « Kâ » réincarné.

L'épisode ci-après se situe durant la sixième année du règne du Pêr-Ahâ An-Neter celui dont la hiéroglyphique signifiait : « Je suis le descendant de l'Aîné, du Premier-Béni. » C'était sa glorification d'être, encore à cette époque, le Cadet direct de Mêna. Toute cette narration est historiquement exacte. La législation remise en place durera jusqu'à la fin du pays, c'est-à-dire pendant encore quatre mille ans. Son Pontife se nommait An-Nou : « le Premier du Ciel ». Il rétablit l'astronomie dans un contexte d'études moins hermétiques, en simplifiant l'iconographie en usage jusque-là.

An-Neter apportait une immense joie à An-Nout, en décrétant, au moment le plus propice des Combinaisons-Mathématiques-Divines, et avec une minutie rigoureuse, l'institution du matriarcat dans la Maison Royale d'Égypte. C'était l'ultime glorification de Nout, la Reine-Vierge, qui donna naissance à Ousir sans la semence humaine de son époux, mais avec la grâce divine, impliquant ainsi la suprématie féminine dans la transmission du Pouvoir et du Sceptre Royal, les deux symboles, céleste et terrestre, des futurs Pêr-Ahâ.

Ce fut ainsi que depuis l'an 3 876 avant notre ère, tous les futurs « Pharaons » se marièrent avec la détentrice de la puissance de Nout, leur « Mère-Vierge », fût-elle leur sœur aînée, afin de pouvoir eux-mêmes régner. Ce n'était aucunement pour commettre des incestes, mais uniquement pour obtenir de la Divine Nout, la Protectrice des Aînés d'Ousir, le Pouvoir et le Sceptre.

En ce matin-là, donc, An-Neter, qui avait tout lieu d'être satisfait des nouvelles qui lui étaient parvenues la veille de la lointaine capitale du Nord, venait d'achever la prière collective dans le grand Temple de la Déesse du Ciel, en lisant les antiques prières des Textes Sacrés, soigneusement conservés. Après avoir ramené le « Livre », fait de rouleaux de papyrus anciens, dans le Sanctuaire, et y avoir remercié le Créateur de ses bienfaits, il était revenu près des futurs Maîtres de la Mesure et du Nombre qui l'avaient attendu pour l'accompagner. Le Pontife, en effet, avait annoncé une importante décision du Pêr-Ahâ qui allait changer la vie dans cette seconde patrie, en la ramenant plus près des traditions antiques de leur « Cœur-Aîné » : la Première.

À peine installés dans la salle réservée aux enseignements des Combinaisons, An-Nout entreprit d'apprendre aux futurs professeurs cette leçon primordiale de la théologie, retransmise par Ousir lui-même. Le Pontife ne put empêcher la jubilation qui l'habitait de se reconnaître dans le son de sa voix, même si son visage savait rester impassible :

– Hier, il y a eu 365 révolutions solaires et demie, que l'Aîné Têta rétablissait le décompte du temps marquant la fuite des jours et des nuits, après que son père eut unifié cette terre promise à nos ancêtres par Ptah, en signe d'Alliance. Mêna et Têta resteront jusqu'à la fin des temps comme les premiers de nos Pêr-Ahâ. Mais il ne faudra jamais oublier, et c'est le but de nos annales écrites, l'Histoire de notre « Cœur-Aîné » : Ahâ-Men-Ptah. Pas plus qu'il ne faudra effacer de vos mémoires les noms des pionniers qui vécurent durant quatre millénaires, entre le moment de l'engloutissement de notre Mère-Patrie, et l'arrivée des rescapés sur les bords de ce Fleuve Céleste. Rendons un particulier et vibrant hommage à Ank-Kâ-Hor, le premier Maître de la Mesure et du Nombre, votre Maître à tous, qui recalcula toutes les positions des Errantes et des Fixes dans le ciel, afin que notre chronologie reparte exactement au moment le plus harmonique pour nous. Mais avant ce Prophète qui vivait au temps de Têta, il faut vous souvenir tout particulièrement du vénérable Pontife que fut Bâ-En-Pou, qui mit au point le plan définitif des 3 240 chambres des Douze de la Ceinture Céleste, dont les travaux d'implantation débutèrent ainsi exactement 365 autres années solaires avant Têta. Cela fait donc aujourd'hui très précisément une demi-révolution de Sep'ti, soit 730 ans et demi que nous poursuivons l'Histoire de notre « Deuxième-Cœur » suivant l'harmonisation voulue par Dieu pour nous faire revivre selon son rythme. Cette palpitation cosmique, dont l'échelle nous dépasse par son infinie grandeur, est cependant la mieux adaptée pour faire vibrer, à l'unisson du Créateur, nos Parcelles de divinité. Ceux qui refusent cette simple évidence sont les impies qui préfèrent adorer le Soleil, et en accepter les sécheresses et les famines dont il est responsable par la cause des blasphèmes dont il est cause. En acceptant Sep'ti, symbolisée par la fille de Nout, Iset, nous rendons grâce à Ptah. Et en ce jour doublement fastueux, il est bon de se remémorer l'histoire de notre bonne Reine-Vierge, la Bonne Dame Nout.

An-Nout, avant de poursuivre plus avant, se lissa la barbe pour mieux classer l'ordre des faits héroïques de ce temps lointain où la Reine au nom mille fois béni donna naissance au Fils-Aîné. Le déroulement du temps semblait user la réalité des faits, et il fallait lutter contre cet effacement progressif, dans les esprits, d'une matérialité concrète qui est historiquement prouvée par les annales. Son schéma bien en tête, le Pontife reprit :

- L'important décret pris par l'Ahâ An-Neter, et qui entre en application aujourd'hui même, en rendant la primauté à la femme pour tous les droits de succession lors des héritages, a légalisé de nouveau la divinité la plus antique. Aussi dissocierons-nous également dans nos études des Combinaisons-Mathématiques, la double symbolisation de la Vierge Nout. Les Fixes de la Ceinture des Douze qui portaient ce Nom mille fois saint avant le Grand Cataclysme continueront de le porter. Mais, pour l'interprétation géométrique des Combinaisons-Mathématiques incluses dans le Cercle d'Or, nous adopterons dès ce moment sa figuration sous la forme de trois épis. Ils symboliseront ainsi dans tous les esprits la Triade Divine, toute en matérialisant le fait primordial que fut la multitude procréée par Nout en un deuxième temps lors de sa vie terrestre avec Geb. Ce qui sera plus amplement détaillé dans vos cours, car il y a recul du Cercle d'Or par rapport à la Ceinture des

Douze[43]. Reprenons la chronologie des faits que vous aurez plus tard à enseigner vous-mêmes. Vous avez tous appris qu'une première dynastie d'Ahâ tint le Sceptre en Ahâ-Men-Ptah durant 13 420 années[44]. Ptah avait permis au premier Ahâ[45], dont le nom originel lui fut donné par son Créateur lui-même, Ousir, d'avoir une épouse terrestre. Le Tout-Puissant avait jugé que les temps étaient arrivés d'élever certaines enveloppes charnelles à une condition supérieure. Aussi Ousir prit-il une épouse parmi elles afin de procréer une population apte à recevoir les Parcelles spirituelles célestes dispensées par son père. Ainsi la première Nout prit-elle sa forme humaine en recevant elle-même une âme. Après cette première période de 13 420 ans, la deuxième, bien délimitée également puisqu'elle débuta après un déluge et s'acheva par le Grand Cataclysme, dura 11 520 ans. Cette seconde dynastie vit l'organisation et la déchéance du peuple élu par Dieu pour être porteur de Parcelles de son intelligence créatrice. Les annales nous ont conservé les noms prestigieux des chefs dynastiques de ce temps : Ptah-Nou-Fi, Méri-Ptah-Kaï, Maât-Ptah-Kaï, Ath-Ahâ-Ptah et Hêtet-Ptah-Ti, dont le premier Ahâ fut Geb qui périt glorieusement lors du Grand Cataclysme. Cette époque, bien que lointaine, est celle qui reste le mieux gravée dans nos esprits, car elle a été reproduite sur tous les murs de nos temples. Elle doit le rester éternellement si nous voulons sauvegarder nos âmes de la décomposition et de la putréfaction auxquelles elles seraient vouées si nous ne pensions plus que seul Dieu en est le Créateur, le Modeleur, et le Possesseur. Dès la naissance de Geb, il était prescrit, et prédéterminé, qu'il serait le dernier Ahâ de ce « Cœur » tant aimé de Dieu, mais qu'il allait pulvériser ! Et le Pontife de ce temps, en vénérable An-Nu possesseur du Grand Secret, n'eut de cesse avant de

---

[43] Aujourd'hui, les astrologues (sic) disent : « Recul du thème natal par rapport au zodiaque. » Ainsi, dès le 11ᵉ Pharaon il y eut distinction entre les Épis et la Vierge, bien que la base de calcul soit la même.

[44] Tous les détails sont amplement révélés dans *Le Grand Cataclysme* du même auteur, Ed. Omnia Veritas.

[45] Ahâ se phonétise Ahan. Il est curieux que le premier homme s'appelait déjà Adam !

savoir en quel lieu était née celle qui était destinée à devenir son épouse, afin que leur progéniture trouve grâce devant Dieu et ne périsse pas lors de l'engloutissement de la Mère-Patrie. Des prêtres furent envoyés à cet effet dans tous les coins du royaume béni, et même au-delà. Cette jeune fille fut trouvée le jour même où elle eut dix ans. Geb, quant à lui, venait d'en avoir douze. Il n'y avait aucun doute quant à la prédestination de la jeune personne, car elle s'appelait Nout, tout comme la première mortelle qui avait épousé l'Aîné presque vingt-cinq millénaires auparavant. De plus, elle était princesse de sang royal, un lointain Aîné de son père ayant régné sur la Province du Grand Nord qui fut submergé durant le Déluge des premiers temps. Toute la famille princière vivait depuis en retrait de toute activité, attendant que se réalise la Prophétie qui ferait de la jeune enfant « la Vierge aux millions d'enfants ». Et la miniature dessinée que reçut de la charmante jeune Nout le futur roi, pour le jour de ses dix-huit ans, enflamma son cœur. Cependant, la colère de Dieu étant proche, les événements précipitaient leurs cours, ce ne fut que trois années plus tard, qu'il prit à la fois le Sceptre et Épouse.

Comme le Pontife abordait le passage le moins facile à admettre, et qui pourtant ne reflétait que l'exacte vérité, il reprit un instant son souffle pour que le son de sa voix se fasse encore plus incisif. Il tendit un index accusateur devant les futurs Maîtres de la Mesure et du Nombre :

- Vous tous qui êtes ici connaissez par cœur cette phase décisive de notre histoire d'Ahâ-Men-Ptah qui fut si lourde de conséquence ! Et je suis persuadé qu'il y en a au moins un, sinon plus, qui met en doute au plus profond de lui-même, s'il ne se l'avoue pas, la réalité de ce qui arriva pourtant à la princesse Nout la veille de son mariage avec Geb. Et pourtant, chacun des mots de notre Texte Sacré concernant cet épisode saint de la vie de la Vierge Nout est l'expression d'une vérité totale, dont aucun fragment ne peut être ôté ou changé. C'est la Vérité et rien d'autre ! Je me dois de vous la répéter une fois de plus et mot à mot, la connaissant par cœur dans toute sa miraculeuse beauté, dans sa forme divine. Ramenant sa main contre son corps, le Pontife parla ensuite d'une voix prophétique, pour mieux assener la réalité passée, base de toute la théologie primordiale :

— La jeune princesse Nout, qui aimait à se promener avec ses suivantes dans les frais sous-bois du Palais Royal, s'y trouvait également à la veille de son mariage. Mais ce jour-là, elle s'enfonça bien plus profondément sous les frondaisons des arbres séculaires. Tant et si bien que la future reine parvint devant un pont de bois qui donnait accès au Nahi : l'Enclos Sacré qui renfermait l'île des Sycomores, dans laquelle ne pouvait pénétrer que l'Ahâ, car seul il pouvait dialoguer avec Dieu, son Père Divin, qu'il rencontrait en cet endroit privilégié. La délicieuse Nout connaissait bien sûr cette consigne qui en interdisait l'entrée, mais en cet instant précis où elle parvenait devant le petit pont, l'énervement de l'attente du lendemain, jour du mariage, la fatigue aidant, et un peu de curiosité, firent qu'elle se sentit poussée en avant comme par une force invincible ! Et la suite de cette aventure extraordinaire prouve bien que tout était également écrit dans le ciel afin que même si la face de la Terre en était bouleversée, la vie humaine se poursuivrait. Et l'Humanité qui s'implantait n'était pas plus douée de jugeotte que la précédente ! C'est pourquoi l'extraordinaire et l'incroyable de l'événement apparaît aujourd'hui à ceux qui refusent de reconnaître Dieu comme leur Père Tout-Puissant ! Pour vous tous comme pour moi, cette aventure de Nout est normale, crédible et tout à fait ordinaire puisqu'elle se répétera dans l'avenir ainsi que l'assure nos prophéties. Dieu devra demander à un autre Fils de sauver ses Créatures, tout comme la Bienheureuse Nout s'apprêtait à devenir l'enveloppe d'Ousir ! Car la princesse ne connaissait rien de ce qui allait survenir, et même l'aurait-elle su qu'elle ne se serait certainement pas dérobée à son destin, s'apprêtait à mettre un pied sur le pont de bois. Un officier des gardes royaux qui, de loin, assurait la protection du groupe de jeunes femmes, s'approcha rapidement de sa future reine pour l'empêcher de commettre un terrible sacrilège. En bon soldat, il s'interposa respectueusement lui disant l'interdiction de franchir la rivière sous peine des pires maux divins. Le Nahi, cette lie des Sycomores, ne contenant que des arbres sacrés, dont le plus vieux dominait le tertre au centre d'un immense feuillage, la bonne princesse ne trouverait aucun lieu de promenade en cet endroit saint. Et à nouveau Dieu inspira Nout en accentuant son entêtement. Un magnifique sourire apparut sur ses lèvres, tandis qu'un regard aussi chaleureux qu'innocent recouvrait le visage du militaire soudain bien embarrassé. L'homme rougit de honte devant son audace d'interdire quoi que ce fût à cette déesse ! Rien ne l'autorisait à s'interposer contre les désirs de la future reine, qui dès le lendemain serait l'égale du roi, son Maître. Elle porterait le titre de Divine Suivante. Rien ne s'opposait donc à ce qu'elle aussi aille méditer avec Dieu. Dieu l'inspirait sans aucun doute, et Nout, comme si elle lisait en lui, ajouta que ses suivantes attendraient son retour en la compagnie de l'officier des gardes, celles-ci restant de simples mortelles périssables, ce qui n'était plus son cas à elle. Le gradé sentit en lui comme un immense déchirement. C'est ce que nous dit •le Texte Saint à son sujet. Mais ce n'était certainement pas de l'avenir de la bonne princesse qu'il se préoccupait. C'était plutôt de son propre avenir compromis par ce qu'il imaginait être une escapade de jeune fille curieuse de l'interdit ! Le commandement qu'il détenait lui serait ôté lorsqu'il ferait son rapport en rentrant. Mais comme l'écrit ne parle plus de lui ensuite, les demoiselles de la suite de Nout durent le calmer et faire taire sa conscience. D'autant que les événements qui survinrent eurent plus d'effets que ce qu'il aurait pu dire en revenant au Palais Royal ! Car la princesse, dès qu'elle eût franchi le pont, sentit sa volonté se dissoudre. Un calme étrange s'empara d'elle, mettant en évidence devant ses yeux comme un rêve prémonitoire qu'elle aurait eu et qui se réalisait. C'était « quelque chose » de déjà vécu, probablement de terrible et d'incroyable, mais qui devait se produire inéluctablement. Son avance se faisait mécaniquement. Elle propulsait une jambe devant l'autre, en les regardant aller ainsi, comme si ce n'était pas elle qui marchait là. Elle enfonçait dans le Nahi, vers le terme précis de sa route, comme la fin d'une longue attente. Le chemin montait, serpentant autour de la colline centrale. C'était un gros tertre, encerclé d'un sentier en lacet qui montait en pente douce. Parvenue au sommet, l'énorme sycomore, bien plus énorme que tous les érables qu'elle eut déjà vus, emplit ses yeux, les frappant d'une lueur étrange ! L'arbre était tellement imposant, dans sa domination incontestable du site de cette île, qu'il émanait de la solitude qui l'entourait un appel divin quasi palpable pour elle ! Et il ne fait aucun doute que la sérénité du lieu permettait à tous les Ahâ venus là pour dialoguer avec leur Père Céleste, de lui parler. L'arbre attirait Nout invinciblement vers lui. Même si elle l'avait désiré, elle n'aurait plus pu s'empêcher de franchir les quelques mètres qui l'en séparaient encore. Mais rien ne pouvait entraver le cours historique de la marche terrestre que la Divinité allait lui insuffler. La bonne Nout n'avait plus aucun doute sur la force qui la poussait à venir près de ce sycomore géant. Mais cela ne l'aidait en rien à comprendre le pourquoi de ce « Mystère ». Elle était seule, environnée par un silence total. Dès qu'elle fut complètement sous le feuillage qui assombrissait tout, une peur insurmontable se saisit de tout son corps qui se mit à trembler. Ce n'était pas la fraîcheur de cette ombre fantasmagorique qui la troublait, mais l'incompréhension de ce qu'elle faisait là, elle, humble mortelle, somme toute insignifiante malgré son rôle d'épouse de Geb. Car elle sentait bien qu'elle était là pour que s'accomplisse quelque chose de magnifique autant qu'irrémédiable pour la suite de sa vie terrestre. Et bien que désemparée de ne rien voir et de ne rien entendre, elle se redressa en fière princesse nordique qui n'admet plus de *ne rien savoir* ! Et les Textes Sacrés nous disent qu'à son tour Nout ouvrit le dialogue : elle s'adressa à Dieu. Elle lui apprit qu'elle était là, se soumettant à sa volonté. Mais la princesse ne reçut aucune réponse. Il était bien évident que cette phrase n'en nécessitait pas puisque Dieu savait qu'elle était présente et sous sa domination permanente qu'elle le sache ou non, et qu'elle le veuille ou non. La future reine ne comprenait cependant pas ce silence. Elle était trop jeune encore pour que le Tout-Puissant lui reproche le plus petit péché. Ce ne pouvait pas être la petite infraction commise en pénétrant sur le Nahi qui avait attisé la colère divine, d'autant qu'elle se rendait bien compte que c'était à son corps défendant qu'elle était parvenue sous le sycomore. Dieu ne voulait plus d'elle, ou bien alors elle avait été sottement imaginative ! Elle s'était fait des idées : ri n'y avait rien à attendre, ni personne à voir !... Il y aurait certes beaucoup à dire sur ce passage du texte, mais ce n'est pas le but de cette narration destinée à vous remettre en mémoire le pourquoi de la divinisation de Nout en un jour comme celui que nous vivons aujourd'hui, bien des millénaires après les faits réels actualisés présentement.

L'An-Nu An-Nout arrivait maintenant au moment vital du récit. Et comme chaque fois qu'il en racontait les péripéties, il se sentait en émoi profond, aussi proche de cette jeune femme admirable qu'il l'était de Dieu dans ces moments-là. Il reprit :

- La future reine, pensant être délaissée de tous, se sentit lasse et un peu étourdie d'avoir trop présumé de la suite des événements. Elle se laissa donc choir sur l'herbe épaisse qui poussait drue jusque sous le tronc de l'arbre géant. Elle tendit encore une fois l'oreille, mais son âme particulièrement réceptive « n'entendit » rien ! De fatigue nerveuse, elle appuya un peu sa chevelure contre l'écorce du splendide tronc, si vieux et si accueillant pour son repos. Du même coup, sa tête entière reposa à l'ombre du sycomore. Dès ce moment, le corps et l'âme de la princesse connurent la Paix. Le monde extérieur n'exista plus : Nout avait clos ses yeux sans s'en rendre compte. Dans ce sommeil irréel, elle réalisa mal l'Évènement. Son étonnement se changea en surprise, puis en frayeur insurmontable lorsqu'une clarté irradiante, aveuglante, enveloppante, la pénétra intérieurement par tous les pores de sa peau tout autant que par toutes les ouvertures de son visage et de son corps. L'effroi le plus intense se saisit d'elle bien qu'elle fut incapable de remuer ou de crier, car elle avait l'impression de se consumer, d'être réduite en cendres ! Elle se dit qu'elle n'existait plus, mais dans le même temps elle pensait vivre le jour le plus radieux que la Terre eût jamais connu depuis son origine. Un grand calme succéda soudain à sa nervosité intense. Elle tenta d'ouvrir ses paupières, mais elle ne put même pas remuer ses cils. Elle se sentit sombrer dans une inconscience fataliste, en se disant que ce qui devait être accompli, le serait. Une voix le lui confirma, entreprenant de la réconforter. C'était la Voix, celle qui fut de tous les temps, le Verbe et la Parole. Nout l'entendit au plus profond d'elle-même, très ferme, mais infiniment douce et rassurante, lui dire : « Ousir, mon Fils, croît désormais dans ton enveloppe charnelle pour devenir "Celui qui sauve des eaux". Ne crains rien car tu es celle que j'ai choisie pour être sa Mère. Ousir, par toi qui sera demain la reine, restera le signe de ma Bonté tout autant que de ma Puissance. Tu seras vénérée comme une de mes filles pour avoir été la mère d'Ousir. Tu lui apprendras lorsqu'il sera en âge de l'entendre, qu'il est mon fils et qu'une partie de mon cœur immense est en Lui. Pour cette raison, et quoi qu'il puisse lui arriver de la part d'un être humain, il gardera l'éternité pour son Royaume ! »

Marquant un temps, le Pontife laissa bien s'imprégner les cervelles intelligentes des futurs Maîtres de ces paroles divines. Car Ousir était bien devenu le Juge des défunts, le Maître incontesté des Parcelles de ceux désirant accéder à l'Au-Delà de la Vie terrestre. C'était une vérité aussi évidente que celle concernant la procréation de la Reine-Vierge par Dieu. Puis An-Nout reprit :

- L'admirable princesse était incapable d'émettre le moindre son, mais elle coordonnait très précisément ses pensées avec une cohésion qui la déconcertait en cette circonstance exceptionnelle. Dieu lui annonçait qu'elle engendrerait un enfant de Dieu : cela était bien. Mais la question qui lui venait à l'esprit le fut avec une telle acuité, qu'elle parvint sans tarder à l'Éternel : « Qu'adviendrait-il d'elle qui, le lendemain, deviendrait l'épouse de Geb ? Que dirait l'Ahâ en apprenant la vérité à son époux ? Car elle ne pouvait la lui cacher même si Dieu le désirait... » Et l'Éternel, instantanément, à cet appel aussi muet que désespéré, décida de lui venir en aide sur-le-champ. Un large rayon de soleil filtra depuis la cime du gigantesque sycomore jusqu'à la plus basse des branches. Cette chaleur soudaine revigora Nout. Elle entendit à nouveau la Voix qui dialoguait avec elle au sein de cette aura aussi luminescente que silencieuse. Pour- tant, Dieu lui parlait :

« Ne crains rien, Nout, relève-toi et va en paix vers celui qui t'est destiné depuis toujours afin que survive l'humanité. Geb reçoit en ce moment ma Parole et il obéira à mon commandement. Pour le faire, après Ousir, votre descendance à tous les deux comprendra un Fils de la Terre : Ousit. Et de ces deux rameaux renaîtront toutes les possibilités du Bien et du Mal qui seront l'essentiel du libre choix du nouveau parcours qu'entreprendra l'humanité dans sa poursuite de l'accession à la vie éternelle. Mais en attendant ce second départ, retourne vers Geb qui accourt déjà vers le Nahi, car je lui ai déjà tout dit ! » Sur ces derniers mots, le charme qui semblait tenir Nout paralysée s'estompa. La princesse ouvrit les yeux sans surprise. Autour d'elle rien ne paraissait avoir bougé ; même la pénombre avait repris possession de J'endroit où elle était encore assise. Un peu étourdie cependant lorsqu'elle se releva, elle ne retrouva pleine- ment son équilibre qu'en approchant du petit pont. Car son futur époux arrivait, échevelé, haletant de sa course précipitée depuis le château après que Dieu lui ait parlé.

Et cela se passait juste au moment où les suivantes de Nout, inquiètes de l'absence prolongée de leur maîtresse, demandaient à l'officier des gardes de faire prévenir le roi. La vue du monarque les calma tous, d'autant que celui-ci, ayant une vue d'ensemble de tous, reprit une allure plus digne de son rang, bien qu'il gardât une rigidité dans ses mouvements qui apparut à tous comme de mauvais augure ! Ce que voyant, la bonne Nout, encore plus troublée, ralentit son avance, hésitant sur ce qu'il lui convenait de faire et de dire. Je n'insisterai pas sur la suite de cet événement, car indéniablement il rappelait l'histoire du premier Ahâ et de Nout son épouse qui eurent pour enfant un Ousir antérieur de plusieurs millénaires. Geb et la seconde Nout étaient les victimes innocentes et involontaires de la folie qui avait dévasté toutes les Ames du Cœur-Aîné de Dieu. Ils se marièrent non seulement pour obéir aux commandements divins, mais parce qu'ils s'aimaient profondément, au-delà de toutes les vicissitudes humaines. Ousir naquit donc en son temps, à l'heure prévue. Puis ce fut au tour d'Ousit. Les deux frères naquirent de la même mère, Nout, mais si l'Aîné était d'essence divine, le second était né d'une semence terrienne. Tout le Bien du premier et tout le Mal du second feraient de notre humanité et de cette seconde patrie où nous sommes ce qu'elle est hélas devenue ! Mais Nout restera éternellement la Mère, la Déesse, la Reine-Vierge de qui est née la multitude. Et la ressemblance avec la première Nout était telle que les Maîtres de la Mesure et du Nombre, rescapés d'Ahâ-Men-Ptah, ne jugèrent pas nécessaire de créer une nouvelle iconographie pour immortaliser la divinité de cette seconde Nout qui se substitua à la première dans le cycle des Douze de la Ceinture Céleste sans aucune difficulté, ni dommage, dans le décompte à reculons des nouveaux temps d'après le Grand Cataclysme.

Le Pontife se frotta machinalement les mains de satis- faction pour avoir mené à bien la narration de cette histoire vécue qui avait déjà tendance à se transformer quelque peu en une légende fantaisiste. Le plus difficile serait certainement de maintenir dans la stricte réalité les Textes dans le Futur. Ses successeurs auraient du mal dans cette tâche ! Peut-être eux-mêmes se mettraient-ils à douter ?... An-Nout se secoua afin de ne pas prévoir prophétiquement ce qui pourrait se produire. Il reprit sur un ton moins passionné :

- Le ciel ayant changé de sens sans perturber l'ordre des Errantes et des Fixes, aucun problème particulier n'a surgi. Toutefois, il n'en a pas été de même dans l'ordre mathématique des Combinaisons dans le Cercle d'Or pour l'étude de la destinée de chacun. Comme vous l'avez déjà appris, c'est notre Terre ronde qui navigue dans le Ciel autour du soleil Fixe. Cela est facile à comprendre, même pour les esprits les moins ouverts à ces choses du Ciel. Les Errantes et les Fixes nous apparaissent se levant à l'est et se couchant par-delà notre Mère Patrie engloutie, à l'occident. Ceci chaque jour que Dieu nous présente dans son infinie bonté. Il est donc obligatoire, tout étant ordre et harmonie dans l'univers, que les Errantes et les Fixes passent sous la Terre en un autre demi-cercle afin d'effectuer leurs rondes quotidiennes.

Notre globe est isolé de toutes parts, au centre des Douze qui l'enserrent. Nos Aînés avaient observé tout cela et avaient calculé de père en fils la longueur d'une révolution complète autour de la Ceinture. Ceci était absolument nécessaire pour ceux qui savaient que

Dieu légiférait selon une loi unique, à son échelle. À force de patience et de ténacité, afin de vivre en harmonie avec le Ciel, les terriens nos ancêtres sont parvenus à déterminer la longueur de cette année. Là aussi, bien qu'invérifiable durant une vie terrestre humaine, ce chiffre de 25 920 ans est d'une rigoureuse exactitude. Et comme il fallait un point d'appui à ce calcul plus en rapport avec notre vie, c'est l'année de Dieu qui a été prise comme point fixe avec Sep'ti pour centre. Ainsi, en un temps mieux déterminé, soit en 1 461 ans, les travaux nécessités par notre Alliance avec Dieu furent possibles. Car la navigation de Râ ne donne aucune exactitude dans les calculs et encore moins une échelle comparative avec l'œuvre de la Création Divine. De ce mouvement de recul en 25 920 ans du Soleil par rapport à la Terre, l'irradiation différente des Douze de la Ceinture sur l'atmosphère terrestre d'abord, et sur l'esprit humain ensuite, a permis de construire un schéma des 3 240 possibilités originelles données par le Créateur à ses Créatures afin que le Bien règne seul sur sa Création. Ce fut la construction de ce complexe qui fut réalisée à Ath-Mer avant l'engloutissement du premier « Cœur ». Ce fut une réédition du même ensemble ici, à Ta Nout-Râ-Ptah, mais avec une formulation différente, le recul au lieu de l'avance apparente du Soleil dans les constellations zodiacales ayant changé toute la prédétermination de l'espèce humaine par la grâce de Dieu. Comme le décalage entre les Douze de la Ceinture et les Douze du Cercle d'Or s'accentue d'année en année, et afin qu'il n'y ait aucune ambiguïté chez les continuateurs de votre enseignement que seront vos arrière-petits-enfants, chaque emplacement du Cercle d'Or va recevoir un nouveau symbole. Quoi de plus normal que pour la constellation de la Vierge Nout viennent en équivalence trois épis ? Entre ses deux fils, elle symbolisera l'ensemble de l'Humanité. De même le corps vierge de Nout, sous une forme stylisée et renversée, symbolisera le ciel, ainsi que son rôle de Protectrice de la multitude. C'est pourquoi elle est ici notre patronne et notre bienfaitrice. Elle démontre encore aujourd'hui sa puissance en faisant rétablir sa suprématie matriarcale. Tout cela vous semble inutile comme précision, je le sais. Mais n'oubliez jamais que notre peuple a déjà une antiquité de 31 322 ans[46], et que l'avenir atteindra ce même chiffre si notre peuple reste fidèle à Dieu. Je suis le 226ᵉ Pontife depuis que le premier An-Nu survivant de l'effroyable cataclysme a pris pied sur Ta Mana. Combien y en aura-t-il encore après moi, je ne peux le dire avec certitude, trop d'aléas et d'horreurs prévisibles se faisant déjà jour dans nos Combinaisons-Mathématiques-Divines. Puissent-elles s'effacer par la compréhension et l'obéissance de chaque être humain aux commandements nécessités par la Loi de la Création.

---

[46] C'est le onzième Pontife qui parle, d'où la différence de 999 ans avec la chronologie du *Grand Cataclysme*.

Chapitre IX

LE GRAND CATACLYSME
(La Constellation du Lion)

« *En ce jour-là,*
Les sources du Grand Abîme jaillirent,
Et les écluses des cieux s'ouvrirent. »

Ancien Testament
(Genèse, VII - 11.)

« *Thouthmosis III, Pharaon de la 18ᵉ Dynastie, donc 2 000 ans avant Christ, ordonna la réfection complète du temple de Dendérah a après les plans du roi Khoufou (le Khéops de la 4ᵉ dynastie de 1 500 encore plus vieux) recopiés a après a autres bien plus antiques.*

L'antiquité de Dendérah
(Zeitschrift für aegypterische Sprache, mai 1865, page 92)

Tout à coup, le Soleil apparut à l'horizon oriental juste à l'endroit vers lequel des centaines de paires d'yeux l'attendaient. Il sembla balancer son or fusionnant devant les paupières clignotantes et, très vite, il nuança le site complet de Dendérah des couleurs les plus vives. Le manteau de la nuit s'était évaporé, pour céder la place à une très belle journée qui s'annonçait sous de bons auspices.

Car les ruines de ce lieu allaient renaître du sacrilège qui avait été commis ! Un roi maudit - et non un Pêr-Ahâ - d'un mysticisme outrancier avait, au nom de son idolâtrie solaire, ordonné de mettre bas les temples de Ptah dans tout le pays, dans le nord à Men-Nefer, comme ici à Dendérah ! Vingt-trois années de basse dictature avaient passé en accentuant la misère du peuple élu de Dieu, et alourdissant une atmosphère déjà naturellement étouffante. Le roi Khoufou[47], s'il ne s'assagissait pas sur le tard, semblait rechercher la bienveillance de Ptah tout autant que celle de Râ depuis qu'il avait été blessé dans une embuscade lors de sa dernière guerre au-delà de la mer. Cherchant à s'attirer toutes les grâces célestes pour son arrivée dans l'Au-Delà de la vie, il avait donné l'ordre de rétablir la liberté des cultes, dans tout le royaume, et même dans les deux terres : Ath-Kâ-Ptah, et Ahâ-Men-Ptah.

Le Pontife Khânepou sourit amèrement à cette pensée puisque l'Amenta était la terre des Bienheureux Endormis, et que ceux-ci, sans nul doute, se moquaient éperdument des décrets bassement terrestres de cet adorateur du Soleil ! Mais l'ordre était parvenu la veille, émanant de Sa Majesté elle-même, d'entreprendre la reconstruction du Temple de Nout, la Déesse-Mère des Deux-Frères, selon les plans originaux dressés par les Suivants d'Horus il y avait bien longtemps. C'était son propre fils, Djedef-Râ, qui avait apporté le papyrus du décret royal. Il était corégent, et à ce titre, il assistait en cette aube exceptionnelle à la prière de purification de l'aire du temple, là où se dresserait à nouveau l'édifice saint, identique au précédent.

Sorti d'une retraite prolongée, le Pontife avait accueilli ce prince héritier usurpateur, et sa suite nombreuse, comme il le devait en cette circonstance. La méditation silencieuse qui les tenait tous en

---

[47] Khoufou fut le nom hiéroglyphique que les Grecs phonétisèrent en Khéops. Son histoire sera contée par ailleurs, car il fut le premier grand roi « Rebelle » à reprendre le pouvoir en réinstituant légalement le culte du Soleil. Comme il régna vingt-trois ans, cet épisode se situe peu de temps avant sa mort.

dialogues intérieurs avec leur « Kâ » ressemblait à une glorification extérieure du soleil, mais la plupart, comme l'An-Nu, devaient remercier Ptah de leur accorder cette revanche spirituelle, pour permettre à cet endroit sacré de renaître de ses cendres.

Avec le lever de l'astre aveuglant de clarté, la cérémonie s'achevait. Le Pontife, en somme satisfait d'avoir caché sa répulsion à l'encontre de ses illustres hôtes, s'inclina avec raideur devant le fils de l'usurpateur, mais en lui adressant toutefois les paroles d'adieu voulues par le protocole.

- Longue vie à Djedef-Râ, héritier du dieu de la Terre, et de Nout, la Bienheureuse Déesse de ces lieux sacrés. Que Sa Majesté Khoufou, née du ciel et du soleil lui-même, éternellement vivant, soit remercié pour les immenses bienfaits dont il veut bien combler à nouveau ce temple dédié à Nout, à Ptah, et à Râ. Qu'il lui soit accordé de vivre tel le Soleil, au-dessus de tous, et sans ennemi.

Après quoi le Pontife tourna le dos aux officiels pour se rendre dans le petit temple d'Horus, seul monument encore debout après la folie blasphématoire de cet adorateur du Soleil qui avait fait abattre les murs de tous les édifices religieux consacrés à Ptah l'Unique. Il traversa rapidement la sorte de sentier aménagé entre les immenses monticules de ruines et de piliers désarticulés, suivi par ses fidèles qui, comme lui, avaient dû attendre dans l'ombre des souterrains inaccessibles aux faux dieux, un retour qui ne survint qu'après vingt années tout juste.

En parvenant devant le lourd portail clos d'un sceau d'argile aux armes de Khoufou, Khânepou sourit en donnant l'ordre à un jeune prêtre de sa suite de briser le cachet.

Par dizaines, des chauves-souris virevoltèrent en piaillant devant cette intrusion intempestive, pour le moins inattendue pour elles. Cela sentait le renfermé et la pourriture, seules quelques maigres ouvertures laissant passer une clarté diffuse. Il faudrait tout nettoyer et consacrer de nouveau l'édifice profané par les adorateurs du Soleil avant sa fermeture.

De tristesse plus que de dégoût, le Pontife fit signe de ne pas aller plus avant et de ressortir, en ajoutant toutefois :

- Réunissons-nous pour prier et parler un peu à l'ombre des murs du Saint des Saints. J'ai vu en passant que même ce lieu trois fois béni n'était plus que ruine !

La barque sacrée doit être complètement écrasée sous le plafond effondré. Nous aurons un immense travail pour que la reconstruction se fasse le plus rapidement possible.

Avec un gros soupir de déchirement, le Pontife fit demi-tour. Le prince Djedef-Râ et sa suite avaient déjà quitté la place. Pressés de retourner vers les festivités de Mennefer, la capitale, ils avaient certainement embarqué et hissé les voiles ! Cela revigora Khânepou qui avança plus allégrement, en faisant attention de ne pas buter sur les pierres jonchant son chemin. Parvenu près d'un énorme tas difforme, il eut beaucoup de mal à se convaincre que là se trouvait, avant la folie destructrice de l'usurpateur, l'endroit sacré où il aimait se recueillir et se remémorer le passé glorieux de ce qui fut la Mère-Patrie de ses ancêtres, les Bienheureux Endormis.

Comme le Soleil laissait un emplacement dans l'ombre d'un gros pan de mur encore debout, l'An-Nu fit un geste large d'une main :

- Il y a assez de place ici pour notre première réunion à l'air libre depuis vingt ans ! Il nous faut rattraper le temps perdu. Heureusement que ce Khoufou n'a pu trouver l'entrée des souterrains menant au Cercle d'Or, malgré l'entière démolition du temple et toutes les exactions commises à l'encontre des prêtres qu'il a pu capturer et soumettre à la torture. Personne n'a parlé et notre immense trésor est intact dans la salle qui lui est consacrée. De même, toutes les archives de nos quatre temps sont toujours conservées dans leur intégralité. Il nous sera facile de reconstruire très exactement le temple tel qu'il fut conçu par les Suivants d'Horus, puisque nous possédons encore les plans qu'ils tracèrent à cet effet, il y a un peu plus de mille ans. Quel gâchis ! Le Grand Cataclysme qui anéantit notre Cœur-Aîné il y a six millénaires avait dû avoir un prélude semblable à cet aspect après les premiers tremblements de terre qui l'ébranlèrent !

Une moue d'incompréhension traversa le visage du Pontife avant qu'il ne s'exclamât :

- Quelle faute avons-nous commise pour que Dieu permette pareil sacrilège ? En quoi sommes-nous responsables de la prise du Sceptre par les adorateurs impies du soleil ? Devons-nous être punis à cause d'eux ?

Khânepou secoua la tête en signe de dénégation, répondant ainsi à sa triple question, en bloc. Il reprit :

- Non ! Trois fois non ! Dieu veut assurer notre foi, et nous allons lui montrer qu'il peut avoir confiance. Car nos ruines sont loin de correspondre à celles laissées par le Grand Cataclysme. En guise de méditation, voyons ce thème lointain, dont nous n'avons peut-être pas assez parlé durant notre attente faite uniquement d'espoir : L'An-Nu reprit plus vivement après un bref arrêt :

- Vous vous souvenez tous de cette phrase gravée dans la crypte du Couchant, que je vous citais quelquefois : « Le ciel rougit déjà des débordements des mœurs ! C'est le prélude au flamboiement du feu céleste. Plus rien n'est sain ; plus rien n'est sage en Ahâ-Men-Ptah ! Tous ses États sont infectés par l'impiété et par le blasphème ! Hélas le temps du Grand Cataclysme est proche ! Quel temps terrible ! Ton rugissement venant du Lion brisera même la puissance du Lion !

Comme lui, tous se rappelaient fort bien ce passage prophétique. Le Pontife sentit que le moment était venu de reprendre ce passage des textes antiques afin de changer quelque peu la dénomination de la constellation portant l'appellation « Couteau », symbolisant ainsi dans tous les esprits l'arme honnie de Set l'assassin. Il était temps de lui redonner son nom primitif de Lion. Il continua sur cette lancée sans plus attendre :

- Dans la reconstruction du Temple, nous modifierons les caractères désignant la constellation du Grand Cataclysme. Nous lui redonnerons sa symbolique originelle toute-puissante. D'ailleurs le Couteau doit être effacé le plus rapidement de tous les esprits puisque l'enfant de Set qui détient désormais le Sceptre a fait amende honorable de ses péchés à l'encontre du seul Dieu détenteur de la puissance céleste. L'avertissement donné par le Lion sera rétabli dans les langues de nos Aînés. Une rétrospective des événements catastrophiques de cette période bouleversante de notre Histoire nous fera beaucoup de bien en nous rappelant le peu que nous sommes dans la main de Dieu. C'était donc durant la navigation solaire en constellation du Lion, durant son avance normale de la Grande Année. Les temps venaient à expiration, et dans sa toute-puissance, le Créateur allait punir ses créatures des innommables péchés commis. Les premiers soubresauts du sol s'étaient déjà produits, et l'humanité tremblait d'angoisse et de peur, mais avec un retard trop grand dans son remords spirituel ! Le sauvetage du peuple, pourtant minutieusement prévu et préparé par Geb, devenait trop aléatoire pour être réalisé. Le peuple cherchait, mais un peu trop tard, à quitter ses foyers, ses terres, ses biens les plus chers, pour s'embarquer sans aucune ressource et avec les membres des familles, vers une destination inconnue. L'ordre rigoureux qui aurait dû présider aux tentatives d'embarquement sur les Mandjits, ces fameuses barques insubmersibles devenues le symbole de la renaissance de tous et de la résurrection d'Ousir, avait cédé la place à la panique la plus effroyable ! La foule terrorisée était retombée à l'état sauvage antérieur à l'implantation en elle des Parcelles Divines ! Les corps à corps et les bousculades ramenaient l'avantage à ceux qui étaient les plus forts. Mais aucun n'était encore conscient de la démesure réelle de la cassure qui allait se produire ! À deux cents kilomètres de la capitale bénie, Ath-Mer, les volcans se trouvèrent soudainement pris de contractions infernales. Les feux souterrains qui couvaient depuis des millénaires se firent jour. Et la pression interne se fit telle qu'ils propagèrent jusqu'aux nuées un torrent monstrueux de lave et de cendres pulvérulentes qui, en s'agglomérant au brouillard opaque, retomba jusque sur la capitale, la recouvrant inexorablement et implacablement d'un manteau indestructible. Une pluie solide s'amassait, engluant ceux qui avaient le malheur de s'arrêter ne serait-ce qu'une seconde dans leur fuite éperdue. Des morceaux de roche et des déchets de toutes sortes s'abattaient sur la foule qui courait vers le port pour embarquer, écrasant les uns et assommant les autres jusqu'à étouffement sous les décombres ! L'enfer se déchaînait partout...

Le Pontife s'arrêta pour regarder ceux qui, comme lui, avaient fait vœu d'être, quoi qu'il arrive, des Serviteurs de Dieu. Qu'auraient-ils fait en pareille circonstance ? Qu'aurait-il accompli lui-même ? Devant le désastre qui avait atteint son temple, il s'était terré en attendant que Dieu vienne à son secours, et il avait été exaucé. Mais au temps du Grand Cataclysme, qu'aurait-il fait et aurait-il été entendu ? C'était loin d'être certain ! Il reprit :

- La terrible catastrophe annoncée par tous les Prophètes des temps antérieurs se produisait. La terreur qui les tenaillait tous, et l'horreur de l'événement qu'ils avaient jugé incroyable et dont ils s'étaient moqué tant et plus, se jouait d'eux ! Ils ne raisonnaient plus et au lieu de ne monter qu'à dix personnes sur les embarcations qui les attendaient, ils s'y entassèrent à trente et plus, se battant pour y monter encore, tant et si bien que les insubmersibles sombrèrent du trop-plein de poids qu'elles contenaient ! Si bien que toute la première flottille de plusieurs centaines de Mandjits sombra, engloutissant avec elle des milliers d'enveloppes charnelles déjà dénuées de leurs Parcelles Divines. Quant à ceux qui, terrorisés, s'étaient calfeutrés chez eux, un regain d'activité des volcans déversa soudainement des milliers et des milliers de tonnes de cendres incandescentes, qui ensevelirent tout après l'avoir écrasé et consumé ! Dans le même temps, Iset recherchait, en compagnie de sa sœur jumelle, le corps de son époux Ousir, assassiné par Set, et cousu dans une peau de taureau afin que son âme périsse et pourrisse avec son corps, avant d'être jeté à la mer pour y être mangé par les crocodiles. Dans le même temps également, Horus avait localisé son oncle Set, le tueur au couteau, et s'apprêtait à lui livrer bataille. Dans le même temps, le lion céleste rugissait déjà devant le destin qui allait être le sien et qui était combiné par Dieu afin de châtier les impies. Mais le dernier choc des humains ne s'était pas encore produit entre ceux qui prônaient le Mal et ceux qui désiraient le Bien. Aussi le temps sembla suspendre son avance, calmant même momentanément les éléments en furie. Même ce délai ne fut pas mis à profit pour tenter de trouver une solution qui satisfasse le Créateur de toutes choses. Set, qui avait été un temps le nommé Ousit, mit à profit l'accalmie pour tenter de tuer également son neveu Horus. Il y réussit presque, lui cassant l'os du genou, lui démettant une épaule, et lui crevant un œil ! Par contre, Iset retrouva le corps de son époux qu'elle ramena vers une Mandjit pour s'embarquer avec lui. Et les craquements de la croûte terrestre reprirent de plus belle leurs terrifiants concerts. Dans le ciel qui parut s'effondrer à son tour, retentirent des explosions assourdissantes, dont l'éblouissante clarté démontrait aux vivants, si besoin en était encore, que la foudre et les éclairs appartenaient aussi à Dieu et à lui seul tout comme l'Éternité. Quant au dernier roi, Geb, il avait ordonné à Nout, son épouse adorée, de partir avec ses suivantes sans plus attendre, car une autre terre accueillerait les Survivants, qui auraient un grand besoin d'une autre Mère plus que d'un Roi. La violence des éléments déchaînés en ce moment crucial eut raison des hésitations de Nout. Elle acquiesça à la demande de son époux d'un signe de tête, ne pouvant crier son désespoir. Elle embarqua au moment même où une terrible explosion ouvrit un énorme cratère sous les pieds des nombreux fuyards qui tentaient encore de rejoindre un point de départ pour quitter cette terre devenue maudite. L'énorme trou béant avala ainsi le reste des vivants, avant de les vomir quelques instants plus tard sous forme de cendre et de lave ! Les temps étaient révolus : le Soleil suspendait déjà sa navigation directe devant le Lion céleste.

Le Pontife ferma un court instant ses paupières. La toute-puissance de Ptah, seul capable d'arrêter les rouages de la mécanique céleste, s'était montrée ce jour-là aux yeux des survivants incrédules. Et ce n'était pas un signe divin, mais une réalité terrestre. Plus rien ne subsisterait de cette Terre qui avait été l'Éden d'un peuple élu, dont même les rescapés risquaient de se consumer sous l'horrible chaleur qui se dégageait des multiples fournaises. La bonne mère d'Ousir faillit ne pas en réchapper non plus !

Avec un soupir triste, l'An-Nu reprit :

- La prière de notre Protectrice, Maîtresse incontestée de ces lieux éternels, au moment critique du déchaînement du cataclysme, était gravée ici. Nous l'avions journellement sous les yeux, sans plus y faire attention bien qu'elle fût également présente dans nos esprits. Répétons-là tous en chœur, afin qu'elle nous serve d'intermédiaire dans notre intercession auprès de Dieu, afin qu'il nous redonne le courage nécessaire de tout remettre en ordre ici-bas, selon la Loi du Créateur, qui a été bafouée durant vingt longues années.

« *O temps qui suspendit son vol en Lion !* »

Vingt-trois voix n'en firent plus qu'une pour répéter, avec une très grande ferveur, les phrases de cette prière que Nout avait adressée à Celui qui l'avait engendrée pour qu'elle devienne la Mère-Divine :

– O Ptah-Hotep[48] ! Toi qui es le Roi du Ciel, ouvre les écluses de ton royaume afin que soit éteint le feu que tu as envoyé sur Ton propre Cœur bien-aimé ! Sauve le fils de ton Fils ; sauve ta progéniture de l'enfer ! Ordonne que ce jour du Grand Cataclysme ne devienne pas celui du Grand Deuil. O Ptah-Hotep ! Toi qui es aussi le Roi de la Terre, afin de sauver Horus, le fils d'Ousir, ordonne au Grand Fleuve céleste de laisser pleuvoir toutes ses réserves afin que ceux que tu as épargnés soient sauvés !

« Sauvé, sauvé, sauvé »

L'écho répercuta le dernier mot : « sauvé », « sauvé », « sauvé », en de multiples endroits alentour, comme pour donner plus de force au signe de bienveillance qu'il accorda pour Nout. Dans le silence des pierres à nouveau meurtries, le Pontife reprit :

– Et les annales de notre livre des Quatre Temps content précisément ce qui se produisit alors. « La Terre s'obscurcit à nouveau sur Ath-Mer, car la prière de la Reine-Vierge avait été entendue du Père Éternel. Une pluie dense commença de tomber sur le sol en

---

[48] Littéralement : « Dieu de Paix ».

fusion, où elle se changea tout d'abord en vapeur. Puis elle accéléra très vite sa cadence de frappe jusqu'à devenir diluvienne, prouvant ainsi que les Sources elles-mêmes du Grand Abîme étaient en train de se vider ! Pluie de jour, pluie de nuit, et les flammes crépitantes firent la place à un océan de boue ! Et la dernière marée engloutit tous ceux qui ne purent quitter les côtes à ce moment-là. Il était trop tard pour sauver les autres qui, hagards, les yeux pleins du désespoir de ceux qui oubliaient qu'ils avaient été des humains, avaient cherché un asile précaire ailleurs que sur les Mandjits, ces barques salvatrices insubmersibles, d'origine divine puisque dessinées par l'Ahâ. Pour cette raison, chaque temple en possédait une reproduction dans son sanctuaire, ainsi qu'un morceau d'une des trois barques sacrées qui avaient sauvé Nout, Ousir et son épouse, et Horus. Car ils avaient survécu par la grâce de Dieu. Le Fils, tenant la nouvelle Âme du monde entre ses mains, avait flotté jusqu'au nouveau rivage, sous un soleil en équilibre encore instable, arrêté comme il l'était au milieu du ciel. L'accostage n'eut lieu qu'au petit matin, sur une autre terre méconnaissable. Mais le plus effrayant était que le ciel *n'était plus le même !* »

Le Fils, tenant la nouvelle Âme du monde entre ses mains, avait flotté jusqu'au nouveau rivage.

Il était bien difficile à des humains vivant six millénaires après un tel phénomène céleste de comprendre ce qui s'était produit ! Le Pontife hocha la tête, car s'il était intimement persuadé de la réalité des faits énoncés, il se disait avec crainte que la puissance divine était incommensurable. Car à l'aube, les Survivants ne reconnaissaient plus « leur » ciel : le Soleil, qui habituellement se levait à l'ouest, était apparu ce matin-là à l'est. Ce ne fut que le soir qu'il se coucha juste au-dessus d'une mer n'existant pas la veille, mais qui recouvrait d'un linceul liquide ce lieu autrefois béni. Ainsi, Dieu démontrait que le « couchant » solaire était devenu le couchant terrestre d'un continent déchu. Pour les Annales, Ahâ-Men-Ptah était désormais l'Amenta : le domaine des Bienheureux Endormis, rachetés au dernier instant par la Résurrection d'Ousir.

Le Pontife se secoua car c'était un jour de gloire que celui qui permettait au temple de Nout de renaître de ses ruines. Aussi reprit-il sur un ton moins lugubre :

- Non ! Le ciel n'était plus le même, car le Soleil semblait avoir changé de cap d'avant en arrière. S'il était toujours dans la constellation du Lion, il n'y avançait plus, mais il y reculait. De ce fait, l'orient devenait l'occident. Ainsi, les survivants, en abordant sur une terre méconnaissable la nommèrent-ils : *Ta Mana*[49], car ce fut de ce lieu qu'ils virent pour la première fois le Soleil se coucher sur leur pays englouti. Dieu s'étant manifesté résolument par l'entremise du Lion, et de quelle sanglante façon, il est normal que cet avertissement serve à maintenir la crainte d'un pareil renouvellement dans tous les cœurs. Mais il est aussi normal que la punition exemplaire sous ce Lion serve les Ahâ, véritables Fils du Créateur par leur descendance directe d'Ousir. Pour nous différencier des usurpateurs, j'ai décidé l'institution d'une Combinaison particulière qui fera naître tous les Pêr-Ahâ durant le passage du Soleil dans les 31 jours du mois de

---

[49] Littéralement : « Lieu du Couchant ». C'est toujours le nom arabe du Maroc : Mohgreb-al-Aqsa.

Têta. Notre médecine, grâce à l'Ahâ Têta, est assez avancée pour permettre cela si un bébé divin est en avance ou en retard sur cette période. De plus, afin que cette naissance en Lion reste harmoniquement en accord avec le Ciel tout au long de la vie terrestre du roi, celui-ci devra être ceint d'une peau de lion dont la queue rasant la terre le reliera ainsi aux influx des Douze.

Et le Pontife songea que la queue seule, liée par une lanière à la taille, suffirait à symboliser cette force reliant l'Ahâ à son père divin. Mais l'An-Nu ne spécifia pas cette dernière pensée, les rois futurs étant susceptibles de prendre rapidement eux-mêmes cette décision. Aussi poursuivit-il :

- L'ancien et le nouveau Lion étant intimement liés dans les Combinaisons de notre Cercle d'Or par la vie renaissante d'une seconde multitude, le ciel a pris son nouvel équilibre après le Grand Cataclysme, et le Lion, en Maître du Ciel, a mené la navigation des Douze. Ce symbole aura aussi un autre énorme avantage, sur lequel j'attire tout spécialement votre attention. J'ai assez eu le temps d'y réfléchir durant ma longue retraite souterraine. Ce mois de Têta qui est le pôle attractif du L:ion est aussi celui où le Soleil, à son zénith, a le plus d'influence calorifique sur les esprits. Il domine toutes choses.

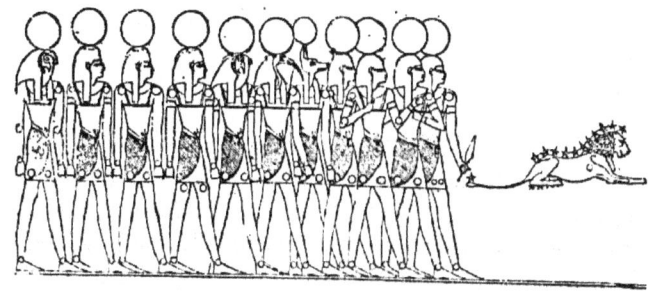

Le Lion mène depuis le Grand Cataclysme la nouvelle navigation des Douze.

Si Râ n'est qu'un des bras exécutants de Ptah, certains le considèrent, et nous sommes hélas bien placés pour en subir les méfaits, comme une idole ! Le Lion sera donc le Maître du Soleil en toutes occasions ! Ce sera la Lumière de l'esprit qui auréolera l'Ahâ. Le Lion du Cercle d'Or sera si bien associé au Soleil astral, qu'ils deviendront indissociables. Et le Soleil, qui disparaît chaque soir pour reparaître chaque matin, donne la prédominance à celui qui est rattaché autant au ciel qu'à la terre. C'est notre souci extrême de prévoir que ne revienne pas, après celui que nous avons, un autre usurpateur idolâtre. Ce serait une nouvelle ruine générale, dont plus personne ne pourrait se relever. Un autre moyen d'éviter cette catastrophe est la sauvegarde du Cercle d'Or, en n'introduisant aucune brebis galeuse parmi nos Maîtres de la Mesure et du Nombre, et ce point est relativement facile à satisfaire vu nos étapes initiatiques. Cependant il convient de rester vigilant. L'année de Dieu, identifiée au mouvement de la Fixe Sep'ti, assure notre avantage. Les idolâtres ont tout tenté pour utiliser les Combinaisons découlant de sa géométrie créatrice dans l'espace. Mais ils n'y sont jamais parvenus car 1 461 révolutions solaires variant d'année en année présentent trop de difficultés pour eux qui n'ont pas de Cercle d'Or à leur disposition. La fureur destructrice ne peut pas suppléer à la Connaissance[50].

Un sourire vint éclairer le visage du Pontife, qui reprit d'un ton plus malicieux :

- Reprenons ensemble, de mémoire, l'astronomie de Sep'ti. Je pense ne pas avoir perdu l'esprit à ce propos, malgré deux décennies passées en prières et en méditations en l'attente de ce qui s'est produit aujourd'hui. L'Année de Dieu, qui correspond à la durée de la navigation de Sep'ti, à laquelle a été donné le divin nom de Nout tout

---

[50] Rappelons qu'il s'agit de notre étoile Sirius, phonétisée en grec par Sothis. Sa hiéroglyphique primitive est (▲*), pour devenir par la suite (𓇋𓇋▲*), ou Sept'Iset (Sirius-Isis) pour être finalement divinisé (𓇋▲*), soit la Divine Sirius-Isis, ainsi qu'elle se retrouve dans un texte de Dendérah (𓈖𓏏𓇋𓇋𓏏𓇳𓏏𓄿𓄿𓂋𓏏𓏏𓇯), et qui donne une direction géométrique très précise dans une chambre du Cercle d'Or.

d'abord, puis d'Isis depuis l'arrivée sur cette terre bénie, est très particulière dans ses Combinaisons-Mathématiques célestes. Cette année cesse sa révolution lorsque Sep'ti, à son apparition matinale juste à l'encoche de notre terrasse-observatoire, est occultée par le soleil levant, apparaissant lui-même à l'horizon oriental et faisant disparaître Sep'ti à nos yeux. Comme nos Maîtres ancestraux ont pu l'observer avant nous qui n'avons fait gue vérifier leurs assertions, il n'est pas nécessaire, pour que cette conjonction soit mathématiquement réalisée, que les deux Fixes soient ensemble sur le même point de l'horizon. Par suite de la puissance lumineuse de Râ, cette conjonction a lieu lorsqu'il est à onze degrés au-dessous de la ligne prévue au moment où Sep'ti apparaît dans l'encoche. C'est le mouvement annuel de ce point crucial, qui se déplace à chaque nouvelle révolution solaire, qui détermine le départ de l'année de notre calendrier populaire de 365 jours. C'est également lui qui nous sert au décompte des « jours » de l'Année de Dieu. C'est également lui qui nous permet de calculer les « ans » de la Grande Année. Nos vénérables ancêtres ont ainsi observé que chaque année solaire en ce point se produisait avec six heures de retard sur celui de Sep'ti, et que si tous les calculs de l'Année de Dieu devaient être réels, il convenait d'ajouter un jour de plus à l'année solaire toutes les quatre révolutions annuelles de Râ, sous peine de n'obtenir que 1 460 ans pour la navigation de Sep'ti qui en comprenait en réalité 1 461[51]. Je n'ai nullement besoin d'ajouter que toutes ces observations astronomiques ne se sont pas spéculatives puisque chaque jour, nous pouvons nous-même faire ces annotations sur le vif de notre ciel, en attendant que notre terrasse-observatoire soit reconstruite. Ce sont évidemment

---

[51] Le point permettant de calculer la durée de l'Année de Sirius en 1 461 ans, et non 1 460, s'appelle le POINT HÉLIAQUE en notre langue astronomique, mais il a bien été expliqué à sa manière par le Pontife. Les anciens Égyptiens avaient sans conteste découvert par leurs seules observations que la longueur de l'année héliaque était de 365 jours 1/4. Je conçois que les astronomes de notre temps, habitués aux instruments et méthodes modernes, aient fait peu de cas des observations antiques. Cependant, s'ils descendent de leur hauteur pour reprendre la façon antique d'observer, le résultat sera identique. A.S.

grâce à toutes ces opérations faites ici, avec une exactitude constante, que chacun de mes prédécesseurs a écrit la grande Histoire et la Chronologie de nos Aînés. Ce sont tous ces calculs que les idolâtres solaires nous envient et qu'ils ne nous prendront jamais... si Ptah, dans son infinie bonté, reste présent en nous et avec nous, malgré notre peu de foi en lui en certaines occasions ! Nos descendants des milliers d'années futures ne comprendront peut-être plus rien à nos hésitations, à notre rigueur spirituelle, et encore moins à l'antagonisme brutal et fratricide qui a séparé, et continue de diviser en deux clans, une seule et même famille. Mais Dieu est Dieu, et nous sommes ses Prophètes, alors que le Soleil est et restera éternellement une boule de feu qu'une sotte idolâtrie tente de substituer à son Créateur Unique. Puisse Khoufou arrêter très bientôt son temps de vie sur cette terre, et goûter dans l'Au-Delà de la vie ce que Ptah ne manquera pas de lui réserver. J'en ai terminé pour cette première réapparition à l'ombre de ce bon Râ[52] !

---

[52] Khoufou, donc Khéops, vivra encore quarante ans en tenant le pouvoir d'une main adoucie.

Chapitre X

LE TEMPS DES CADETS
(La Constellation du Cancer)

« *Les habitants de ce pays disent tenir de leurs ancêtres que le soleil se couche à présent là où il se levait autrefois.* »
C. J. SOLIN
(Polyhistor, Chap. 33.)

« *On sait maintenant que Méri-Râ Pépi avait travaillé au temple a Hathor, qui existait déjà à Dendérah depuis les temps les plus reculés.* »
EMMANUEL DE ROUGE
(Monuments des six premières dynasties.)

Ce qui est certain, c'est qu'une apparente continuité dans les affrontements entre les deux clans de nouveau fratricides se .fit de plus en plus aiguë au fur et à mesure que les siècles passèrent. De Khoufou, il restera surtout des monuments martelés des anciens noms de leurs constructeurs, et dont le sien usurpa l'identité ! Cela fut flagrant à Thinis, où deux cartouches portant son « label » ont été néanmoins déchiffrés sous celui du prédateur. Son action a été la même pour la fameuse grande Pyramide, dite de Khéops. Des expériences de laboratoire ayant été pratiquées au Carbone 14 sur des cordages de papyrus gros comme le poignet, découverts dans une cache servant de débarras à l'intérieur de la pyramide, surtout pour les outils cassés, prouvent l'antériorité des travaux, de plus de mille ans, au règne du despote. Ces essais faits au Caire ont été confirmés par le fameux *Chicago Institute,* qui disposait aux U.S.A. de méthodes plus sophistiquées. Ses résultats furent les mêmes à cent vingt ans d'antériorité supplémentaire !

Le fils de ce Khéops, Djedef-Râ, ne régna que peu d'années, puis ce fut son frère, dont il reste la pyramide. Vinrent ensuite un noble qui profita de la vacance du pouvoir pour prendre le Sceptre : Sherou, que remplaça son fils rapidement. Ce fut le Mykhérinos des Grecs, à qui l'on doit la troisième pyramide. Puis vint son fils qui ne régna que quatre années et connut de graves difficultés de trésorerie.

À partir de ce moment, les prêtres de Ptah ne fournissant plus leur « obole » aux rois les plus divers, la cinquième dynastie manéthonienne fut qualifiée celle d'Éléphantine, une opulente bourgade située entre Assouan et la première cataracte, à plus de mille kilomètres du Caire. Il semble que certains émigrants de cette ville soient venus s'installer dans la capitale un siècle auparavant pour mieux y prospérer. Ils réussirent si bien qu'un des petits-fils s'étant élevé au plus haut grade de la prêtrise des adeptes du Soleil, à An (Héliopolis), épousa la fille aînée du dernier Ahâ de la quatrième dynastie fort décadente. Il prit ainsi le Sceptre sous le nom d'Ousir Kâ-Rê. Ainsi commença la dynastie d'Éléphantine, cet « Osiris-double-du-Soleil Vivant ». Ce fut alors la véritable union du clergé solaire avec la cour de Men-Nefer. Huit rois lui succédèrent dans la même filiation. Le dernier en fut Ousir-An, devenu communément par inversion hiéroglyphique : Ounas. Sa pyramide de Saqqarah fut presque complètement ruinée par l'appropriation des pierres l'ayant édifiée, pour construire de belles habitations du Caire !

Celui qui débuta la sixième dynastie est parfaitement connu physiquement, car le moulage funéraire de son visage a été retrouvé dans sa pyramide, sur la nécropole de Men-Nefer. Il s'appelait Têta, comme l'Aîné qui avait rétabli la hiéroglyphique. D'ailleurs, les murs de sa chambre d'accession à l'Au-Delà de la vie terrestre portaient les données primordiales, soigneusement recopiées, de ce qui est devenu la « théologie memphite », par opposition à la « tentyrite ». Mais en réalité il n'y a aucune opposition fondamentale entre les deux par rapport à l'idolâtrie solaire, elle, considérée comme sacrilège.

Après un règne court -de six années, il céda le Sceptre à un second Ousir Kâ-Rê, mais qui fut un usurpateur solaire. Il rétablit l'unité dans le mauvais sens, ce qui le fit éliminer lui-même après une usurpation de huit années par un Ahâ légitime : Pépi Ier.

C'est de cet Aîné-là que se perpétue historiquement l'histoire de Dendérah, malgré la contradiction apparente de son Nom divin, qui fut :·Méri-Râ, ou « l'Aimé du Soleil »·

Mille trois cent trente ans s'étaient écoulés depuis l'intronisation du premier Ahâ : Ména. La troisième reconstruction du temple de Nout avait été achevée depuis deux siècles, mais son Nom religieux était devenu Hathor. Il s'agit d'un des mille patronymes attribués à Isis au fil des âges, tout comme notre Vierge-Marie s'appelle non seulement Marie, mais N.D. des Sources, des Tempêtes, de la Neige, etc. suivant le lieu où l'édifice religieux est bâti.

Hathor voulant dire « Cœur-d'Horus », ce fut en somme le patronyme familier de « Bonne Mère », le cœur d'Horus étant évidemment celui de sa mère. Ce ne fut nullement une autre « déesse » usurpatrice des lieux, comme l'ont toujours écrit les égyptologues, en lui attribuant le rôle de la Vénus grecque de l'amour. Hathor fut au contraire le symbole de l'Amour maternel : celui du temps des Cadets.

Rien ne fut changé dans l'implantation de ce troisième temple, hormis les traits de la bonne Reine-Vierge Nout au sommet de tous les piliers du temple, qui prirent un visage plus humain, plus paisible. La sérénité du sourire d'Hathor fut une des caractéristiques principales, celle qui attira en tous les cas les femmes stériles. Il est certain que la maternité d'Iset, ou Isis, « Cœur d'Horus », dont il fut retrouvé d'excellentes gravures non seulement du dernier temple ptolémaïque, mais de celui de Pépi justement, était bien faite pour attirer la bienveillance divine en ce lieu trois fois saint.

Pour bien comprendre comment cet « Aimé du Soleil » fut un « Suivant d'Horus », il convient de reprendre un peu l'historique de cette période. Pépi accéda au Sceptre en l'an 3 014 avant notre ère. Ceux d'Éléphantine avaient non seulement fait souche dans le Nord, mais dans les diverses provinces, ou Nomes. De puissantes familles s'étaient élevées au pouvoir régional, prenant de plus en plus d'importance locale, et limitant de ce fait leur obéissance au pouvoir royal que pour se rendre aux fêtes traditionnelles du souverain, dans sa capitale, en lui apportant les cadeaux magnifiques qui faisaient leur richesse.

Et Pépi voyagea beaucoup, non seulement pour parfaire sa Connaissance, mais pour implanter des édifices religieux là où il n'y en avait point, ou bien se faire nommer Prêtre royal des sanctuaires déjà existants. Son Nom est écrit non seulement à Dendérah, mais jusque sur un temple de la basse Nubie.

Mais revenons au temple d'Hathor, au dernier jour de la visite de Pépi 1er sur le site de Dendérah. Le Pontife officiant en était : Ptah-Nouthor. La grande salle hypostyle est comble. La foule est évaluée à vingt mille personnes, dont les trois quarts restent massés à l'extérieur faute de place. Mais l'acoustique est excellente, et chacune de paroles de l'An-Nu se détache distinctement sans qu'il ait un effort particulier de voix à fournir. L'Ahâ avait été porté sur sa chaise par huit prêtres de première classe jusqu'au fauteuil d'ébène et d'or qui ne servait qu'au passage d'un Aîné de sang direct.

Cette homélie est conservée grâce à des inscriptions funéraires. Elle est exemplaire :

- Tu es le Maître incontesté, ô Méri-Râ, de nos deux « Cœurs ». L'Aîné, Ahâ-Men-Ptah, dont tu surveilles le sommeil des Bienheureux, en réalisant sur la Terre l'harmonie désirée par le Ciel. Tu commandes aussi les destinées des Parcelles de notre Deuxième-Cœur, né du Premier conçu par la Déesse Nout et son époux né de la Terre, Geb. Tu seras éternellement vivant, car tu es aussi l'Aimé de

Râ, qui étend ses bienfaits sur tes épaules en te rendant invulnérable aux ennemis de Ptah l'Unique.

Durant cette longue phrase, Pépi resta immobile, telles les statues le représentant que l'on peut admirer dans plusieurs musées. Et le Pontife Ptah-Nouthor termina ainsi son homélie :

– Tu es le Maître incontesté, ô Méri-Râ, de nos deux Cœurs. Tu es le Seigneur des Deux Demeures, terrestre et céleste, car tu es l'Aimé de la Triade Divine. Tu es aussi Pépi, Prêtre et Serviteur d'Hator au Temple de Ptah-Nout-Râ, comme descendant de Nout et de Geb. Tels seront tes Noms divins et humains à partir de ce jour. Ils seront gravés en tous lieux et feront partie de ton sceau royal. À toi, ô Pépi, la Vie éternelle, la Force, et la Santé.

Tous les prêtres s'inclinèrent respectueusement, cependant que la foule des fidèles se pressait vers la porte monumentale à double battant pour faire une haie d'honneur en ovationnant l'Ahâ Pépi. Durant ce temps, les huit porteurs à longues robes blanches, insignes de leur grade dans la prêtrise, soulevèrent la lourde chaise et la mirent sur leurs épaules sans qu'aucun à-coup ne soit perceptible du Seigneur des Deux-Demeures, Fils du Ciel et de l'Éternité.

Seul le Pontife resta en retrait, afin de pénétrer par la porte secrète entrant dans la colonnade plein ouest et se rendre dans les souterrains amenant à l'entrée du Cercle d'Or. C'était dans la Salle du Reposoir que viendraient le retrouver les Maîtres de la Mesure et du Nombre, afin de parler de l'enseignement à prodiguer à la prochaine classe de novices, celle qui formerait les futurs Grands-Prêtres. Ptah-Nouthor tomba dans une profonde méditation. Lorsqu'il rouvrit les yeux, il vît une trentaine de crânes rasés, surmontant des corps étendus à même le sol. Les Maîtres de la Mesure et du Nombre, arrivés silencieusement, étaient entrés en communion avec l'Âme-Mère du Ciel, en attendant que le Pontife ait achevé son propre dialogue avec son Kâ.

Dès qu'il se redressa, les Prêtres firent de même d'un seul mouvement, en faisant crisser leurs longues robes. Avec un léger sourire l'An-Nu leur dit dans un geste large vers les bancs de granit noir du fond de la salle :

- Asseyons-nous car si je vous ai demandé de m'assister aujourd'hui, c'est qu'une importante décision doit être prise au sujet d'un changement à apporter dans un des symboles du Cercle d'Or, et par là même, dans la manière de l'enseigner aux novices.

Le Pontife prit une profonde inspiration, cependant que les Maîtres le fixaient plus attentivement :

- Je veux parler du « Cœur » qui palpite au sein de l'amas des Fixes qui arrive après celui du Lion. Il a suivi la progression constante des Cadets des Survivants de notre première patrie engloutie, après leur débarquement à Ta Mana[53], le pays du Couchant. Le symbole choisi durant cette lointaine période fut le Scarabée. Il correspondait bien à l'image de la vie sainte, palpitante, en puissance pour les nouveaux venus. Cela allait très bien pour désigner les Cadets, fils de nos glorieux Aînés, ceux qui avaient surmonté les difficultés créées par les Fils du Soleil. De plus ce Scarabée[54] unissait le Taureau Céleste à la vie terrestre. Et voici que nous sommes à quelques révolutions solaires de la fin de l'Année de Dieu, concluant l'avènement de notre premier Pêr-Ahâ, l'Unificateur Mêna, tel que cela avait été prévu. Il est temps de préparer l'harmonisation du ciel avec l'avancement de notre peuple parvenu sur le « Deuxième-Cœur ». Le Taureau Céleste, en devenant le chef invisible et suprême de l'Ahâ-Men-Ptah engloutie, le devient aussi de nos Âmes, dont il façonne la trame par l'intermédiaire des Douze, les prédéterminant selon la Loi du Père

---

[53] Rappelons que Ta Mana est devenu le Maroc, mais qu'en arabe il signifie toujours le « Lieu du Couchant » : Moghreb-el-Aqsa.
[54] Une sorte de scarabée s'appelle toujours en latin « Taureau Volant ».

dans les Combinaisons-Mathématiques-Divines. Il serait donc mal compris que son symbole reste l'un de ces Douze, justement !

Laissant un silence planer afin de permettre à ses auditeurs d'émettre un avis, le Pontife en profita pour étaler à la vue de tous une carte du Ciel qui était restée enroulée à ses pieds. Il s'agissait d'une copie multicolore de la carte du Ciel ayant représenté les emplacements des Errantes et des Fixes le jour du Grand Cataclysme. Il reprit, chacun attendant la suite sans poser de questions :

- Le Scarabée, en Ahâ-Men-Ptah, symbolisait le Cercle d'Or, puisqu'il était le pôle d'attraction des Douze rassemblés autour du Soleil. Les barques Sacrées ayant accompli leur office en sauvant les Aînés et ceux qui les avait accompagnés, l'iconographie s'en est ainsi perpétuée jusqu'à ce jour. Néanmoins, si dans notre Langue Sainte nous garderons le signe pour la gravure, nous le changerons en symbolique. L'un d'entre vous a-t-il une proposition à faire ?

Cette question méritait une réponse, mais personne ne prit, là non plus, la parole. Probablement parce que tous savaient que le Pontife avait déjà longuement réfléchi à cette donnée dont il possédait la réponse ! Ce qui permit à Ptah-Nouthor d'enchaîner :

- Je sais que notre imagination a déjà permis de reconstituer toute la Connaissance dans ses moindres détails. Mais cette image se déforme, hélas, selon le tempérament de chacun. Je ne peux donc me fonder sur les impressions laissées par les textes, pour fortifier et conforter l'enseignement des Commandements. Ils nous sont imposés par le déroulement en spirale étirée, et non en un cercle parfait, de la Créature Divine. Il faut donc suivre ce mouvement combinatoire éternel, sans faillir de la longueur d'un pouce à sa forme géométrique et à ses formulations mathématiques. Ainsi nous ne risquerons pas de façonner Dieu à notre image, et seul le contraire restera valable. Car petit à petit, il semble que même dans les prédications de nos prêtres, l'oubli se fait quant au modelage des créatures engendrées par le Tout-Puissant Créateur ! Or, ce qui devrait être oublié par tous les

Serviteurs du Créateur, c'est qu'ils sont des hommes ! Seule une Créature dotée d'une Parcelle Divine est apte à recevoir la manifestation des émanations célestes des Douze, sans le secours des sens humains qui perçoivent et déforment les sons et les images ! Or, et les uns et les autres sont susceptibles d'être doubles, c'est-à-dire vrais ou faux, bons ou mauvais. Dieu étant la Raison de l'Univers, il a été le Verbe avant la Parole. Il a revêtu les sons de Noms Saints et particuliers avant d'attribuer des formes à chaque chose pour exprimer sa volonté raisonnablement et humainement. Le Scarabée a été cette image du Verbe Divin, l'unissant à la Raison universelle faite chair en l'humanité. Le Scarabée recouvrait un Tout puisqu'il patronnait les Douze à la fois ! Ceux d'Ousir et ceux de Set avaient la protection assurée jusqu'à leur unification qui s'est produite, comme le voulaient les Combinaisons-Mathématiques-Divines, sous le règne de Mêna, le premier Aîné sur cette terre. Une année de Dieu est près de s'achever, il convient de tourner une page.

Montrant d'un index tendu la carte du ciel étalée à ses pieds, le Pontife reprit en se baissant vers un point précis :

– L'amas de Fixes du Scarabée à la forme caractéristique de certains animaux de la mer, à corps durs. Et si notre « Taureau Volant » s'insérait bien dans l'ensemble des Douze, l'une de ces bêtes assurerait une continuité totale à l'ensemble de cette figuration qui a changé de sens depuis le Grand Cataclysme. C'est un poisson qui recule pour marcher ! Il semble que le Créateur, en créant ce spécimen, nous l'ait indiqué de cette façon pour préciser son choix ! Car il s'agit du Scarabée qui était le premier symbole de la Renaissance, mais qui, du fait de l'inversion de « La Ceinture des Douze », devient le dernier. Or, le Crabe, puisqu'il s'agit de lui et de sa marche à reculons, précisera clairement le phénomène de ce retournement de l'Univers par rapport à la Terre, survenu pour la date indiquée sur cette carte céleste. L'avertissement sera ainsi entendu et compris par toutes les générations qui nous suivront dans les siècles et les millénaires qui perpétueront l'avenir. Remarquez l'intelligence incroyable de vos prédécesseurs Maîtres de la Mesure et du Nombre qui, en dessinant la Ceinture, l'ont faite sous la forme d'une spirale dont le dernier signe, le Scarabée, était juste au-dessus du Lion, permettant ainsi le changement que nous opérons aujourd'hui en l'appelant le Crabe. De plus, si un autre événement important survient plus tard, cela permettra à vos Cadets de lui donner encore une fois un autre Nom sans qu'il y ait une rupture d'harmonisation dans le reste[55]. Seule l'intangibilité dans l'évolution permanente et suivant la Loi Unique instituée au Commencement, doit guider notre poursuite de l'enseignement des Combinaisons-Mathématiques. C'est ainsi que nos Aînés ont fait coïncider le début de l'Année de Dieu avec l'intronisation du Pêr-Ahâ unificateur Mêna. C'est ainsi que pour le début d'une autre année de Sep'ti[56]. Nous devons être prêts à faire évoluer le Cercle d'Or dans le sens de la marche de la Terre dans l'Espace. Cette entrée en fonction des Fixes du « Crabe » se fera le premier jour de Têta de l'an un de la seconde révolution de l'étoile consacrée à notre bonne Hathor. Ce sera la plus grande fête de cet avenir déjà proche, qu'il nous faudra faire annoncer dans toutes les provinces du « Deuxième-Cœur », le serviteur de notre Bonne Mère Hathor, le divin Pépi, préparant de son côté les festivités officielles, dès son arrivée dans la capitale. Pour le Cercle d'Or, le Crabe des Douze gardera la même dimension céleste, à savoir : vingt-six parties de la Ceinture de 360. En conséquence, l'influence ne changera en rien, pas plus que la valeur des termes des cinq Errantes qui traverse cette Fixe. Soit : pour la plus proche de Râ, Hor-Septa[57], qui glorifie la bienveillance de Ptah le jour de la conjonction Soleil-Sep'ti qui a sauvé Horus du désastre, une domination des six

---

[55] Cette rupture viendra en effet un millénaire et demi plus tard avec la fin du Moyen Empire. Les Maîtres d'alors appelèrent cette constellation : « CANCER », ainsi que le parallèle qui servit de fil conducteur aux Survivants pour parvenir à leur deuxième terre promise par Ptah.

[56] Rappelons que cette Année de Dieu durait 1 461 ans.

[57] Le détail de tout le passage qui suit se trouve précédemment dans le chapitre VI de ce livre. La planète est Mercure.

premières parties ; pour la suivante : Hor-Hen-Nout[58] qui glorifie l'Amour maternel et le sauvetage d'Hor, une domination identique de six parties permet les meilleures combinaisons dans cette Fixe ; la troisième est l'Ensanglantée : Hor-Py-Tesch. Cette Errante rouge, dont le nom glorifie la vaillance d'Hor, ne dominera toujours que les cinq parties suivantes. La quatrième est Hor-Cheta, dont les influx bénéfiques durables dans leur longueur pendant la Renaissance des Survivants, si elle ne dure que cinq parties, elles seront les meilleures de toutes. Reste, en cinquième et dernière position, Hor-Sar-Kher, avec les quatre dernières parties des vingt-six, qui ne se signale que par des actions maléfiques dans cette place, ainsi que vous le savez déjà. Comme il n'y a rien à changer non plus dans la prévision combinatoire des événements généraux à venir, venons-en aux signes particuliers des divers groupes humains nés durant le passage de Râ dans cet amas, ou bien y transitant dans un moment primordial de la vie terrestre. Votre attention a déjà été attirée par les modifications sensibles aperçues tant dans les mouvements que dans leurs effets. Ils sont décalés justement par le recul des Douze par rapport à la Terre, ce qui change la signification des Combinaisons-Mathématiques, sinon leurs formes. Car, même si cela est devenu simple routine pour nous, n'oubliez jamais que la cause des événements humains est influencée par le mouvement des Errantes par rapport aux positions combinatoires des Douze, assisté dans l'ordonnancement voulu par Dieu, par le Soleil et la Lune. Et il conviendra de se rappeler encore plus fortement que ces causes sont voulues par Dieu et que sa volonté est plus forte que la nôtre réunie pour les grands problèmes qu'il solutionne souvent à sa façon. Or, c'est l'application de ce Commandement céleste que nous devons comprendre et faire appliquer en priorité, même s'il nous apparaît contraire à ce que nous serions tentés de préconiser. Et le commencement de l'action que nous serons à même d'entreprendre ne dépendra nullement de conditions annexes, mais de la seule volonté des Combinaisons-

---

[58] La planète, ou Errante, est Vénus. Les suivantes sont : Mars, Jupiter et Saturne, la plus lointaine.

Mathématiques-Divines. Il faut donc connaître très exactement le mouvement de la naissance de chaque être humain dont le déroulement de la vie terrestre sera pris en considération. En cela, il n'y a aucune hésitation à avoir, puisque le Nom, ce nom humain nécessaire pour que l'enveloppe chamelle soit en puissance d'esprit, ne peut lui être donné que lorsque le cordon reliant la mère au bébé est coupé. C'est à cet instant précis que le cerveau est frappé par les influx des Douze, qui imprègnent le cortex durement et indélébilement d'une prédétermination qui mènera ses actes selon la volonté divine si son éducation est faite convenablement. Les Pêr-Ahâ naissent toujours au moment voulu, dans l'amas du Lion, la conception étant surveillée pour se produire au moment propice à l'accouchement. Il nous est arrivé de pratiquer des césariennes lorsqu'il y avait du retard, afin que Dieu bénisse tout de même la naissance selon les influx les plus bénéfiques, pour que les positions astrales conditionnent l'Aîné tel que Dieu le veut dans ses configurations célestes. Le germe reçu de l'homme par la femme conditionne uniquement le corps, l'enveloppe du futur humain. Mais tant que la Parcelle Divine n'a pas pris contact avec le corps, l'être n'a pas de Nom : il n'est qu'un petit quelque chose, au même titre qu'un poulet ou qu'un agneau que nous dégustons lors d'un repas. Mais cela ne veut surtout pas dire que l'on peut tuer impunément un petit d'homme. Sa semence en a également été donnée par Dieu, afin que germe et naisse celui qui deviendra une Créature à part entière dès sa naissance. Lui seul doit avoir auparavant droit de vie ou de mort sur l'enveloppe chamelle non encore humaine. Nous avons toujours prêché l'interdiction de tuer son prochain puisque cet axiome est un commandement divin. Sa transgression ramènerait à l'évidence tous les malheurs qui se sont abattus sur les uns et sur les autres lors des combats entre le deux clans fratricides. Mais pour en revenir au temps des Cadets, et à leurs naissances, les bébés ne prendront leur Nom d'Homme qu'après l'accouchement, lorsque le corps sera séparé de celui de la mère, et que la tête sera imprégnée de l'influx des Douze. La conception, étant ignorée des combinaisons célestes, doit l'être de même par nous. La conception n'est pas le commencement de la vie humaine bien qu'un cœur batte. Il y a bien un même élément charnel dans l'oie que nous apprécions à nos repas ! Seule l'âme compte, et celle-ci est le don que Ptah nous fait pour obéir à sa Loi, et à elle seule !

Avec un soupir, et en laissant ses bras frapper contre son corps, le Pontife hocha la tête avant de poursuivre :

— Je vous ai assez souvent développé le double aspect de l'esprit populaire, qui se laisse trop facilement manœuvrer dans ses malheurs par les théories idolâtres subversives, pour y revenir une nouvelle fois ici. Mais votre responsabilité dans l'enseignement des novices est telle qu'il vous incombe d'avoir une pleine et entière conscience de votre rôle d'éducateur. Pour discerner le vrai du faux, lorsque se présente un litige en votre Parcelle Divine, une profonde méditation est nécessaire entre elle et Dieu. De là jaillira l'étincelle qui vous accordera la Parole en harmonie avec le Verbe des Textes Sacrés, base unique de notre théologie. Votre jugement personnel des faits passés ou à venir ne doit en aucun cas intervenir au cours de l'enseignement prodigué. J'ai pris l'habitude, quant à moi, dès ma plus tendre jeunesse, de ne point accorder la plus petite place à ce qui pourrait apparaître en moi comme une lueur complémentaire à ce qui a été écrit par ceux qui ne faisaient que relater la Vérité, car ils la vivaient. Ce qui ne veut pas dire qu'il vous faille renier votre propre personnalité et son entende- ment intérieur qui peut vous assaillir de ses voix. Mais il ne faut pas vous laisser submerger par elles inconsidérément. Il faut laisser à vos idées le temps de cheminer en vous et de se parfaire, car elles subiront les transformations qu'apporte immanquablement le dialogue avec l'omniprésent grand Modeleur de toutes choses, même les plus impalpables. Il ôtera ce qui est insignifiant et non nécessaire, pour en développer ce qui mérite de l'être. Et vous conviendrez alors que votre enseignement brillera du double éclat de la Vérité et de la Lumière. Ceci doit être votre cheminement, tout comme celui de ceux qui seront vos élèves tout le temps de votre passage dans le Cercle d'Or en cette constellation du Crabe, successeur du Scarabée, et dans l'attente d'une autre définition dans deux millénaires par mon lointain successeur. Il fera le signe de la puissance des Douze, venu directement du ciel pour en indiquer le recul et la toute- puissance divine. Sa Triade en restera éternellement la justification car, comme Ptah a créé le ciel il a modelé la terre, et il a fait toutes les choses qui y existent, avant d'engendrer la créature à son image. Gardez toujours devant vos yeux cette notion pourtant invisible mais néanmoins palpable à chaque instant, qu'il y a dans la Création du Créateur une Loi *voulue, préparée, méditée avant d'être conçue en une longueur de temps qui dépasse notre entendement et qui pourtant n'est pas égale à une seconde d'Éternité.*

Après s'être frappé la poitrine à trois reprises, Ptah- Nouthor, malgré son grand âge, se redressa, avant de continuer d'une voix plus énergique encore :

- C'est pourquoi ma conclusion sera quelque peu prophétique aujourd'hui, car c'est après une longue méditation que je vous la livre. Notre enveloppe charnelle n'a pas d'existence, ni de raison d'être sur la Terre, sauf par l'animation qui lui est insufflée grâce à la Parcelle Divine. Il a fallu des millions et des millions de révolutions des Errantes, et d'autant d'évolutions des Fixes, pour qu'un certain corps prenne sa forme humaine. Puis d'autres millions d'années pour que le modelage des âmes en arrive à notre Temps. Ce qui prouve la réalité des faits est que le fondement des Parcelles fourni par les Douze est le même pour toute l'humanité, qu'elle soit de couleur de peau blanche, noire, ou rouge. C'est cet aspect de la Loi de la Création qui différencie l'homme de la bête, malgré le pouvoir que possède l'animal d'émettre des sons et donc de parler. Nous sommes les seuls êtres à posséder un lien étroit avec l'Éternel. Nous devons donc lui en être non seulement reconnaissants, mais nous faire ses fidèles serviteurs et défenseurs, en conservant intacte la Connaissance qu'il nous a transmise pour nous élever sans cesse vers lui. Il ne faut pas que les idolâtres détournent à leur profit et en la déformant, la théologie originelle. Car s'étant rendu possesseur de ce Savoir Sacré, ils régneraient alors en maîtres incontestés. Vous devrez toujours et toujours tenter de débusquer, derrière chaque nouvel élève, celui qui sera éventuellement la brebis pestiférée. Issus de Set, dont l'envie et la jalousie se sont perpétuées à travers les millénaires, les rebelles adorateurs du Soleil qui n'ont pas compris que l'union sainte est la seule façon de survivre et de se développer tenteront toujours de s'assurer une suprématie qui ne pourra engendrer qu'un nouveau cataclysme, ou la fin pure et simple de notre Deuxième-Cœur. Gloire à notre Dieu, l'Unique ! Tant que nous le respecterons et le conserverons dans notre esprit, dans toute sa pureté, notre seconde patrie vivra. J'en ai terminé ; puisse l'Éternel continuer de veiller efficacement sur nous tous, en nous inspirant dans la suite de nos travaux.

Ce règne de Pépi Ier, qui permit au Pontife d'œuvrer utilement en rétablissant une absolue intégrité dans les dogmes, dura cinquante-trois ans. H mourut cependant trop rapidement pour prévoir une succession sans heurts, puisque son seul fils avait sept ans seulement à son décès. Ce fut la Reine-Mère qui détint donc le Spectre de fait, mais ce fut le Grand Vizir qui détint le pouvoir. Il s'appelait Ouni, et avait été le Gouverneur des Provinces du Sud. Ce fut lui qui fit écrire sur les murs de son tombeau « qu'il administra le pays avec tant de fermeté et de justice que pas un village ni aucune famille dépendant de son équitable juridiction ne se disputa avec ses voisins, ni ne manqua de rien ».

Mais la préoccupation de cet Ouni-là fut d'avoir accru la productivité dans toutes les catégories de carrières alimentant les centaines de travaux gigantesques en cours. Il se rendit même jusqu'à la dernière cataracte, en Nubie, pour ouvrir un nouveau centre d'extraction de blocs de granit, qui décorèrent rapidement les édifices les plus éloignés, comme ceux situés dans le delta du Nil.

Un nommé Khouf-Hor lui succéda, qui était natif d'Éléphantine, et qui rêvait de prendre une revanche vis-à-vis de ceux qui en avaient frustré ses ancêtres. Il resta célèbre pour les quatre expéditions qu'il organisa aux confins de l'Empire. Ce fut au cours de la troisième, en Nubie, que Méri-En-Râ, le jeune Pêr-Ahâ de treize ans qu'il avait emmené avec lui, mourut d'une « fièvre ». Il fut embaumé durant le retour à Men-Nefer (Memphis) afin d'être enterré dans son tombeau. Il y fut retrouvé il y a un peu plus d'un siècle dans un état de conservation parfaite.

La Reine-Mère, toujours en vie, transmit le Sceptre au frère cadet qui n'avait alors que six ans, sous le nom royal de : Nefer-Kâ-Râ, ou plus communément sous celui de Pépi II. Et Khouf-Hor, même s'il avait des vues autres, ne put que garder son poste de Grand Vizir.

Curieusement, ce règne-là dura un siècle ! Il s'acheva dans une anarchie totale, car ce Sceptre tenu interminablement par un vieillard volontaire, mais sénile, mit tout le pays en état de rébellion. Ainsi s'acheva, dans la confusion la plus complète, cette dynastie que Manéthon appela la sixième.

Chapitre XI

L'ANTAGONISME PERPÉTUEL
(La Constellation des Gémeaux)

> « On sait, par exemple, que depuis une antiquité reculée, le monothéisme était la doctrine occulte des prêtres d'Osiris, et que le polythéisme et les mythes n'étaient qu'un tissu brillant destiné à voiler au peuple les vérités philosophiques qui auraient fait sa force. »
>
> S. Karppe
> *(Les origines du Zohar.)*

> « Je vois bien que l'ivraie étouffe le bon blé,
> Et si n'ai pas l'esprit si gros, ni si troublé
> Que je ne sente bien que l'Église première,
> Par le temps, a perdu beaucoup de la lumière ! »
>
> Pierre de Ronsard
> *(Profession de foi, 1563.)*

Il arriva, ce qui était prévisible depuis des siècles, que dans ce Deuxième-Cœur de Dieu, béni par l'Éternel, il n'y eut plus aucun Pêr-Ahâ assez puissant pour gouverner. En ce temps-là, il y avait aussi un roi qui régnait sur les provinces du Delta, et c'était un envahisseur Hycksos : un « Immonde » !

Nous sommes dans le terrain mouvant des quinzième et seizième dynasties, qui ont compté une bonne quarantaine de détenteurs du Sceptre, dont certains eurent à partager leur souveraineté avec un usurpateur. Ce fut le cas de l'Ahâ Apêpi qui désirait reprendre le sud du pays sous son autorité, celui-ci étant sous la domination d'un Adorateur du Soleil qui avait fait d'une ville plus au nord de

Dendérah son fief, qui deviendrait plus tard l'opulente Thèbes aux cent portes d'or.

Comme les forces des deux clans en présence étaient sensiblement égales, il fallait un motif raisonnable à l'Ahâ Apêpi pour tenter une nouvelle fois l'aventure de l'unification sans que les Suivants d'Horus ne perdent ce qu'il leur restait !

Un prétexte lui en fut fourni par le Pontife de Dendérah, justement, dont l'édifice religieux n'avait pas été détruit, mais dans lequel plus personne ne pouvait pénétrer pour y prier la Bonne Mère Nout sous peine des pires maux. Et le bon peuple, écoutant les raisons des adorateurs du Soleil, et finissant par les admettre, allait vénérer la Reine-Vierge dans les temples édifiés par les Rebelles impies qui arguaient de la maternité de Nout concernant Set, pour parvenir à ce but.

Or, l'hippopotame étant le symbole iconographique de la représentation figurative de Ptah, une chasse forcenée de ces paisibles animaux avait lieu dans tous les cours d'eau et tous les lacs du sud du pays, afin de les détruire ! Ce qui fit l'objet de l'appel désespéré du Pontife de Dendérah au Pêr-Ahâ, seul représentant légal du pouvoir divin à ses yeux. Ce que ne put admettre, bien évidemment, le Roi Apêpi. Et il fit tenir par un courrier spécial un ultimatum à l'Hyksos Seken-En-Râ, que celui-ci rejeta.

Une guerre sans merci eut lieu aux avant-postes de Thèbes, et « l'Immonde » (ainsi le nomme les textes tentyrites) fut tué sauvagement par ceux qui vengeaient ainsi les centaines d'hippopotames lâchement assassinés par les descendants de Set.

La momie de cet Hycksos, retrouvée intacte elle aussi, si l'on peut qualifier cette enveloppe couverte de bandelettes d'intacte ! En effet, la tête offrait un aspect terrifiant par les blessures qui la déformaient. Le front, fendu par une hache, montrait un trou de plusieurs centimètres, plein de cheveux et de sang. Un autre coup, porté par une lame, a transpercé le cerveau en traversant l'œil droit. Il est probable que ce rebelle « royal » n'était pas encore tout à fait mort, puisque plusieurs autres coups le frappèrent dont deux post-mortem : un coup d'épée est entré dans la partie gauche de la tête, juste au-dessus de l'oreille, ainsi qu'un coup de masse qui lui écrasa le nez ! L'Hycksos a sans doute subi les effets de la haine qu'il avait engendrée chez ceux qui vénéraient l'hippopotame comme représentation terrestre de Ptah l'Unique. Le visage a été incontestablement torturé jusqu'à l'extrême limite. Les dents de la momie sont encore serrées sur la langue qu'elles mordent profondément, et les mains crispées convulsivement montrent parfaitement la terrible souffrance qui était la sienne avant de rendre l'âme !

Si Dendérah fut alors rendu à son culte, les usurpateurs continuèrent de régner plus au sud. Ce ne fut qu'un siècle plus tard que l'unification se fit à nouveau, mais pour un temps seulement. L'antagonisme était tel entre les deux clans fratricides qu'une paix durable semblait désormais impossible entre les cadets pourtant issus d'une même et unique Mère !

Mais ce qui nous intéresse ici est la reprise du culte de Ptah dans la troisième reconstruction du temple originel, sur le même site sacré. L'Ahâ Apêpi a rendu tous ses pouvoirs à l'An-Nu Psên-Hapy[59] qui redevient ainsi le Pontife du Collège des Grands-Prêtres, et le rythme immuable des réunions initiatiques, au lieu de se dérouler uniquement à l'ombre des salles souterraines du Cercle d'Or, peuvent reprendre dans les salles d'enseignement du Grand Temple, sous la protection du gracieux sourire de Nout, ou de sa fille Iset, qui fleurit au sommet des vingt-quatre piliers de la salle hypostyle.

La première réunion libre eut donc lieu après plus d'un siècle d'éclipse totale. Le Pontife, sous son air débonnaire, était encore plus sombre et pessimiste qu'il ne le désirait. L'avenir ne lui apparaissait guère souriant malgré les signes de victoire apparents du présent. Le brouhaha joyeux des prêtres assis en face de lui ne l'inspirait pas.

Aussi releva-t-il son visage vers les crânes rasés, indiquant par une main tendue qu'il allait prendre la parole. Le silence se fit rapidement, lui permettant de parler sans élever la voix :

– Nous sommes de nouveau dans le Temple, et nous en rendons grâce à Dieu ! Mais il ne convient pas de crier bien haut notre joie, car il ne fait aucun doute que nous sommes maudits et que nous le resterons jusqu'à notre disparition définitive !

---

[59] Ce nom de Grand-Prêtre a été repris à plusieurs reprises par les auteurs grecs, sans que l'on sache trop pourquoi, sous sa phonétisation de Psénophis. En hiéroglyphique, il signifie : « Le Pilote du Fleuve Céleste ».

La mine atterrée des religieux disait assez leur incompréhension des paroles de leur chef vénéré, qui les avait tant soutenus durant la longue période d'obscurité et d'opprobre. Psên-Hapy s'expliqua sans plus attendre :

– Il y a plus de deux siècles que la constellation du Bélier s'est adjointe Râ dans son cercle d'influence sur la Terre. Le Taureau Céleste, béni soit-il éternellement, est retourné dans l'obscurité du Royaume des Endormis pour un très long temps. Le Soleil reste donc à la seule disposition de ses idolâtres, et malheur à nous ! Je le dis tout haut, et cet avertissement se vérifiera : l'antagonisme perpétuel opposant Ptah à Râ a fait débuter un nouveau processus d'anéantissement de notre seconde patrie ! Le Pêr-Ahâ a vaincu l'Immonde qui tuait toutes : les représentations terrestres de notre Dieu. Gloire à lui pour cette justice qu'il nous a rendue ! Car l'hippopotame, pour grand qu'il soit, et si horrible à voir que l'on détourne la tête pour ne pas frissonner de peur, est l'animal le plus doux et le plus paisible qui soit. Il ne mange même pas de viande, ce qui n'est pas notre cas ! L'Immonde a donc été anéanti, mais son frère reprend déjà le pouvoir plus au sud ! Râ le favorisera, car sa navigation lui est bénéfique. Déjà grandit l'influence de leurs adorateurs scélérats qui prêchent la primauté du Soleil. Ces maudits édifient une nouvelle métropole pour l'avènement d'une idolâtrie symbolisée par une longue allée de statues gigantesques à têtes de bélier[60]. Elle sera notre nécropole, car nous ne nous en relèverons pas !

Un murmure désapprobateur courut dans l'assemblée des prêtres qui, trop heureux de se retrouver à l'air libre, voulaient garder leurs yeux clos devant la réalité que leur décrivait le Pontife. Le vieux Patriarche eut un sourire amer, avant de reprendre sur un ton désabusé :

---

[60] Il s'agit de la voie triomphale de Thèbes à Louxor, qui faisait un peu plus de huit kilomètres, et comprenait des béliers géants statufiés tous les cinquante mètres, de chaque côté de la voie.

- Tout cela ne se produira évidemment pas de notre vivant sur la terre, ni même celui de nos enfants ou petits-enfants, mais cela surviendra avant que ne s'achève la navigation de Râ dans l'amas des Fixes du Bélier. Avant de remettre en ordre le cercle des configurations célestes, il apparaît nécessaire de vous rappeler nos antécédents humains. Fidèle à la tradition de nos Aînés, ceux qui peuplèrent Ahâ-Men-Ptah comme Créatures de Dieu, ma pensée a toujours été tournée vers une droiture et un comportement obéissant dans l'application des Commandements de la Loi de la Création émis par Ousir à l'instigation de son Père : le Créateur suprême. Vous savez tous comme moi que la nature humaine, surtout lorsqu'elle est distribuée doublement, est entachée d'une grande faiblesse. Celle-ci s'est traduite au cours des millénaires par des combats sanglants, une haine farouche entre deux clans pourtant membres d'une seule famille. Et dans les rares moments d'apaisement, les annales n'ont parlé que de passions funestes, de jalousies perverses, et de manigances honteuses. Cet antagonisme incessant ne pouvait qu'attiser une nouvelle colère divine ! Elle est prête à se déchaîner et nous n'y pouvons plus rien, sauf de tenter de sauver ce qui peut l'être encore, ainsi que l'avaient fait mes prédécesseurs de notre Cœur-Aîné englouti. Le peuple a négligé son devoir élémentaire envers son tout-puissant Modeleur, en abandonnant ses actions de grâce envers lui, pour se rendre à des cultes blasphématoires et idolâtres au soleil ! Ce manque inique d'un élémentaire remerciement envers la bonté divine, sa protectrice en même temps que sa bienfaitrice, ne peut qu'entraîner un châtiment exemplaire pour tous, non seulement le peuple, mais nous-mêmes qui n'avons pas su croire assez en Dieu pour suppléer à la faiblesse humaine et faire imposer sa règle. Cette formulation si lumineuse pour nous qui avions ici à notre disposition les quatre éléments impliquant la maîtrise totale des Parcelles afin d'en assurer le salut, nous l'avons laissé fuir ! Elle a été accaparée et déformée par les Immondes ! Et les âmes insoumises vont subir toutes les contingences horribles de cette terre devenue inhospitalière, avant de quitter leurs enveloppes charnelles et poursuivre une errance éternelle dans un ailleurs incertain. Un mysticisme hypocrite s'est manifesté chez les rebelles depuis l'entrée du Soleil en Bélier.

L'intelligence animale de leurs dirigeants s'est efforcée avec succès de combattre leur propre origine divine bien que venant de leur ancêtre Set. Nous nous sommes, quant à nous, efforcés de combattre le mal apporté par cette faction idolâtre. Cela nous a souvent obligés à une remise en question de notre foi, et cela était bien tant que nous sentions en nous l'étincelle du Taureau palpiter en notre faveur ! Ce Bien se caractérisait par une notion d'amour entourant tous les êtres ; et ce Bien n'existe plus aujourd'hui ! Cela peut paraître étrange à nos esprits qui sortent présentement de l'obscurité des souterrains. Nous avons été habitués au contrôle rigoureux de toute notre mathématique céleste, à son enchaînement logique et précis, pour ne pas reconnaître qu'il nous faudra faire table rase de tout notre savoir si les novices ne viennent plus ici, mais continueront de se rendre dans les édifices zoolâtres dédiés au bélier, soi-disant plus en actualité avec le Soleil, source de la lumière éclairant le sol mais non de la Lumière céleste, source d'alimentation de notre âme. Nos successeurs périront de la mort la plus atroce des mains de ceux qui périront ensuite, eux, d'une mort définitive puisque leurs Parcelles Divines pourriront en eux ! Nos âmes sont placées trop haut par le Créateur, béni soit-il éternellement, quoi qu'il puisse nous survenir, pour que nous ne fassions pas tout ce qui est en notre pouvoir dans le court laps de temps de ce présent, afin que même les Immondes comprennent leurs valeurs. Supprimons donc des gravures de notre Cercle d'Or la figuration des deux antagonistes que furent Ousir et Ousit par la faute unique du dernier, qui prit le nom de Sit[61] afin de défier son frère divin pour l'éternité. Dans le premier « Cœur », la représentation de cet amas des Douze se faisait grâce à deux fleurs de lotus issues de la même racine. Nous reprendrons cette gravure, mais avec son nom symbolique de « Jumeaux ». Pour les générations cadettes, nous devons effacer de nos Annales cette haine tenace à travers les millénaires. Profitons de ce que nous sommes de nouveau

---

[61] Lire à ce propos *Le Grand Cataclysme* où est détaillée la vie de ces deux demi-frères qu'étaient Ousir et Ousit.

en position de force pour faire preuve de mansuétude et d'oubli envers ceux qui ont été nos frères avant de devenir nos ennemis.

Un murmure d'approbation suivit cette diatribe, malgré certains chuchotements désapprobateurs. Le Pontife eut un mouvement irrité vite réprimé devant cette contestation manifeste d'un état de fait qui ne pouvait qu'apporter la survie à tous, au lieu d'un anéantissement général. Il reprit néanmoins d'une voix pondérée :

- Je vais vous rappeler la façon dont le Verbe Divin, l'Âme des âmes, a créé notre compréhension et notre intelligence au sein des événements qui nous entourent. C'est ce qui constitue notre mysticisme, notre accord inconditionnel dans le Grand-Œuvre de l'Éternel. Au commencement, Dieu a créé le ciel ; et avant de mettre la terre à la place qui est la sienne, il l'a entourée d'une Ceinture de forces cristallines à l'état pur. Notre globe terrestre étant au centre, au fur et à mesure de l'écoulement du temps, et selon les formulations mathématiques que vous avez amplement étudiées, le Créateur l'a empli de végétaux et d'animaux les plus insolites mais vitaux pour l'avenir de son ultime création : l'enveloppe charnelle destinée à recevoir une parcelle de l'Âme-Une. Et les radiations des Douze parvenant sur la Terre de tous les côtés à la fois se sont unies, imbriquées les unes aux autres après s'être répercutées sur les Errantes avant de parvenir sur Terre en attente d'un corps à irradier pour la vie d'un canevas fondamental qui le reliera ainsi à son Créateur. Que nous le voulions ou non, nous sommes reliés à lui d'une manière indissoluble sans possibilité de rébellion, ce que ne comprennent pas les idolâtres, et ce qu'ils n'ont jamais voulu admettre en refusant le droit divin d'aînesse à Ousir. C'est pourquoi les Rebelles à la Loi n'auront pas accès au Royaume des Bienheureux. Ils n'auront pas l'Éternité pour chanter les louanges de ce qu'ils ont haï toute leur vie terrestre. Ce qui est une bien piètre consolation, car le retour éternel des âmes au sein du Tout cosmique est l'enchaînement logique du mouvement continu qui anime toute la Création dans son avance dans le Temps et dans l'Espace. Toute nouvelle naissance d'enveloppe charnelle provoque la pénétration des influx injectés à une Parcelle de l'Âme Créatrice qui revient ainsi sur la Terre. La mort n'existe pas pour l'âme humaine si elle a fait preuve de pureté et d'obéissance aux préceptes qui lui ont permis de parvenir à ce qu'elle est. Dieu a créé la mer et les fleuves qui se jettent en elle. Pourtant, depuis des millions et des millions d'années que cela dure, jamais la mer n'a débordé ! Il convient donc d'admettre qu'il y a la place, non seulement pour toutes nos Parcelles Divines dans les Champs-Élysées de l'Amenta, mais aussi pour les âmes des Immondes si nous parvenons à nous faire comprendre d'eux et à leur inculquer ce que nous considérons comme la Vérité Unique et élémentaire : la Primauté de Dieu sur nos actions. Si nous échouons dans cet ultime effort d'union, il semble qu'il n'y ait plus aucun recours à attendre du mécanisme créateur. Même en scrutant avec les yeux de l'âme jusqu'au fond des configurations géométriques des Combinaisons Mathématiques, il n'y a aucune chance, même secondaire, de faire évoluer vers un mieux quelconque la spirale évolutive. Elle détourne notre humanité de la voie directe et nous attire vers un centre qui ne peut déterminer qu'un abîme sans fond ! N'étant plus à notre petite dimension humaine mais à celle de l'Éternité, nous serons plongés dans un gouffre effrayant, qui n'aura plus de fin ! C'est pourquoi j'insiste tellement sur la compréhension cosmique de vos intellects à défaut d'un oubli du passé trop humain. Le signe des Jumeaux doit personnifier cette dernière tentative d'entente harmonique vis-à-vis de Celui qui nous a tous créés. Car, regardez notre monothéisme en face, comme moi : il n'est pas si éloigné que cela de l'idolâtrie solaire de nos frères de sang !

La foudre tombant au milieu de cette vénérable assemblée de prêtres ne les aurait pas mieux transformés en statues ! Les crânes rasés n'osaient pas remuer. Leurs pensées intimes transparaissaient de leurs regards comme si elles avaient été énoncées : « Le Pontife était-il subitement atteint de folie ? Leurs oreilles avaient-elles bien entendu pareil blasphème ? Et malgré le sérieux de la situation, l'An-Nu ne put retenir un sourire tout en précisant :

– Notre monothéisme est en somme le grand Dogme qui nous a été retransmis par nos Aînés. Il est l'essentiel du Message d'Ousir. Il n'est par conséquent pas si éloigné de la zoolâtrie en usage chez ceux de Set, bien qu'au premier abord nous nous rendions bien compte du sacrilège imitatif des Rebelles à la Loi. Qu'en sera-t-il dans l'avenir, lorsque nos deux peuples ayant disparu faute de s'unir, des barbares vivants sur d'autres terres tenteront de s'expliquer notre religion et nos motifs de discordes : il ne leur sera pas difficile de remarquer toutes les concordances, car il y eut le même esprit divin dans un cas comme dans l'autre au départ ! Déjà, dans nos écrits antiques, nos prédécesseurs adoptèrent une certaine forme de polythéisme pour tenter de garder le peuple dans les voies tracées par le Tout-Puissant. Pour inspirer la crainte de Dieu, puis la peur en un châtiment exemplaire, ils créèrent des assesseurs chargés de la surveillance morale. Quant à nous qui ne cessons d'affirmer depuis deux millénaires que nous sommes sur ce sol béni du ciel, que l'Éternel-Un a tout créé sous son seul Nom ; que personne d'humain ne peut l'égaler, et qu'en dehors de sa toute-puissance il n'y a que le néant, nous avons accepté la prolifération de quantité d'idoles afin de satisfaire la soif qu'ont les humains à vouloir ne croire que par des signes « célestes »!... Honte à nous qui avons accepté pareil outrage ! Le Nom béni de Nout ne suffisait plus pour attirer la foule, nous lui avons substitué celui de sa fille Iset, bénie soit-elle éternellement car ce n'est pas sa sainteté qui est remise en cause, mais la nôtre. Et puis un cycle s'achevant, Iset sembla rendre à l'oubli ce temple dédié à la Dame du Ciel ; alors, comme il n'y avait plus de « déesse » valable, elle fut transformée en dix mille noms épars ! Ici, ce fut Hathor, qui imagea bien son rôle de mère d'Horus. Mais à partir de ce jour, la bonne Reine-Vierge Nout fut vouée à l'oubli ! L'univers entier, création de Dieu, subit autant de transformations dans les écrits des autres temples. Le Divin Potier a perdu l'argile nécessaire à son modelage ! Honte à nous, et gare à nous tous ! Nous ne sommes plus les créatures du Créateur. Car sous prétexte de rendre plus populaire notre monothéisme, nous n'avons pas hésité à avoir recours à un langage imagé, plein de métaphores subversives, empreintes dans le fond et dans la forme du plus pur polythéisme. Et si nous sommes nous-mêmes aujourd'hui dans un compromis entre notre monothéisme et l'idolâtrie, les zoolâtres du bélier solaire tentent de le transformer en un monothéisme sacrilège. L'élément originel divin provenant de nos vénérés Aïeux disparaît. L'Être Suprême ne peut qu'en être fort irrité. L'irrémédiable est en train de se reproduire une nouvelle fois. Tentons de sauver ce qui peut l'être à l'extérieur de nos frontières, car il ne restera pas pierre sur pierre dans notre « Deuxième Cœur ». À moins que le sable ne submerge nos temples et leurs superstructures, tel le Cercle d'Or, et qu'un jour futur, dans un avenir lointain, des Cadets d'une autre nation en visite sur notre sol n'en fassent la découverte.

La mine atterrée des prêtres montraient clairement combien ils se rendaient soudainement compte de la valeur prophétique de ce qui deviendrait tout ou tard la sinistre réalité. Le Pontife reprit d'un ton moins accablé :

- Notre monothéisme, à mes yeux, s'il ne se place plus dans la grâce divine, peut toutefois se conserver dans son intégralité passée. Le Cercle d'Or est la matérialité de la Loi de la Création, et c'est en elle que nous devons placer la sauvegarde des Écrits Sacrés. La structure de l'univers et le mécanisme des rouages qui la compose démontrent largement l'autorité incontestable du Créateur sur toutes les choses et sur tous les êtres. Notre esprit doit donc tendre à faire saisir, tant à nos frères ennemis qu'aux deux dans cadets du futur, que les principes fondamentaux d'Ousir et d'Ousit ont été les mêmes puisqu'ils émanaient de Dieu par l'entremise de Nout. Nos efforts consisteront donc désormais à replacer le ciel de nos cartes et de nos figurations astrales en sens contraire, *à l'antipode*, de ce qu'il est depuis le Grand Cataclysme. Nous rétablirons l'ancienne figuration de façon à montrer à Dieu que nous nous échappons de ce temps, que nos âmes s'extériorisent, s'évadent d'elles-mêmes afin de ne plus être contraintes de suivre une prédétermination due à la seule Raison. Ayant rétabli de cette façon un équilibre bien fragile j'en conviens, nous pourrons peut-être triompher dans cette voie périlleuse qu'est la retransmission du Texte Saint, par-delà notre retour au Pays des

Bienheureux Endormis. Puisse Ptah, dans son infinie bonté, pardonner à ceux qui nous ont devancé d'avoir choisi l'hippopotame comme image de l'Unique. Il représentait non pas une zoolâtrie semblable au culte solaire des rebelles, mais le symbole de la Paix céleste sous sa forme susceptible d'inspirer la crainte humaine. Cet animal a presque complètement disparu de nos contrées par la faute d'une vengeance aveugle, mais l'origine nous en incombe puisque nous avons accepté de perpétuer ce culte idolâtre. Que cette conclusion ne soit pas la fin de notre civilisation, mais un tremplin vers des lendemains bien plus compréhensifs dans les désirs de Dieu à notre égard.

Psên-Hapy avait terminé sa harangue sur le ton d'une conversation normale, ne désirant pas prophétiser outre mesure. Mais le Pontife savait qu'il avait parlé avec la voix et les paroles de Vérité. Il ne verrait certes pas la fin de leur monde, mais la fin du passage du Soleil dans cette constellation du Bélier n'éclairerait déjà plus que des ruines !

Aucun des prêtres n'osant se lever avant que le vénérable Patriarche ne fût debout, il poussa un soupir de résignation et dit en se soulevant :

- Il est temps de faire les modèles de nos nouveaux Jumeaux. Montons à l'observatoire nous mettre au travail.

Vingt-quatre Pêr-Ahâ succédèrent à cet Apêpi, que les Grecs appelèrent Apophis, enfonçant à chaque nouveau Sceptre le pays un peu plus dans le chaos. Mais le bas de la pente était atteint. La décadence était devenue telle qu'elle ne pouvait plus augmenter. Aussi, le temps d'un vingt-cinquième Pêr-Ahâ fut celui d'une tentative de renouveau et d'unification. Il prit le nom de Nek-Bet Iâmet, celui qui naquit de la Nephtys grecque, donc de la Lune. Il était certain, ainsi, de ne vexer ni les adorateurs du Soleil ni les Suivants d'Horus ! Son épouse fut Néfertari, dont le tombeau splendide se trouve dans la vallée des Reines, et qu'il ne faut pas confondre avec la belle Nefertiti, épouse d'Akhénaton deux siècles plus tard.

Le Pharaon et ses troupes assiégèrent Avaris, dans le delta, où s'étaient retranchés les Hycksos, qui gouvernaient une partie du pays depuis plusieurs siècles. Ils finirent par se rendre sous la condition expresse d'être autorisés à quitter les bords du Nil pour se rendre dans le Juda septentrional, d'où ils étaient venus. Mais comme ils continuaient de constituer une menace sérieuse pour l'Égypte, le roi les attaqua à Sharouben, et s'empara de la ville après un siège qui dura trois années.

Cette période, qui marque le début du Nouvel Empire d'après l'historien le plus célèbre de l'Antiquité, Manéthon, et qu'il n'y a aucune raison de mettre en doute, fut aussi le point de départ de ce que la tradition juive appelle l'oppression du peuple hébreux en Égypte, et celle-ci dura deux cent quarante ans. La date de l'Exode biblique se retrouve donc avec précision, et partant, sous le règne auquel il eut lieu. Comme cette étude fait l'objet d'un prochain tome de cette série, il n'en sera pas fait état dans celui-ci.

Avec ce règne, toutes les traditions antiques furent rétablies, et notamment le régime matriarcal. Ce fut pourquoi la reine Néfertari fut vénérée, une fois morte, comme l'aïeule divine et la mère de cette XXIIIe dynastie.

Le Pêr-Ahâ qui lui succéda fut Djezer-Kâ-Râ-Amon-hotep, qui fut, comme son nom l'indique, un Adorateur du Soleil en Bélier, et le fondateur d'une lignée importante puisqu'elle ira jusqu'à Aménophis IV, qui reniera Amon et le Soleil, pour Aton et Ptah, sous le nom d'Akhénaton. Mais ce que l'on sait de cet Immonde, fut qu'il fit reconstruire des temples détruits sous la XIIIe dynastie et dédiés à Râ ! De plus, il fit ériger un temple splendide pour assurer le culte de son esprit après sa mort. Aujourd'hui, cet édifice fait partie intégrante du groupe de constructions appelé Médinet-Habou, à l'extrémité sud de la nécropole de Thèbes.

Pour lui succéder, survint un « Fils de Têta », donc de Thot pour les Grecs, qui reçut de ce fait le nom de Thouthmosis Ier par Manéthon. En digne Pêr-Ahâ, il consacré les treize années de son règne à refaire de l'Égypte un pays digne de sa tradition ancestrale. Non seulement il entreprit d'immenses travaux, mais il fit plusieurs campagnes militaires qui furent couronnées de succès. Juste au-dessus de la troisième cataracte, une borne-frontière portait l'inscription suivante :

« *Gloire à Djou-T-Atêta, longue vie et santé éternelle à celui qui a déposé le chef des Nubiens et tient son peuple entre ses mains ! Il a rejoint ses frontières antiques sur les deux rives du Grand Fleuve, et il ne reste pas un homme aux cheveux crépus qui ose l'attaquer, car plus aucun ne survivrait, tous les autres étant morts durant la bataille. Ils sont tombés par l'épée, et ils jonchent le sol de leurs enveloppes charnelles en putréfaction ! Ces carcasses sont trop nombreuses pour que les vau- tours ne laissent que des os à terre. Désormais, nul ne franchira sans y être autorisé cet emplacement, car, telle une panthère dans un troupeau de gazelles en fuite, la gloire du Fils d'Atêta les éblouit et les empêche d'avancer ! Avis à tous !* »

Deux des fils de ce Thouthmosis Ier étant morts très jeunes, le roi avait reporté toute son affection sur sa fille, ignorant sans que l'on sache exactement pourquoi, son quatrième enfant qui était pourtant un garçon. Or, cette fille était celle qui allait devenir si célèbre sous son nom d'Hatshepsout ! Mais ce fut bien plus tard, et après de multiples déboires.

Dès la mort du Pharaon, et selon la tradition, son der- nier fils prit la succession en tant que deuxième du nom. Mais Hatchepsout, l'aînée, âgée de quinze ans, et manœuvrée par des partisans de Ptah, s'insurgea et déclara que son père avait toujours voulu faire d'elle la reine. En foi de quoi, les prêtres d'Amon, déjà en ascension constante au zénith du ciel, l'obligèrent à épouser son frère et à se contenter du rôle ingrat de reine-consort !

Le couple eut une fille, mais très vite le roi se détourna de son épouse, et il eut un fils d'une concubine de sang non royal. Et peu avant la fin de son règne, afin d'éviter que Hatschepsout prenne le Sceptre, le roi s'arrangea pour faire plébisciter ce fils par le peuple avec l'agrément des prêtres d'Amon. La reine en ressentit une furieuse colère... et le Pêr-Ahâ mourut assassiné ! Mais le parti des tenants de Ptah n'était plus assez fort, et ce fut le troisième roi Thouthmosis qui monta sur le trône. Hatschepsout fut nommée corégente mais dut garder son titre de reine consort !

Dès le début de son règne, le jeune roi se vit confiner dans un rôle secondaire par sa belle-mère qui avait pris nettement le pouvoir. Il était prêt, selon la tradition, à épouser sa demi-sœur, mais Hatschepsout ne le voulut point, car sa fille serait alors devenue l'héritière légitime et le pharaon aurait repris le Sceptre !

Durant neuf ans, il réussit à se maintenir à égalité dans les inscriptions avec la reine consort, mais brusquement, ensuite, il disparaît de la scène politique, bien que vivant encore treize années. Hatschepsout fut couronnée « Roi des Deux-Pays ». Elle insista depuis ce jour pour être appelée « Roi », et non « Reine ». Sa destinée fut telle que sa vie fera l'objet d'un ouvrage spécial. Aussi ne sera-t-il pas fait état plus longuement de ce règne ici.

Les successeurs eurent des règnes assez combatifs aux confins de leurs frontières, mais ils durent tous faire face à un perpétuel antagonisme interne de l'un ou l'autre clan suivant qu'ils étaient adorateurs du Soleil ou Suivants d'Horus !

Curieusement, l'Égypte, invincible à cette époque, éduquait dans sa Cour plusieurs centaines de princes étrangers, mais qui servaient surtout d'otages. Et ces jeunes hommes avaient amené avec eux une sorte de langueur et de volupté qui avait fait tache d'huile en peu d'années. Et pour la première fois, sous le court règne de Thouthmosis le quatrième, l'Égypte avait dû se préoccuper de contingences politiques externes à la vallée du Nil.

Aussi, lorsqu'il mourut, ce fut la consternation, car Amonhotep, son fils, n'avait que onze ans et aucune sœur à qui il pût être marié pour établir son droit au trône. On lui fit cependant épouser une princesse aux nombreux titres malgré ses treize ans ! Elle fut appelée « Dame des Deux-Terres », ce qui fit d'elle l'héritière légale du Trône.

Et là encore, l'antagonisme flagrant apparaît tout au long de ce règne, car si le faible Aménophis III était tombé sous l'influence d'Amon le bélier, ce n'était pas le cas de la reine Tii, sa jeune épouse, qui vénérait le Dieu-Un !

Chapitre XII

L'Avènement d'Aton
(La Constellation du Bélier)

« *Les Errantes, celles qui n arrêtent jamais leur course, ne sont que les reflets visibles des combinaisons des forces cosmiques mais elles n émettent d elles-mêmes aucune force.* »

JUNCTIN
(Speculum Astrologiae.)

« *Sur les constructions colossales subsistaient encore des caractères égyptiens qui retraçaient l ancienne splendeur de Thèbes. Invité à traduire, un des vieux prêtres expliqua à Germanicus que la ville avait eu jadis plus de 700 000 habitants en âge de faire la guerre.* »

TACITE
(Annales, II, page 60.)

Thèbes, la capitale aux cent portes d'or chère à Homère, dans laquelle cent soldats pouvaient pénétrer de front, était à l'apogée de sa gloire. Depuis des siècles, chaque Pêr-Ahâ faisait construire un temple autant à sa propre gloire qu'à celle d'Amon-Râ, le Bélier solaire. Et chaque fois, l'édifice éclipsait en beauté, en richesse des décors, et en grandeur imposante, celui de son prédécesseur ! Les prêtres des adorateurs du Soleil étaient tous puissants, et ils tenaient fermement les destinées du « Deuxième-Cœur » par Pharaon interposé, réduit au rôle de Dieu statufié.

Dendérah avait non seulement perdu les membres de sa célèbre Double-Maison-de-Vie, mais l'ensablement général du site avait enfoui sous des décennies d'oubli le Cercle d'Or. Les derniers vieux prêtres étaient morts là, isolés dans leur monothéisme défunt ! Et pourtant non, car d'Héliopolis, la cité du Soleil, l'An primitif, une évolution s'était faite pour contrecarrer la prédominance d'Ouaset, la « Cité occidentale de Set », devenue Thèbes en grec ! Ce fut même plus qu'une évolution : ce fut une révolution spirituelle ! Les prêtres de cette capitale consacrée au Dieu-Soleil le transformèrent en un nouveau culte : celui d'une divinité agissant par l'entremise du Soleil. Ne pouvant lui donner le nom de Ptah tombé en désuétude, ils anaglyphèrent les caractères pour les transformer en Aton, par opposition à Amon qui ne servait aucune idéologie antique !

En effet, les prêtres d'Amon, à Thèbes, amassaient d'immenses fortunes et vivaient grassement sans se préoccuper d'une autre théologie que celle consistant à se faire obéir de tous pour leur seul bien-être ! Alors que malgré leur idolâtrie primitive, ceux d'Héliopolis, et avec eux tous les « Rebelles de Set », n'adoraient le Soleil que par opposition ouverte aux Suivants d'Horus. La transformation de Râ en Aton fut donc le schisme primordial des années ayant précédé le règne d'Aménophis III, et qu'il fallait connaître car il est vital pour la compréhension historique de la suite des Annales d'Ath-Kà-Ptah.

Le Pêr-Ahâ, intronisé sous son nom Amon-Hotep (le paisible Amon), était élevé dans ce catéchisme zoolâtre du bélier, alors que sa jeune épouse arrivait d'Héliopolis... où elle venait tout juste de quitter la Maison-de-Vie des prêtres d'Aton ! Et ceci explique cela puisque celle qui fut la Reine Tyi, eut trois filles et un fils : celui qui fut Aménophis IV avant de devenir le Divin mortel Akhén-Aton !

Mais n'anticipons pas, car dès l'âge de treize ans, une révolution solaire après son couronnement, le jeune pharaon partait vers des chasses lointaines que lui organisaient les prêtres d'Amon. Pendant quatre années, elles furent ses seules passions. À partir de sa dix-septième année, il devint morose, et tomba sous la domination de son épouse. Comme celle-ci ne lui donna que trois filles, une désunion larvée, qui ne cessa de s'amplifier, n'arrangea pas les affaires de ce jeune « Aîné ». Tiraillé par les prêtres d'Amon et par les algarades incessantes avec la reine, Aménophis III entreprit de construire de grands et magnifiques édifices. Un gigantesque temple fut érigé face au désert, sur la rive occidentale du Nil, non loin de Thèbes. Il n'en reste plus une seule pierre, sauf les deux monumentales statues à son effigie, de dix-neuf mètres de haut chacune, qui en gardaient la façade principale. Ce sont elles que la postérité a appelé « Colosses de Memnon ».

L'intérieur du temple de Louxor est également de ce règne, portant l'empreinte de la richesse de ce temps. Sa demeure était un bâtiment léger mais très luxueusement décoré. La reine Tyi, pour agrémenter un panorama désertique, avait fait creuser un immense lac relié par un canal au fleuve, et autour duquel elle avait fait planter des milliers d'arbres odoriférants. Ce fut dans cet endroit qu'elle accoucha de ses trois filles. Mais les disputes continuelles séparèrent ensuite durant un long temps les deux époux. Ils ne se réconcilièrent que seize ans plus tard, date à laquelle la reine Tyi donna enfin naissance à un fils qui reçut le nom d'Amon-Hotep IV.

Entre-temps, le roi, ne pouvant se passer de femmes, fit venir des princesses étrangères afin d'en faire ses concubines. Il est probable qu'il en attendait un ou plusieurs fils qui ne vinrent pas. Ou plutôt, s'il y en eut effectivement un, la reine Tyi le fit disparaître le jour même de sa naissance et remplacer dans le lit de l'accouchée par une fille !

L'épouse royale, bien que petite et corpulente, avait des yeux reflétant une intelligence supérieure. Elle savait ce qu'elle voulait et n'hésitait certainement pas à employer les moyens qu'il fallait pour parvenir à ses fins.

Si la princesse mitanienne Gilu-Hepa, qui arriva dans Thèbes avec une escorte de trois cents dames d'honneur, n'eut que deux filles avant de sombrer dans la folie, reléguée dans le harem, il n'en alla pas de même avec une certaine princesse babylonienne qui fut accouchée des mains même de la reine Tyi qui prit un grand soin de sa santé.

Est-il besoin d'ajouter que cette concubine n'eut qu'une fille à contempler lorsqu'elle ouvrit les yeux ? En effet, une forte dose de somnifère lui avait été donnée afin de lui éviter des douleurs trop grandes !

Après tous ces « déboires », une réconciliation entre les deux époux eut lieu. Et la reine Tyi partit pour Héliopolis demander la grâce d'Aton pour une naissance mâle et divine. L'intéressant à noter ici est, qu'à dater de ce jour-là, Aton fut représenté dominant le Taureau Céleste, ce qui donnait le nom à double sens de : Amon-Hapy, devenant aussi en hiéroglyphique aussi bien qu'en phonétisation grecque l'équivalent d'Aménophis. La destinée du nouveau-né, un garçon, serait toute tracée : il serait l'ancien Dieu-Unique réincarné en celui d'Aton. Enfin, élément le plus important pour la suite, la reine Tyi avait ramené avec elle d'Héliopolis un des prêtres les plus en vue de son Collège : le Pontife Taï. Dès qu'il vit que le nouveau-né était un garçon, il obtint du roi l'autorisation et les crédits pour construire un temple d'Aton dans l'enceinte même de Thèbes, au milieu des autres édifices dédiés à Amon !

Dire que les prêtres furent atterrés serait faible ! Il faut bien comprendre qu'ils étaient les Maîtres incontestés de tout et de tous. Ils avaient non seulement l'exclusivité de l'enseignement supérieur, mais aussi celui de la nomination des lettrés dans toutes les disciplines administratives et politiques.

Aussi, de se voir ainsi écartés des cérémonies officielles ne pouvait qu'attiser leur haine et leur désir de vengeance. Car le baptême du futur Pêr-Ahâ se fit sous les auspices d'Aton, c'est-à-dire la double bénédiction du Soleil et du Taureau Céleste, qui l'avait contenu durant plus de deux millénaires.

Au jour prévu par des influx particulièrement bénéfiques des Douze, il y eut une grande messe pour célébrer ce baptême. Ce ne fut pas la grande foule, le peuple restant encore sous la coupe d'Amon qui distribuait les emplois et les richesses exclusivement à ses adeptes.

Mais les princes de la cour royale, et surtout les étrangers fort nombreux à Thèbes à cette époque, emplissaient largement les travées du temple.

Ce fut le Pontife Taï lui-même qui officia, selon les principes traditionnels enseignés à Héliopolis depuis plus d'un siècle et qui s'étaient substitués à ceux de Dendérah enfouis sous les sables et l'usure du temps. Les documents historiques ne manquent point sur cet événement, car n'oublions pas que nous sommes désormais près des fameux temps bibliques de l'ère mosaïque. Non seulement les points de repère ne manquent pas, mais tous les textes concordent. Aussi est-il facile d'effectuer cette narration.

Dans ce temple entouré d'une double rangée de colonnades superbement gravées, les murs étaient recouverts d'électrum, le sol pavé d'argent, et les portes à doubles battant recouvertes de plaques d'or. Le plafond peint en couleur bleu-azur était constellé d'étoiles dorées à cinq branches. Son opulence offrait l'un des plus splendides spectacles qui soient, assurèrent ceux qui ne manquèrent pas en ce temps de rapporter les détails de la cérémonie. En effet, celle-ci revêtit une forme solennelle oubliée de longue date par les participants. C'était l'occasion, pour ces prêtres d'Aton, d'un retour à des rites ancestraux, recommandés par Ptah. Et ce fut bien avant l'aube que Taï réunit ses prêtres afin de parachever la parfaite organisation du baptême historique qui allait redorer le blason d'Aton tout en ressuscitant Ptah.

Une bonne heure avant que n'apparaisse le Soleil à l'horizon d'Aton, les officiants désignés comme « Prêtres-de-la-naissance d'Aton », accompagnés par le Scribe des Rites et le Lecteur du Rituel solaire, suivaient le « Grand-Prêtre aux Mains-Pures » chargé de préparer la Grande Cérémonie. Ils retrouvèrent, près du Sanctuaire, le Pontife qui était resté toute la nuit en prières en ce lieu saint. Ascète dans l'âme, et sentant instinctivement qu'il allait jouer la carte divine pratiquement à quitte ou double, diverses prières expiatoires l'avaient préparé à la purification qui allait avoir lieu, le purgeant auparavant des mauvaises actions qui pouvaient se tenir en son esprit à ce moment-là.

Juste au moment où les officiants apparaissaient, Taï, comme mu par un sixième sens, arrivait au-devant d'eux. Ils poursuivirent en silence leur chemin, jusque devant le double battant doré de la porte orientale, que deux larges colonnades circulaires peintes en rouge mettaient encore plus en valeur.

Deux prêtres poussèrent un peu plus un battant déjà entrouvert, qui coulissa sans aucun bruit, laissant apparaître la chaussée montante qui s'enfonçait dans la nuit par-dessus le mur d'enceinte qui entourait les communs pour les isoler de l'édifice religieux lui-même, tout en permettant un accès direct avec le Lac Sacré.

Car en cette journée propice des Combinaisons-Célestes, le Pontife voulait aussi renouer avec une autre tradition qui consistait, avant toute cérémonie importante, à ne plus se contenter d'une purification symbolique, mais à se rendre au Lac Sacré pour s'y purifier directement.

Ce préalable accompli, ils revêtirent tous leurs tuniques de lin écru, spécialement préparées à cet usage exclusif par des prêtres tisserands, qui patientaient là depuis longtemps, attentifs aux moindres défauts susceptibles d'entraver les mouvements. Les longues torches fumeuses donnaient à cette scène un aspect des plus rituels qui satisfaisait l'âme de Taï.

Comme dans un ballet de danseurs parfaitement chronométré, les quatre prêtres officiants se dirigèrent en silence vers le puits de la Source Très Pure, afin d'en ramener les cruches emplies et purifiées la veille, contenant chacune huit litres de cette eau, qu'ils devaient transvaser dans un réservoir en forme de petite baignoire, consacrée et éloignée de tout attouchement impur dans la sacristie, en l'attente de la cérémonie.

Cette salle, attenante au centre du chœur, était interdite à quiconque ne s'était pas purifié avant d'y pénétrer.

Ainsi, la petite baignoire ne parviendrait à son emplacement qu'au moment où le bébé devrait y être plongé. Toute souillure était donc détournée de cet endroit où l'eau de Vie accomplirait son office divin complémentaire afin d'accorder l'âme nouvelle encore fragile avec sa future destinée qui le relierait étroitement à son père : Aton.

Tout était si bien ordonnancé dans le déroulement des opérations préliminaires, qu'un spectateur non initié aurait cru que celles-ci s'effectuaient ainsi depuis des siècles sans interruption !

Le ciel commençait juste de s'éclaircir en une progression rapide mais bien dosée, lorsque les préparatifs s'achevèrent. Les prêtres ouvrirent largement les deux battants de la façade principale, afin que les invités et les curieux puissent vivre ce moment où un Fils recevrait son nom d'Homme.

Le violet de l'horizon d'Aton s'empourpra, pour devenir rouge vif et orangé. D'un instant à l'autre, l'or des premiers rayons du Soleil apparaîtrait dans la grande allée du temple.

En ombres quelque peu furtives, les invités pénétraient à la hâte, se répartissant dans les travées proches de l'autel du baptême. Soudain, l'or du ciel emplit l'édifice, l'auréolant de teintes éblouissantes par toutes les ouvertures pratiquées sur le haut du mur du levant. Et comme s'il n'attendait que cette manifestation céleste, le Pêr-Ahâ apparut, porté par huit prêtres, sur son fauteuil incrusté d'or et de pierreries. Puis la reine Tyi, la « Déesse des Deux-Pays » pénétra à son tour, soulevant un murmure d'admiration générale. Elle tenait son fils contre elle, n'ayant laissé à nulle autre le soin de le présenter au baptême.

Taï s'approcha d'elle sans se préoccuper outre mesure de ce que ferait le roi. Il prit le bébé, doucement, et lui caressa les joues, cependant que Tyi descendait seule de son trône portatif. Aménophis III mit plus de temps à s'extraire du sien, tous ses ornements traditionnels étant encombrants et passablement lourds. De plus, sa maladie se développant rapidement, il commençait de souffrir horriblement bien que tâchant de ne point trop le montrer. Et le roi se dit qu'il était temps de faire la paix non seulement avec son épouse à cette occasion, mais aussi avec ces prêtres d'une autre confession que celle dans laquelle il avait été élevé, mais qui lui avaient accordé ce fils à son image.

Pendant ce temps, le Pontife s'était approché de la table sainte et tous les invités s'étaient assis. Taï éleva le bébé au-dessus de lui, vers les rayons du soleil levant, en disant d'une voix forte :

– O toi, qui te lèves jour après jour à l'horizon voulu par Aton ; ô toi, Râ, qui navigue avec régularité au-dessus de la Terre afin de la fertiliser saison après saison, tu es la bénédiction d'Aton, le Tout-Puissant Créateur. Tu apparais rayonnant de la lumière divine dès ton apparition à l'horizon d'Aton. Tu suis le fleuve céleste invisible qu'il te trace, voguant éternellement sur ta barque sacrée, sans jamais changer de cap.

Le chœur des prêtres s'empressa de reprendre en forme de litanie la dernière phrase :

– Tu vogues éternellement, ô Râ, sur ta barque sacrée, sans jamais changer de cap !

Les quatre officiants s'empressèrent à ce moment d'allumer leurs encensoirs à un brandon en attente. Ils firent chacun le tour de l'autel pour achever la purification. Puis ils allèrent chercher la petite baignoire, cependant que Taï rendait pour un instant le bébé à sa mère pour se rendre sur le piédestal du Prophète et entonner une prière d'intercession à Aton :

- O Toi, qui es issu de Hapy, le Taureau Céleste, dans ta manifestation d'Aton, accorde à cette cérémonie du baptême de ton Fils toutes tes influences bénéfiques afin que son nom d'Homme soit le signe du fidèle serviteur qu'il sera vis-à-vis de toi et de son peuple.

Le Prêtre lecteur du nouveau rituel, qui s'était approché du Pontife, reprit le relais en levant ses deux bras au-dessus de sa tête en signe d'imploration :

- O Toi, qui es issu de Hapy, le Taureau Céleste, accorde à ce nouveau-né ici présent, de te servir, toi, Aton, qui a modelé le Grand Luminaire qui, chaque matin, engendre par son rayonnement, chaque journée bienfaisante sur cette terre. Nous t'en prions avec une ferveur renouvelée afin qu'il en soit ainsi, jour après jour, à partir de ce moment où ce petit être va recevoir son nom d'Homme et qu'il puisse en faire bon usage durant sa très longue vie terrestre.

Le Pontife Taï, qui s'était abîmé dans une profonde méditation durant cette imploration, rouvrit ses paupières et fixa les invités, avant d'entonner d'une voix ferme le rituel mis au point :

- Gloire à notre père à tous : Aton.

La phrase fut reprise en chœur par les assistants, comme le furent toutes les suivantes. Après quelques hésitations, la longue litanie à ce Dieu nouveau, mais à la fois si ancien, enthousiasma tous ceux qui étaient présents. S'il y avait quelque espion envoyé par les prêtres d'Amon, celui-ci aurait un rapport édifiant à faire ! La fin surtout avait de quoi les faire frémir du haut du piédestal où ils s'étaient placés eux-mêmes, car Taï avait achevé par cette conclusion que n'aurait pas reniée un de ses collègues de Dendérah :

- À Toi l'éternité, ô Aton ! L'origine de notre vie à tous provient de ton rayonnement sur tous les êtres où qu'ils se trouvent, ta sauvegarde bénéfique s'étendant partout sous notre ciel. Il n'est aucune protection plus puissante que la tienne, qui a accordé à ce petit être de prendre sa forme humaine pour lui donner son nom d'Homme.

Taï fit une courte pause en élevant un index accusateur vers la foule des invités :

- Quiconque a pénétré dans ce lieu saint avec des pensées impures en subira le contrecoup jusque dans l'Au-Delà de cette vie terrestre. Aton est paisible dans sa création qui n'admet pas la mésentente, ni les tueries. Mais il se chargera lui-même de punir sévèrement les contrevenants à ses Commandements célestes. La Pureté est la plus belle parure qu'Aton a accordé à nos âmes. C'est elle surtout que je prie de toutes mes forces de pénétrer dans la Parcelle Divine déjà dans ce corps enfantin, et de l'inspirer dans la bonté et la droiture qui seront éternellement en lui.

Les officiants, qui revenaient juste à ce moment, porteurs de la baignoire, étaient précédés par deux prêtres qui déplièrent sur l'autel des rouleaux de fines toiles tissées d'or, sur lesquels fut mise cette cuvette de baptême. Durant ce temps, des harpistes entonnèrent un chant de louanges en l'honneur des deux époux, tirant des sons mélodieux de leurs instruments.

Tout étant enfin prêt, Taï s'approcha de l'autel :

- Qu'Aton bénisse cette prise de possession de sa qualité humaine d'une enveloppe charnelle qui vient de naître, car Il est ici dans Sa Demeure terrestre. C'est dans les bras de sa fille soumise, la déesse du Double Pays, qu'il se trouve, et que sa grâce doit combler de ses bienfaits.

Un murmure courut dans l'assistance, car il devenait clair que le prochain Pêr-Ahâ, celui qui agitait en silence ses petites mains, serait le fils d'Aton, et non d'Amon, comme son père qui était là imperturbable dans ses atours royaux, et comme l'avaient été ses prédécesseurs ancestraux.

Le prêtre du Rituel, toujours présent près du Pontife, fit un signe impératif à l'assemblée de se lever pendant qu'il articulait d'une voix lente, mais forte :

- Que le Pêr-Ahâ « Hapy », issu de la Terre d'Ath-Kâ-Ptah s'avance jusqu'à cette table ; que la divine Tyi s'approche jusqu'à nous afin de présenter son fils à Aton !

Les deux époux vinrent devant l'autel, Amon-Hapy ayant fait semblant de ne pas remarquer la censure de son titre d'Amon dans son nom par le prêtre du Rituel. La reine ôta la belle tunique qui recouvrait le corps de son enfant et le présenta au Pontife.

Le tenant précautionneusement, Taï l'éleva au-dessus de la baignoire en disant :

- Bienheureux celui qui vivra dans la justice et la bonté, car il pourra contempler ta face sans en être aveuglé, ô Aton ! Comme tu es le dieu de toutes les générosités, fais que ce bébé d'homme, ton Fils vénéré, grandisse dans l'obéissance de tes commandements. Élevons d'abord nos voix pour une prière commune pour la réalisation de ce vœu.

Curieusement, toutes les gorges émirent alors, sans aucune concertation, l'antique prière de Ptah, apprise longtemps avant, et pratiquement oubliée jusqu'à ce jour. Puis, abaissant lentement le corps vers la baignoire, le Pontife reprit :

- Dans cette Eau Vive, provenant de la source sacrée que tu irradies depuis des millions d'années, ô Aton, fais qu'avec le Grand Râ du Grand Fleuve céleste, ta Sagesse, ta Pureté, et ta Justice soient les principes vitaux de ce petit corps, à jamais ton Fils, dès qu'il aura été plongé les trois fois traditionnelles dans ce liquide baptismal qui t'a été tout spécialement consacré.

La première immersion s'effectua doucement. Le corps tout entier disparut dans la baignoire pleine de cette eau pure. Taï soutint cependant la petite tête, un mouvement instinctif de recul ayant arqué cette enveloppe charnelle encore bien délicate. Le Pontife en sourit intérieurement avant de reprendre en ramenant le bébé ruisselant au-dessus de sa tête :

- La deuxième immersion dans cette Eau pleine des Forces Vives d'Aton afin que cette Parcelle de toi-même qui est son âme poursuive une route parallèle à celle qui est la tienne entre nos deux horizons. Qu'il conserve son éclat le plus brillant, d'une équité sans tache, et d'une plénitude égale à celle du Soleil Éternel.

Et Taï replongea le bébé dans la baignoire. Cette fois, les bras s'agitèrent et la bouche émit un « aâ-rê » retentissant en signe de protestation bien compréhensible. Mais le futur grand roi ne pleura point. Et le Pontife, accélérant le déroulement des actes de la cérémonie, éleva rapidement le corps à hauteur de ses yeux, avant d'enchaîner :

- Enfin, cette troisième immersion d'Eau rayonnante de ta gloire éternelle, afin que cette âme désormais immortelle suive non seulement la même route que la tienne, mais tes Commandements qui permettront à notre Deuxième-Cœur de survivre jusque dans l'Éternité qui est la tienne, et qui est parfaitement définie par les cycles rythmiques de tes grandes années.

Cette fois, le bébé n'émit aucun cri au contact de l'eau. Il eut même comme un sourire en réapparaissant de l'onde, les rayons solaires frappant soudainement son visage. Taï, quant à lui, eut un rire joyeux, mais interne, de satisfaction, le Soleil étant bien au rendez-vous fixé par les calculs de ses maîtres du Nombre ! Mais comme deux des officiers s'approchaient avec des linges épais vers la reine afin que celle-ci en enveloppe le corps frémissant, il reprit son visage solennel pour tendre le fils à sa mère.

Après l'avoir essuyé tendrement, Tyi lui passa sa belle tunique et le tendit de nouveau au vénérable Patriarche. Durant tout ce temps le roi avait conservé la rigidité d'une statue. Ayant accepté de financer la construction de cet édifice religieux à un autre dieu qu'Amon en remerciement de lui avoir donné un fils, il ne pouvait rien dire. En fait il ne le désirait même pas. Il avait bien vieilli, et il lui fallait désormais songer à s'assurer la place qui devrait être la sienne dans l'Au-delà de la vie.

Taï, durant ce temps de silence profond, avait élevé le corps le plus haut possible par-dessus sa tête afin que tous les invités l'aperçoivent nettement. Il acheva ainsi cette mémorable cérémonie :

– O Toi, Seigneur de la vie éternelle sous ta forme d'Aton, voici ce petit d'un homme et d'une femme. À partir de ce jour, tu seras le seul à disposer de sa destinée. Fais qu'elle soit aussi brillante et aussi noble que l'est la tienne. Accueille en cet instant dans ton registre des grandes âmes, celle dont le nom sera désormais synonyme de Divin Mortel pour nos Annales futures : « Le Miroir d'Aton », car il sera ton reflet exact pour l'Éternité. » Vie éternelle au divin mortel Akh-en-Aton ! »

Les prêtres et les officiants répétèrent cette dernière phrase avec une emphase qui se répercuta en un écho sonore dans toutes les oreilles des personnes présentes :

« Vie éternelle au divin mortel Akh-en-Aton ! »

La cérémonie du baptême de celui qui allait faire trembler sur ses bases la puissance idolâtre du dieu-bélier Amon était achevée. Les invités s'éparpillèrent sur la vaste esplanade du temple, l'air contrit et consterné devant les regards goguenards des gens du peuple venus en curieux pour assister de loin à la sortie de ceux que leurs prêtres commençaient à qualifier ouvertement de renégats.

Les chariots dorés attendaient leurs occupants et les magnifiques chevaux qui les tiraient piaffaient d'impatience. Mais il fallait attendre la sortie des époux royaux avant de quitter l'enceinte du temple. Ceux-ci ne tardèrent pas à apparaître, assis sur leurs trônes portatifs dorés, reposant sur les épaules de serviteurs du palais, cependant que des porteurs d'éventails en plumes d'autruches, à longs manches, couraient sur les côtés en les agitant afin que les mouches, nombreuses en cette saison, n'importunent point les visages des augustes personnages que la gravure éterniserait.

Le bébé, le divin mortel, dormait paisiblement dans les bras de sa mère, inconscient encore du torrent des passions qu'il allait déchaîner dans Thèbes ! Mais comme cette vie unique et hors du commun fera l'objet du tome suivant, laissons-le poursuivre ses rêves enfantins sans le troubler plus avant.

En revanche, son père, celui que plus personne n'osait appeler de son nom divin : Amon-Hopet, mais sous celui d'Amon-Hapy, plus en rapport avec les vues célestes d'Aton, était de plus en plus atteint dans la sérénité de son âme. Au cours de ces années terribles, les luttes religieuses d'influences s'accentuèrent, troublant de plus en plus la vie de l'opulente capitale thébaine.

Les documents historiques que les annales de ce temps nous ont légués, indiquent que le roi, qui entrait dans la trentième année de son règne, se fit construire une chapelle mortuaire attenante à son tombeau dans la vallée de l'Au-Delà de la vie terrestre, là où étaient ensevelis tous ses prédécesseurs.

Mais ce pharaon, qui s'était attiré la haine des deux clergés, craignait fort que son sarcophage ne soit violé après avoir été déposé dans sa demeure souterraine. Aussi en appela-t-il « aux dieux » pour qu'un terrible châtiment, et la malédiction de l'Éternel, ne frappent ceux qui tenteraient d'endommager quoi que ce fût sur le site funéraire qui serait le sien.

Ce fut son dernier acte « sensé », et il mourut six années plus tard, en 1370 avant notre ère. Il y eut cependant, quelques mois avant sa fin, un événement qu'il convient de conter pour clore ce tome III de l'histoire du monothéisme, car il est significatif de l'antagonisme latent qui sépara durant des millénaires et des millénaires les deux clans ennemis d'une même famille.

Ainsi, pour une fois, les prêtres d'Amon et d'Aton souhaitaient-ils la mort d'Aménophis, qui n'apparaissait plus en public. Tous affirmaient que c'était la punition céleste contre celui qui avait attisé la colère divine. Et le roi, dans un dernier éclair de lucidité, envoya un message à celui qui fut l'un de ses « beaux-pères », celui dont la fille était une princesse mitanienne, afin qu'il lui envoie la statue miraculeuse d'Ishtar qu'il possédait dans son palais de Ninive ! Ceci était évidemment le pire affront pour ceux d'Amon, car sa réminiscence avec Isis ne pouvait pas trop contrarier ceux d'Aton.

Il est aisé d'imaginer la tête des prêtres, et du million d'habitants de la ville, pressés en rangs serrés depuis la porte de l'est jusqu'au palais royal pour voir passer le surprenant cortège !

Une centaine de prêtres à la barbe frisée, aux coiffures hautes et surprenantes pour ceux qui ne voyaient habituellement que des crânes rasés, et de plus le corps et les vêtements cachés par de très épais manteaux de laine sombre, cela était bien fait pour rendre muet d'étonne- ment un public non averti !

Vingt-quatre prêtres, pas moins, étaient nécessaires pour porter la divine Ishtar. Et le spectacle de ces religieux suant par tous les pores visibles de leur peau n'était pas le moins surprenant de cette scène. D'autres jouaient d'instruments bizarres aux sons stridents, cependant que d'autres encore frappaient à bras raccourcis sur des tambours énormes.

Mais Ishtar ne fut pas la guérisseuse tant espérée, et les prêtres du roi de Mitanni retournèrent au nord de leur Syrie natale plus silencieusement qu'ils n'étaient arrivés !

Et la « Déesse des Deux-Terres », la divine Tyi, dirigea le pays avec l'aide du Pontife Taï, en l'attente que son fils, le divin-mortel Akhen-Aton n'accède à sa majorité et prenne en mains les rênes du pouvoir, sous la direction éclairée d'Aton.

Chapitre XIII

LA CHRONOLOGIE DYNASTIQUE D'ATH-KA-PTAH

> « Nous devons le reconnaître néanmoins, les conclusions auxquelles sont arrivés les égyptologues jouissant en France et en Allemagne d'une grande autorité : Lepsius, Bunsen, Brugsch, Boëck, ne sont point tout à fait en rapport avec les chiffres des années que la chronologie relève dans la Bible depuis Adam jusqu'à Abraham. »
>
> Monseigneur Meignan,
> Évêque de Chalons.
> (Le Monde et l'homme primitif, 1869.)

Le point de départ certain, pour cette chronologie, et communément acceptée, fut celui de l'unification du pays par Mêna, ou Ménès, au cours d'une conjonction Sirius-Soleil, ainsi que l'affirment les textes, celle-ci n'ayant lieu qu'une fois tous les 1 461 ans.

Et c'est de ce point de départ que les histoires diffèrent. Les partisans d'une chronologie longue la font partir de 5867 avant Christ, tel Champollion ; ceux de la chronologie courte la font débuter près de trois millénaires plus tard, tels M. de Bunsen et Weigrul. Entre ces deux clans, il y a la multitude des égyptologues chevronnés qui ne s'occupent point des arrêts astronomiques, mais de supputations historiques comme les possibilités de deux règnes concomitants en haute et basse Égypte pour diminuer ou augmenter le temps accordé à une des trente premières dynasties.

En préambule, et avant d'aborder plus en détail la valeur mathématique de la révolution de la « Fixe » Sep'ti, ou Sothis en grec, et Sirius en français, dans les calculs de durée des règnes pharaoniques depuis Ménès, notons ci-dessous l'an 1 trouvé par les distingués chercheurs du XIXe siècle, pour laisser ceux de notre temps devant leurs mêmes incompréhensions :

Champollion	5867 avant J.-C.
Lesieur	5773 avant J.-C.
Boeck	5702 avant J.-C.
Hensy	5303 avant J.-C.
Lenormant	5124 avant J.-C.
Mariette	5004 avant J.-C.
de Saulcy	4717 avant J.-C.
Brugsh	4455 avant J.-C.
Lepsius	3892 avant J.-C.
de Bunsen	3623 avant J.-C.
Weigall	3407 avant J.-C.

Ceci n'est évidemment qu'un petit échantillon des auteurs qui ont travaillé sur les annales égyptiennes avant d'effectuer une compilation chronologique. Actuellement, il existe encore parmi les modernes deux écoles chronologiques chez les égyptologues : la courte et la longue.

Voyons en simple logique, avec une précision toute astronomique et mathématique, ce qu'il en est au juste, car la rigueur est ici absolument nécessaire.

L'étoile Sirius servait de point fixe au calendrier des origines, cela ne fait aucun doute, des milliers de preuves l'attestent. Elle a servi à la datation de départ du calendrier, ce calcul absolu ayant été effectué par les premiers maîtres de la Mesure et du Nombre. Nous garderons, pour plus de compréhension, le nom grec de cette étoile qui est Sothis, puisqu'en astronomie, il est toujours question de « la période sothiaque de 1 461 ans ». Il s'agit du temps céleste de rotation de cette étoile dans notre ciel.

Petit fait que j'ai relevé dans un des chapitres précédents de ce tome, c'est qu'à Dendérah, par exemple, Sothis se lève chaque année pour la première fois, au-dessus de l'horizon, avec six heures de retard sur celui de l'année précédente. Ce qui revient à dire que tous les quatre ans cette étoile prendra une journée de retard. Or, comme il y a 1 460 journées solaires (365 1/4 × 4) et qu'il faut en ajouter une pour la bissextile, cela fait 1 461 journées par cycle solaire. Or il en va de même avec Sirius qui servait de base mathématique aux calculs mais sur 1 461 ans au lieu de 1 461 jours. Et à la fin de cette Année de Dieu, le cycle sothiaque s'achevait par une conjonction très précise du Soleil et de Sirius à leurs levers similaires. Aucun décalage arithmétique ne se produisait, ni dans l'espace ni dans le temps dans les mouvements harmoniques, alors qu'aujourd'hui encore, malgré l'ajout d'une journée bissextile, il manque toujours un laps de temps qui ne peut être récupéré qu'en plusieurs siècles, ce qui est fort dommage.

Comment rétablir la datation antique de la chronologie, dans de telles conditions ? Nous avons plusieurs points de repère. Celui le plus communément admis, et qui est très valable, est fourni par l'historien latin Censorinus. Il relève, dans son XXIe chapitre, que juste un siècle avant qu'il n'écrive son texte, le premier jour de Thot du calendrier égyptien tombait « au jour extraordinaire du lever de la canicule en Égypte », soit l'équivalent de notre 19 juillet de l'année 139 de notre ère.

Autre élément capital porté à la contribution de la compilation chronologique, fut la découverte, en 1865, du texte du « Décret de Canope ». Il y est dit, en préface, qu'en l'an 9 du règne de Ptolémée III Évergète[62], le lever de Sothis avait eu lieu le 1er de Payni, soit le premier jour du 10e mois de l'année ».

---

[62] Donc en l'an 238 avant Christ, soit 377 années avant Censorinus. Soit un peu plus d'un quart de la révolution sothiaque, ce qui permet d'évaluer très précisément

Le Décret fut le suivant :

« *Afin que les mois suivent une règle absolue, conformément à l'ordre naturel du monde, et qu'il n'arrive plus que certaines fêtes solennelles célébrées en hiver le soient en été, la marche de l'astre avançant d'un jour tous les quatre ans, et que d'autres fêtes parmi celles qui sont maintenant célébrées en été le soient plus tard en hiver comme cela est déjà arrivé auparavant, et arriverait encore si l'année demeurait composée de 360 jours et de 5 journées instituées sous le nom d'épagomènes, désormais, on ajoutera un jour...* »

Un exemple concret de la valeur chronologique de cette source astronomique est celui de la datation du début du règne d'Aménophis premier, de la XVIIIe dynastie, qui fut le fondateur de la famille dont Akhénaton est le quatrième Pharaon régnant.

Un autre papyrus, découvert celui-là pas l'égyptologue allemand G. Ebers, dit : « En l'An 9 du règne de Sa Majesté Amonhotep, Santé et Vie Éternelle à celui qui a la Voix Juste, et plus précisément au Jour de l'An du lever de Sep'ti, le 9e jour du 3e mois de Shemou, le Roi a... »

Le calcul de la date précise est ici capital, car elle fournit mathématiquement et sans aucune controverse possible la date du début du règne d'Aménophis Ier, et partant de là, le début même de la XVIIIe dynastie puisque celle-ci n'eut que le fameux Iahmès, ou Amosis comme prédécesseur à Aménophis.

Le retard pris, entre le 1er jour de Thot de l'an 139 de Censorinus, et le 9e jour du 3e mois de Shemou, qui est le 11e mois de l'année, est de 56 jours. Or, comme il y a eu, de plus, un cycle « caniculaire »

---

le recul de l'année caniculaire. Le Chien, ou Canicule en latin, étant le symbole de Sirius.

complet en plus, il y a eu un décalage supplémentaire de 365 jours un quart pour les 1 461 ans. Ce qui donne : 56 + 365 1/4 = 421 jours 1/4, soit un écoulement de temps de 1 685 ans, ceci obtenu en multipliant par quatre pour le recul d'une journée tous les quatre ans de Sothis dans l'Espace.

Partant donc de l'an 139 de notre ère, en rétrogradant de 1 685 ans, on obtient la date de l'année 1546 avant notre ère, la neuvième année du règne d'Aménophis Ier. Donc, le Pharaon a été sacré en l'an 1555, datation mathématique irréfutable.

Étant donné que là aussi, tous les égyptologues précités donnent des dates différentes, il y a matière à réflexion ! Car enfin, même pour ceux qui n'auraient pas eu connaissance du papyrus Ebers, la clé astronomique était offerte à tous par les deux « classiques » connus du monde entier : le Décret de Canope et la datation de Censorin.

Le calcul est des plus simples :

Le Décret annonce le premier jour du lever de Sirius pour le 1er Payni de l'an 238 avant Christ, et Censorin pour le 1er de Thot de l'an 139 de notre ère, soit en 377 années, un décalage de :
29 jours pour le mois de Payni,
30 jours pour celui d'Epiphi,
30 jours pour celui de Mésori,
5 jours épagomènes pour revenir au 1er de Thot
soit 94 jours de décalage.

Or, 94 jours de décalage à raison d'un tous les 4 ans, donnent bien (94 × 4) les 376 années séparant 238 avant, du début de 139 après.

De même, le calcul du départ de la chronologie est aisé, Athothis ayant rétabli la hiéroglyphique le jour de la conjonction Soleil Sirius, après deux années de règne.

En partant du 1ᵉʳ jour de Thot 139, à reculons, de 3 × 1 461 ans, on obtient 4 382 ans. Il faut en ôter 139 pour que la date parte d'avant Christ, soit : le 1ᵉʳ jour de Thot 4244. Son règne débuta donc deux ans plus tôt à la mort du l'Unificateur Ménès, en 4246 avant notre ère.

Voici donc la « Chronologie d'Ath-Kâ-Ptah », jusqu'à Aménopis III de la XVIIIᵉ dynastie, tel que « l'ordre naturel du monde » du fameux Décret de Canope le proclame.

INDEX ALPHABÉTIQUE DES MOTS HIÉROGLYPHIQUES

Noms HIÉROGLYPHIQUES	Noms GRECS	Durée Règne	Datation (avant J.-C.)	Fait marquant du RÈGNE
1ère DYNASTIE				
1	MENES	62	4308-4246	Fut l'unificateur des Deux-Clans fratricides.
2	ATHOTHIS	55	4248-4191	Restaurateur de la Hiéroglyphique
3	ATHOTHIS II	31	4195-4160[63]	
4	HENEPHTYS	19	4160-4141	Fut la première Reine. Elle eut à combattre une très grave famine
5	OUANEPHES	23	4141-4118	
6	OUSIRPHERES	20	4118-4098	
7	MIEVIS	26	4098-4072	Quitta sa capitale Thinis, pour aller dans le Delta
8	SEMEMPSIS	18	4073-4054	Une peste violente tua 1/3 du peuple.
9	BINOCHIS	26	4054-4028	

Il y eut donc huit rois et une reine durant cette première dynastie. Manéthon a « omis » de citer le nom et le temps d'Hénéphtys, ce qui fait 280 années de règne.

Avec les porteurs de sceptres suivants, la différence est fort nette, puisque apparaissent les adorateurs du Soleil, combattus par ceux du Taureau « Hapy », introduit à Men-Fer, la Memphis des Grecs, et Ath-Kâ-Ptah.

---

[63] Les différences de dates entre la fin d'un règne et le début d'un autre proviennent d'années de corégence avec le Pharaon précédent.

ET DIEU RESSUSCITA À DENDÉRAH

Noms HIÉROGLYPHIQUES	Noms GRECS	Durée Règne	Datation (avant J.-C.)	Fait marquant du RÈGNE
IIe DYNASTIE				
10	BENRES	38	4028-3990	Son nom signifie : « Le Soleil l'attire ».
11	KATEKHOS	39	3990-3951	Rétablit le culte du Taureau Hapy.
12	BINOTHRIS	47	3955-3906	Réinstitua la Loi matriarcale.
13	TELAS	17	3906-3889	
14	SETHENES	41	3889-3848	Premier roi Ahâ de Set.
15	CHERES	17	3848-3831	Ajoute le titre solaire de Râ, ou Rès à son nom.
16	NEFERCHERES	25	3831-3806	Signifie : « Ils étaient deux ».
17	SESOCHRES	48	3808-3758	
18	CHENERES	30	3758-3728	Rétablit l'union en épousant une princesse vaincue du Nord.

Il y eut donc neuf rois dans cette IIe dynastie, qui dura trois cent deux ans. À partir du dix-neuvième roi, il porte tous les titres des Deux-Clans unifiés : l'Ahâ est : roi Épervier et Set, roi Roseau et Abeille, Seigneur Cobra et Vautour. Le tout surmonté du Soleil.

IIIe DYNASTIE				
19	NECHEROPHES	28	3728-3700	Le Pacifique. Car ayant soumis le Sud il règne en paix.

Noms HIÉROGLYPHIQUES	Noms GRECS	Durée Règne	Datation (avant J.-C.)	Fait marquant du RÈGNE
20	DJEZER	29	3702-3671	Bâtisseur à Sakarâ de la Pyramide à degrés.
21	TYRES	7	3671-3664	
22	MESOCHRES	17	3664-3647	
23	SOUPHIS	16	3647-3631	
24	OUSIRTASIS	19	3631-3612	
25	ACHES	42	3612-3570	
26	KERPHERES	26	3570-3544	
27	SNEFROU	31	3544-3513	Avec ce règne, la peinture et la sculpture sont au zénith de leur art.

Il y eut neuf rois dans cette IIIe dynastie, qui dura deux cent quinze ans. Avec ce Pêr-Ahâ, l'égalité entre tous les hommes ne fut pas un leurre, tous les dessins en attestent, car il n'y a plus aucune scène de sauvagerie nulle part à cette époque.

IVe DYNASTIE

28	KHORIS	29	3513-3484	
29	KHEOPS	63	3484-3421	Ce fut ce roi qui usurpa de multiples monuments. Construisit la 2e pyramide.
30	KHEFREN	66	3421-3355	

Noms HIÉROGLYPHIQUES	Noms GRECS	Durée Règne	Datation (avant J.-C.)	Fait marquant du RÈGNE
31	MYKHERINOS	62	3355-3293	Construisit la 3ᵉ pyramide.
32	TAISERES	25	3293-3268	
33	BICHERES	22	3268-3246	
34	SEBERCHERES	7	3246-3239	
35	THAMPHTYS	9	3239-3230	

Il y eut huit rois dans cette IVe dynastie, qui dura deux cent quatre-vingt-trois ans. Les ennuis d'argent eurent raison du dernier Ahâ, qui céda la place à une lignée de nobles arrivant d'Éléphantine pour prendre le pouvoir.

Vᵉ DYNASTIE

36	OUSIRCHERES	28	3230-3208	Ici apparaît l'usage du titre de : « Fils de Geb ».
37	SEPHRES	13	3208-3195	
38	NEFERCHERES II	20	3195-3175	
39	NOUSIRES	7	3175-3168	
40	SCHOUHOR	20	3168-3148	Tenta de reprendre le Sceptre en faveur d'Horus.
41	RATHOURES	44	3148-3104	

Noms HIÉROGLYPHIQUES	Noms GRECS	Durée Règne	Datation (avant J.-C.)	Fait marquant du RÈGNE
42	MENCHERES	9	3104-3095	
43	DJEKARES	43	3095-3052	Prit le titre de : « Fils du Soleil ».
44	OUNAS	34	3052-3018	On retrouva son cartouche jusqu'à Byblos.

Il y eut neuf rois durant cette V^e dynastie de deux cent dix-huit ans. Ceux d'Éléphantine cessèrent là leurs emprises sur le trône, pour le céder ensuite à nouveau à ceux de Memphis. Après le règne d'Ounas, furent ainsi abandonnées les relations étroites entre le clergé de Ré et la Cour memphite.

VIe DYNASTIE

Noms HIÉROGLYPHIQUES	Noms GRECS	Durée Règne	Datation (avant J.-C.)	Fait marquant du RÈGNE
45	TEPHTAH	8	3018-3010	Son masque funéraire fut effectué peu après son meurtre
46	CHOUSIRES	22	3010-2988	
47	MERIRA-PEPI	53	2988-2935	
48	MERENRES	4	2935-2931	Ce « pharaon » eut le sceptre à sept ans, et mourut à onze !
49	MENTOUHOTEP H	14	2931-2917	
50	PEPI II	97	2917-2820	Règne interminable qui mena à l'anarchie totale.
51	MENESOUPHIS	1	2820-2819	Fut assassiné.

Après ces sept rois, la VIe dynastie cessa. Et durant six ans, le pays fut en proie à la décadence. Les temples furent ruinés, les tombes violées et pillées. L'effondrement fut total après 1 500 ans de splendeur et de puissance. Le temps exact d'une révolution de l'étoile Sirius : 1 461 années. Puis arriva Neterkaré qui fonda la dynastie suivante dont la sœur du précédent est inscrite aux annales.

Noms HIÉROGLYPHIQUES	Noms GRECS	Durée Règne	Datation (avant J.-C.)	Fait marquant du RÈGNE
VIIe DYNASTIE				
52	NETERCHARES	3	2813-2810	Fut assassiné.
53	NITOCHRIS	12	2810-2798	Vengea son frère en empoisonnant les tueurs lors d'un banquet célèbre.

Trois autres rois lui succédèrent, dont les règnes courts ne nous ont pas gardé les noms, tous leurs cartouches ayant été martelés ! La VIIIe dynastie n'est pas plus prolixe, malgré dix-neuf rois qui tinrent les rênes de l'Égypte durant cent vingt-trois ans. Ce qui est certain, c'est que chaque province se gouvernait elle-même à sa propre guise, et selon les vices de celui qui dirigeait ! Ce peuple heureux, très fier de ses vertus, venait de sombrer dans la pire des torpeurs.

IXe DYNASTIE

Il y eut quatre rois Khêti successifs : Ouakharê, Meribrê, Nebkaourê, Mérikarê. Ils régnèrent cinquante-trois ans, et surtout dans le Nord, la capitale étant Hiérakléopolis. Le temps total de cette dynastie est cent quatre-vingt-deux ans. La Xe dynastie, celle qui fit rébellion dans le Sud, et qui régna simultanément, mais en luttes continuelles, dura cent seize ans, et il est impossible de citer les noms des cent dix-neuf « rois », ou qui se prétendirent tels !

XIe DYNASTIE				
102	MENTOUHOTEP 1	8	2426-2418	Il fonda la dynastie dont Thèbes fut la capitale.
103	MENTOUHOTEP 2	9	2418-2409	
104	MENTOUHOTEP 3	46	2409-2363	

Noms HIÉROGLYPHIQUES	Noms GRECS	Durée Règne	Datation (avant J.-C.)	Fait marquant du RÈGNE
105	MENTOUHOTEP 4	18	2363-2345	Terrible famine qui marqua le déclin de la dynastie.
106	MENTOUHOTEP 5	7	2345-2338	Mourut prématurément.
107	MENTOUHOTEP 6	4	2338-2334	Fut détrôné.

Il y eut six rois durant cette XIe dynastie de quatre-vingt-douze ans. Le nouveau pharaon, choisi parmi les proches dirigeants, bénéficia d'une très abondante crue du Nil, qui favorisa des récoltes superbes et la fin de la famine. La première période thébaine continua, le roi couvrant d'or le culte et les temples d'Amon qui prenaient leur essor.

XIIe DYNASTIE

Noms HIÉROGLYPHIQUES	Noms GRECS	Durée	Datation	Fait marquant
108	AMONHEMES I	32	2334-2302	Chassa les Hycksos qui commençaient de s'infiltrer
109	SESOSTRIS I	42	2302-2260	
110	AMONHEMES II	29	2260-2231	
111	SESOSTRIS II	19	2231-2212	
112	SESOSTRIS III	45	2212-2167	Fut le plus grand, celui dont Hérodote vantait les combats.
113	AMONHEMES III	49	2167-2128	Fit d'énormes travaux d'assainissements.
114	AMONHEMES IV	3	2118-2115	Mourut subitement. Sans héritier mâle le sceptre vint à une princesse qui mourut peu après.
115	SEBECHERET	4	2115-2111	

Ainsi s'acheva cette XIIe dynastie qui, avec sept rois et une reine, dura deux cent vingt-trois ans. La richesse et la toute-puissance du clergé thébain fit que la royauté s'effrita une nouvelle fois, laissant la nouvelle dynastie sans base solide.

Noms HIÉROGLYPHIQUES	Noms GRECS	Durée Règne	Datation (avant J.-C.)	Fait marquant du RÈGNE

XIIIe DYNASTIE

116	CHOUTARES	5	2111-2106	Mourut subitement
117	CHEMCHOURES	2	2106-2104	Mort prématurée qui créa de nouveaux désordres.

Durant les soixante et une années qui suivirent, se succédèrent vingt et un rois et deux reines qui ne totalisèrent effectivement que soixante-deux ans, car plusieurs régnèrent conjointement en Haute et en Basse-Égypte ! Déjà le Nord voyait les Hycksos s'implanter, dont les tribus de pasteurs fomentaient les premiers troubles.

La XIVe et la XVe dynastie furent encore plus confuses, chaque province se décrétant autonome et ayant son « roi » ! De longues et épuisantes luttes durèrent jusqu'à ce que l'un des envahisseurs sémites : le roi Khian le Jonias de Manéthon, se fasse proclamer pharaon. Il se conduisit en véritable porteur de sceptre. Son fils, élevé en véritable prince d'Égypte, amena la paix et la prospérité. Mais ce fut durant ces deux règnes que s'installèrent les Juifs sur les bords du Nil, dont Joseph en l'an 17 du règne d'Apophis premier.

XVIe DYNASTIE

126	HAPENRES	26	1909-1883	
127	MACHIBRES	31	1883-1852	
128	DOUDOUMES	23	1852-1829	
129	DOUDOUMES II	46	1829-1783	

Noms HIÉROGLYPHIQUES	Noms GRECS	Durée Règne	Datation (avant J.-C.)	Fait marquant du RÈGNE
130	APOPHIS I	33	1783-1750	Arrivée de Joseph l'an 17 du règne.
131	CHEBEKEMSEPH	3	1750-1747	

Ainsi s'achève cette XVIe dynastie, dans le déclin des envahisseurs Hycksos. Mais cette débâcle amena de nouvelles luttes fratricides entre les deux clans autochtones des descendants d'Horus et de Set. Manéthon leur accorde une dynastie intermédiaire de trente-neuf rois ayant régné seulement cent soixante-sept ans, la XVIIe, qui ne sera pas énumérée de ce fait.

XVIIIe DYNASTIE

171	AMOSIS	25	1580-1555	
172	AMENOPHIS I	23	1558-1532	Fut co-régent trois ans.
173	THOUTMOSIS I	12	1523-1520	
174	THOUTMOSIS II	20	1522-1500	Voir note très importante à la page suivante. C'est l'Amenset de Manéthon et de Champollion.
175	HATSCHEPSOUT	23	1500-1477	
176	THOUTMOSIS III	30	1477-1447	
177	AMENOPHIS II	35	1447-1412	
178	THOUTMOSIS IV	9	1412-1403	
179	AMENOPHIS III	36	1403-1367	
180	AMENOPHIS IV	16	1367-1351	Transforma son nom en Akhenaton.

Cette dynastie, très importante par les bouleversements apportés en Égypte, fut une des plus longues et des plus brillantes. Elle ne s'acheva pas avec Aménophis IV – Akhénaton, mais comme cet ouvrage s'arrête à la naissance de ce dernier, la chronologie se poursuivra à la parution des tomes suivants.

NOTE À PROPOS DE L'ANNEE 1500 AVANT CHRIST

(Passage de la mer Rouge par Moïse et son peuple)

Comme il est aisé de le constater à la fin du tableau chronologique qui précède, le Pharaon Thoutmosis II, après un règne de vingt ans, meurt subitement. Les Annales restent muettes sur les causes de son décès.

Nous avons expliqué et démontré, dans les pages précédant la chronologie, que le début du règne d'Aménophis 1er se situait en 1555 ; celui de Thoutmosis 1er : en 1532 ; et que le règne de vingt ans de Thoutmosis II s'étalait de 1520 à l'an 1500.

Or, cette date de 1500 avant Christ est très importante sur un autre plan, que j'ai minutieusement étudié par ailleurs, et que le lecteur pourra suivre intégralement dans le prochain tome à paraître.

La datation précise en est plus aisée qu'il ne peut le paraître au premier abord, grâce à des repères astronomiques. Toutes les erreurs, commises à ce sujet jusqu'à nos jours, proviennent d'une tentative d'interprétation des textes de Manéthon. D'après ce prêtre sybarite, ce fut sous un roi de la XVIIIe Dynastie qu'eut lieu l'Insurrection. Celle des Juifs, certes, mais aussi celle de tous les fellahs opprimés également par les usurpateurs. Or, ce fut bien Amosis qui mit les Hycksos hors du pays, et ce fut un Thoutmosis qui poursuivit Moïse.

Mais les auteurs grecs antiques qui les compilèrent sont tombés sur plusieurs méprises dans ces textes, comme dans tant d'autres papyrus ! Ils transcrivirent Aménophis au lieu d'Amosis, et, lisant de gauche à droite au lieu du contraire, ils placèrent l'Aménophis comme libérateur de Moïse, et un Thoutmosis comme poursuivant les Hycksos !...

Ce qui fait que Théophile et l'Africain, évaluant une chronologie de Manéthon d'après l'énumération transcrite par Flavius Josèphe, s'embarquèrent dans les calculs prouvant que cela étant impossible, (voir la chronologie) qu'il s'agissait plutôt de Séti et de Ramsès de la XIXe dynastie ! Ceci a évidemment faussé les données bibliques compulsées par les Pères de l'Église qui furent obligés de restreindre encore un peu plus l'antiquité des temps !

Du point de vue du calendrier astronomique, que savons-nous de précis ? Clément d'Alexandrie, qui avait en mains tous les éléments originaux conservés dans la bibliothèque d'Alexandrie dont il était le Conservateur, assurait que l'Exode des Juifs survint deux siècles après le renouvellement de l'année caniculaire retranchée de 22. Ceci est d'une limpidité très pure pour quiconque a étudié les révolutions des étoiles. Celle de Sirius, la Sothis grecque, et *l'Année du Chien* pour les antiques égyptiens qui imagèrent ainsi Anubis, le Gardien des Ames Pures. Car en hiéroglyphique, Sirius est *l'Année de Dieu*. Le Chien étant « canicule » en latin, il s'agit donc de la révolution céleste de cette étoile. Sirius effectuant son mouvement en 1 461 années, et son début ayant eu lieu en l'an 139 de notre ère, sa fin intervint en 1322 avant notre ère. Si l'on retranche encore les 178 années écoulées après son renouvellement, il est obtenu : 1500, très précisément... soit l'année de la mort de Thoutmosis II, sans que les Annales ne disent ni comment ni pourquoi. Pourquoi cette obscurité voulue, semble-t-il ?

Reportons-nous au règne de Thoutmosis 1er, le père de celui qui nous intéresse. Il eut trois fils et une fille Les deux fils aînés étant décédés jeunes, il reporta toute son affection sur sa fille, la délicieuse Hatchepsout, semblant ignorer totalement son dernier fils, le cadet. Mais de santé délicate, Thoutmosis 1er mourut dans la douzième année de son règne (en 1520 donc) et ce fut naturellement le fils cadet qui fut déclaré roi sous le nom de Djhathimes, ou Thoutmosis II, pour suivre la phonétisation manéthonienne.

Or, la mère de celui-ci n'était qu'une concubine de Thoutmosis 1ᵉʳ alors que la princesse Hatchepsout était la fille d'Hemtenphout, fille d'Amosis, et demi-sœur du Pharaon. Hatchepsout était donc incontestablement de sang bien plus noble... mais elle restait une délicieuse jeune fille de quinze ans d'âge ! Et à son grand dépit, alors que la reine-mère voulait faire d'elle la porteuse du Sceptre, elle fut obligée par les prêtres de se marier avec son demi-frère, Thoutmosis II, âgé quant à lui de vingt ans, devenant ainsi, pour le meilleur et pour le pire, uniquement la reine consort.

Faible de caractère devant son épouse aigrie de ne jouer qu'un rôle secondaire, il est bien évident que l'amour ne régna pas sur ce couple. Néanmoins, deux années plus tard, naquit une fille, Nefrouret. Ensuite le ménage cessa, et chacun vécut de son côté pour un temps assez long ! Et ce Thoutmosis fut peu à peu repoussé de tous au profit de son épouse : une « forte tête », dont les revendications constantes contre la faiblesse de son époux portaient leurs fruits. Et il s'en fallut de très peu pour qu'elle ne réussisse son coup lors de la dix-septième année du règne de Thoutmosis, qui était la date de son jubilé. Mais le mari, averti du complot, et montrant une force inhabituelle, Hatchepsout fit contre mauvaise fortune, bonne mine, et se réconcilia avec son époux. Cette entente amena la naissance d'un enfant qui fut malheureusement une autre fille ! Et la mésentente revint dans le ménage.

À ce moment même, un fils qu'il avait eu d'une concubine au moment de la première séparation, atteignit ses seize ans. Il faisait son noviciat dans la Maison-de-Vie des Prêtres d'Amon lorsque son père le désigna comme corégent à son côté en signe d'opprobre contre Hatchepsout. Une juste colère la secoua, et il est probable que ce fut elle qui le poussa, par l'entremise du Conseil des Nobles à sa solde, à poursuivre les Juifs qui s'enfuyaient d'Égypte, mais en entraînant avec eux tous les Égyptiens monothéistes de Ptah-Un. Ceux-ci ne pouvaient plus supporter la montée impie d'Amon à l'azur de ce « Cœur » donné par Dieu à ses créatures. C'était donc à la fois un crime de lèse-majesté et la dernière espérance de la reine consort de souhaiter la mort du Pharaon. Celle-ci survint brutalement lors de la poursuite et nul ne fit mention nulle part de la façon dont celle-ci se produisit, et pour cause !

Thoutmosis III monta alors sur le trône. L'architecte royal, dans sa notice biographique, écrit : « Thoutmosis III devint le Pêr-Ahâ sur le trône de son père. La reine consort Hathchepsout gouverna cependant l'Égypte à cause de ses capacités ».

Ce fut donc elle qui ordonna de ne point parler de la fin du précédent Pharaon. Les capacités d'Hathchepsout étaient telles que durant la neuvième année du règne de Thoutmosis III, elle réussit enfin à se faire proclamer Pharaon en titre sous le nom de Maatkara.

En conclusion de cette note, il est certain d'affirmer que ce fut en l'an 1500 avant Christ que Moïse franchit la mer Rouge avec son peuple (Juifs et Égyptiens confondus sous son auréole de prince d'Égypte). Ils étaient poursuivis par l'armée de Thoutmosis II. Ce fut au cours de cette campagne que mourut le Pharaon, subitement. Fut-ce de mort violente au cours d'un assassinat fomenté par des sbires à la solde de la reine Hathchepsout ? Fut-ce en voulant poursuivre les Juifs en traversant la mer Rouge ? Ceci est une autre histoire, à laquelle il faudra vous reporter, cher ami lecteur, très bientôt !

Autres ouvrages d'Albert Slosman

www.omnia-veritas.com

www.ingramcontent.com/pod-product-compliance
Lightning Source LLC
Chambersburg PA
CBHW050139170426
43197CB00011B/1899